계명교양총서 68

소크라테스의 변론, 크리톤, 향연

플라톤 지음 | 유원기 역해

소크라테스의 변론, 크리톤, 향연

펴낸날 2018년 2월 9일 – 초판1쇄 발행
2023년 1월 26일 – 초판2쇄 발행

지은이 플라톤
역해자 유원기
펴낸이 신일희

펴낸곳 계명대학교출판부
42601 대구광역시 달서구 달구벌대로 1095
전화 053) 580-6233 팩스 053) 580-6235
http://www.kmupress.com
등 록 1970.9.1.(신고번호 제347-1998-1호)
ISBN 978-89-7585-809-3 03160
값 11,000원

이 도서의 국립중앙도서관 출판예정도서목록(CIP)은 서지정보유통지원시스템 홈페이지(http://seoji.nl.go.kr)와 국가자료공동목록시스템(http://www.nl.go.kr/kolisnet)에서 이용하실 수 있습니다.(CIP제어번호: CIP2018002408)

계명교양총서 68

소크라테스의 변론, 크리톤, 향연

플라톤 지음 | 유원기 역해

역해자 서문

이 책은 고대 그리스 철학자 플라톤의 작품들을 우리말로 번역한 것이다. 플라톤은 대략 기원전 427-347년에 생존했던 것으로 알려져 있다. 이 번역서에는 그가 집필한 것으로 알려져 있는 35편의 작품들 가운데서 『소크라테스의 변론』, 『크리톤』, 『향연』이라는 세 작품에 대한 번역문과 해제가 포함되어 있다. 이 세 작품은 모두 소크라테스가 가졌던 일상적인 삶에 대한 태도와 학문적 태도를 보여주는데, 첫 번째와 두 번째 작품은 그가 말년에 어떤 삶을 살았는가를 보여주는 반면에, 특히 세 번째 작품은 그가 중년에 어떤 삶을 살았는가를 보여준다. 이 작품들의 내용을 좀 더 자세히 살펴보자.

먼저 여기에 『소크라테스의 변론』이라고 번역한 플라톤의 작품은 우리에게 주로 『소크라테스의 변명』이라는 제목으로 많이 알려져 있던 작품이다. 하지만 흔히 '변명'으로 번역되던 그리스어 단어 "아폴로기아(apologia)"가 본래 '변론'을 의미하며, 또한 아래 작품의 내용에서 보듯이, 실제로 이 작품에서 소크라테스는 자신이 했던 일에 대해 억지스러운 '변명'을 하는 것이 아니라 자신의 입장을 당당히 '변호' 또는 '변론'을 하고 있다는 점에서, 이 작품의 제목을 『소크라테스의 변론』으로 번역하는 것이 더 적절하다. 이 작품에서 소크라테스는 당시 그리스에서 섬기던 신을 섬기지 않음으로써 신성을 모독하고 또한 젊은이들을 타락시킨다는 죄목으로 고발을 당해 법정에 소환된다. 그러자 그는 스스로 자신의 변론을 맡아 그러한 고발이 부당하다는 것을 보이기 위해 노력하지만, 배심원들은 결국 소크라테스에게 사형을 구형한다. 이 작품에서 소크라테스는 자신에 대한 기소 내용, 그에 대한 자신의 견해, 삶의 가치와 태도 등에 대한 자신의 견해를 솔직하게 제시한다.

이 책에 포함된 두 번째 작품인 『크리톤』이라는 제목은 아마도 많은 독자들에게 생소하게 보이겠지만, 우리가 잘 알고 있는 "악법도 법이다"라는 소크라테스의 말이 바로 이 작품에서 유래한다. 소크라테스가 직접 그런 말을 했던 것은 아니지만 이 작품의 내용에는 그런 의미가 분명히 함축되어 있다. 이 작품은 소크라테스의 오랜 친구인 크리톤이 감옥에 갇혀 있는 소크라테스를 방문하는 데서 시작된다. 이 작품에서 크리톤은 소크라테스에게 탈옥하여 망명할 것을 권고하지만, 소크라테스는 그런 행동이 부당하기 때문에 따를 수 없다고 말한다. 특히, 그는 국가가 많은 것들을 잘해주다가 하나를 잘못했다고 해서 국가의 권위를 무시하고 법률을 위반하는 것은 부당하다고 역설한다. 『크리톤』의 전체적인 논의는 "정당한 삶이 무엇인가?"라는 문제에 집중되고 있으며, 그런 이유에서 이 작품은 〈윤리적 의무에 관하여〉라는 제목으로도 불린다.

세 번째 작품인 『향연』은 〈에로스에 관하여〉라는 제목으로도 불리는데, 이 작품은 소크라테스와 몇몇 젊은 사람들이 연회에 모여 "에로스(eros)"의 의미와 가치에 대해 자신들의 견해를 이야기하는 형식으로 구성된다. 여기에서 소크라테스는 자신의 견해를 직접적으로 제시하지는 않고, 디오티마라는 여성에게 에로스에 대해 많은 것을 배웠다고 언급하면서 그녀의 견해를 요약하고 그에 동의하는 방식으로 자신의 견해를 제시한다. 디오티마는 "지혜로운 사람은 이미 지혜롭기 때문에 지혜로워지려 하지 않고, 무지한 사람은 자신이 부족하다는 것을 모르고 만족하기 때문에 지혜로워지려 하지 않으며, 지혜와 무지의 중간에 있는 부류만이 지혜를 사랑한다고 말한다." 디오티마는 에로스가 지혜와 무지의 중간에 있는 것이며 또한 아름답다고 말해지는 지혜를 추구하는 것이므로, 지혜를 사랑하고 욕구하는 것이 바로 에로스라고 말하는데, 소크라테스도 이 견해에 동의한다.

이 작품들 속에서, 우리는 소크라테스가 일상에서 그리고 철학자로서 어떤 삶을 지향하고 있는가를 잘 알 수 있게 된다. 『소크라테스의 변론』에서는 진리를 찾기 위해 끊임없이 묻고 탐구하는 철학자의 모습을 보게 되며, 『크리톤』에서는 국민으로서의 의무와 국가와의 관계에 대해 생각하게 된다. 그리고 『향연』에서는 정신적인 쾌락과 육체적인 쾌락의 가치를 비롯한 에로스 또는 사랑 전반에 대해 생각하게 된다. 이처럼 플라톤의 작품들은 오늘을 살아가는 우리가 한 번쯤 생각해 볼만한 중요한 문제들을 고찰할 기회를 제공해준다는 점에서 그 가치를 찾을 수 있을 것이다.

이 번역서는 일차적으로 그리스어 원전을 토대로 번역하고, 그런 뒤에 번역문을 여러 차례 다시 읽어가며 가독성을 높이기 위해 윤색을 가했다. 또한 원문의 내용을 가능한 손상시키지 않는 선에서 윤색하고, 부분적으로는 괄호들을 이용하여 의미를 좀 더 명확하게 하기 위해 노력했다. 무엇보다도 원문의 내용을 유지하면서 가독성이 높은 번역을 하는 것은 결코 쉬운 일이 아니지만, 그 두 가지를 병행하기 위해 역해자가 할 수 있는 최대한의 노력을 기울였다.

번역에 오역(誤譯)이나 오기(誤記) 등의 어떤 문제가 있다면 그것은 당연히 역해자의 부주의함과 모자람 탓이다. 이 번역서가 단순히 여러 번역서들 가운데 하나의 숫자만을 차지하는 것이 아니라 실질적으로 독자들이 플라톤을 이해하는데 조금이나마 도움이 되길 간절히 소망하며, 또한 독자들의 많은 질정이 있길 기대한다.

2018년 1월

계명대학교 영암관에서

유 원 기

차례

제 II 부

크리톤
(또는 윤리적 의무에 관하여)

제 III 부

향연
(또는 에로스에 관하여)

제 IV 부
작품 해설

일러두기

Ⅰ. 11a-12b와 같은 표기는 스테파누스(Henricus Stephanus)가 플라톤의 작품들을 3권으로 편찬(1578년)하면서 붙였던 쪽 번호와 문단을 가리킨다. 예를 들어, 11a는 스테파누스의 전집 11쪽의 첫 번째 문단을 의미하며, 〈11a-12b 참조〉와 같은 표현은 언급된 내용과 관련해서는 〈11쪽 첫 번째 문단에서 12쪽 두 번째 문단까지를 참조〉하라는 말이다.

Ⅱ. 아래 작품의 번역에서 역해자는 ( )과 [ ]와 같은 두 가지 종류의 괄호를 사용했다. ( ) 안의 글은 본래 원문에 있는 글이지만 수식어구가 지나치게 길어서 전체적인 의미나 수식관계가 불분명한 경우에 그것을 분명하게 밝히기 위해 사용했으며, [ ] 안의 글은 가독성을 높이기 위해 역해자가 덧붙인 글이다.

Ⅲ. 이곳에 실린 플라톤의 작품들에 대한 세부 목차는 독자들의 이해를 돕기 위해 역해자가 임의적으로 세분하고 정리해 붙인 것이며, 원문에는 그런 목차가 없다.

소크라테스의 변론

제 I 부

I. 소크라테스의 변론 (17A-34C)

II. 소크라테스에 대한 판결과 그의 최후 진술 (34C-42A)

제 I 부 소크라테스의 변론

Ⅰ. 소크라테스의 변론 (17A–34C)

Ⅰ.1. 변론의 어투보다 진실성에 관심을 가져주길 요청하는 소크라테스 (17A–18A)

17 아테네인들이여, 저를 고발한 사람들이 여러분에게 어떤 영향을 미
쳤는지 저는 알지 못합니다. 그러나 그들이 너무도 설득력 있게 말
해서, 저 자신도 제가 누구인지 잊어버릴 정도였습니다. 하지만 그
들이 했던 말에는 거의 아무런 진실이 들어있지 않습니다. 저는 그
들이 했던 많은 거짓말들 가운데 하나에 특히 놀랐는데, 그것은 제
B 가 달변가이기 때문에 여러분이 제게 속지 않도록 소심해야 한다는
말이었습니다. [제가 놀랐던 이유는] 제가 [말하기 시작하면] 달변가
가 결코 아니라는 것이 드러날 것이기 때문입니다. 그들이 저에 대
해 그릇되게 말했던 것이 즉각 드러나는 데도 부끄러워하지 않는
다면, [그것은 그들에게] 가장 수치스러운 일이 되리라 생각합니다.
만약 그들이 진실을 말하는 사람을 달변가라 불렀던 것이 아니라
면 말입니다. 왜냐하면 만약 그들이 그런 의미에서 [저를 달변가로]
불렀던 것이라면, 저는 그들의 의미대로는 아니지만 제가 웅변가
C 라는 점에는 동의할 테니 말입니다. 그러나 이미 말했던 것처럼, 그
들은 거의 또는 전혀 아무런 진실을 말하지 않았습니다. 반면에 여
러분은 제게서 모든 진실을 듣게 될 것입니다. 그러나 신에 맹세코,

아테네인들이여, 여러분은 그들의 말처럼 화려하게 치장되거나 정리된 말이 아니라 제게 떠오르는 두서없는 말을 듣게 될 것입니다. 왜냐하면 저는 제가 말하는 것이 옳다고 믿으며, 또한 여러분도 [제게서] 다른 것을 기대하지 않기를 바라기 때문입니다. 또한 이 나이에 제가 여러분 앞에서 젊은 사람처럼 말장난을 하는 것은 적절하지 않기 때문입니다. 그리고 아테네인들이여, 여러분이 제 이야기를 들었던 적이 있는 환전소 근처의 시장이나 다른 곳에서 말하던
D 방식으로 제가 변론하는 것을 듣게 되더라도, 그 때문에 놀라거나 동요하지는 말라고 여러분에게 간절히 부탁하고 싶습니다. 왜냐하면 사실상 제 나이가 칠십 세이지만 법정에 나서는 것은 이번이 처음이다 보니 여기에서 말하는 방식에 낯설기 때문입니다. 따라서 제가 완전히 이방인인 경우에 여러분이 당연히 그러시겠지만, 만약 제가 성장했던 지역의 어휘와 말투로 말하더라도 양해해주시길 바랍니다. 아마도 더 나쁠 수도 있고 더 좋을 수도 있기 때문에, 제가
18 말하는 방식에 대해서는 신경 쓰지 말고 제가 말하는 것이 옳은지 또는 그렇지 않은 지를 관찰하고 주목해 달라고 제가 지금 여러분에게 요청하는 것은 정당해 보입니다. 왜냐하면 그것이 배심원의 탁월성[또는 덕]이며, 또한 진실을 말하는 것이 웅변가의 탁월성이기 때문입니다.

Ⅰ.2 두 종류의 고발과 변론의 어려움 (18A–19A)

아테네인들이여, 먼저 저에 대한 그릇된 첫 번째 고발과 첫 번째 고발자에 대해 저 자신을 변론하고, 그런 뒤에 두 번째 고발과 두 번째 고발자에 대해 [저 자신을] 변론하는 것이 옳을 것입니다. 왜냐하

B 면 많은 고발자들이 수년간에 걸쳐 오랫동안 저를 여러분에게 고발
해왔지만, [저에 대한] 아무런 진실도 말하지 못했기 때문입니다. 제
게는 그들이 아뉘토스(Anytos)와 그의 패거리보다 더 무섭습니다.
아뉘토스와 그의 패거리도 위험하지만, 여러분, 여러분의 신임을
얻은 그들은 더 위험합니다. 왜냐하면 그들은 대부분의 여러분을
어린 시절부터 접해왔을 뿐만 아니라, "소크라테스라 불리는 사람
C 이 있는데, 그는 지혜로운 사람이고, 하늘 위와 땅 밑의 모든 것들
을 탐구하는 사람이며, 또한 약한 주장을 강한 주장으로 만드는 사
람이다"라고 말하면서 아무런 진실도 없이 저를 고발했었기 때문
입니다. 아테네인들이여, 이런 소문을 멀리까지 퍼뜨린 사람이 저
를 고발한 위험한 사람들입니다. 왜냐하면 그 말을 들은 사람들은
그런 것들을 탐구하는 사람들이 신조차 믿지 않으리라고 생각하기
때문입니다. 더구나 이 고발자들은 다수이며, 오랫동안 고발해왔
고, 게다가 그들은 여러분이 그런 것들을 선뜻 믿을만한 나이에, 즉
어떤 사람들에게는 청년기에, 그리고 다른 사람들에게는 어린 시절
D 에 말했습니다. 또한 그들이 고발했던 사건은 변론할 사람이 없었
기 때문에, 궐석재판(결석재판)으로 진행됐습니다. 그러나 가장 불
합리한 것은 그들 가운데 한 사람이 희극작가라는 것 외에는 그들
의 이름을 알 수도 언급할 수도 없다는 점입니다. 시기와 비난을 통
해 여러분을 설득했던 모든 사람들, 그리고 자신들이 설득되었기
때문에 [또 다시] 다른 사람들을 설득했던 일부 사람들을 비롯한 그
E 모든 사람들이 가장 다루기 어렵습니다. 왜냐하면 그들 가운데 어
떤 사람을 이곳으로 소환하거나 또는 반대 신문을 하는 것조차 가
능하지 않지만, 말하자면 저는 변론을 위해 그림자와 싸워야만 하
고 또한 대답하는 사람이 아무도 없는 반대신문을 해야만 하기 때
문입니다. 그러니 제가 말했듯이, 저를 고발한 사람들에는 두 부류,

즉 최근에 고발한 사람들과 오래 전에 고발했던 사람들이 있다는 사실을 기억하시고, 또한 제가 후자에 대해 먼저 저 자신을 변론해야 한다는 점을 고려하시길 바랍니다. 왜냐하면 여러분은 그들이
19 고발하는 내용을 먼저 들었고, 또한 최근의 것보다 훨씬 더 강력한 고발을 했기 때문입니다. 자, 아테네인들이여, 저는 여러분이 오랜 시간에 걸쳐 갖게 된 편견을 그처럼 짧은 시간 동안에 변론을 통해 제거해야 합니다. 이제 저는 그것이 여러분과 제게 더 바람직하다면 그런 결과가 나오길 바라며, 또한 저는 제 변론이 성공하기를 희망합니다. 그러나 저는 그것이 어렵다고 생각하며, 그것이 얼마나 어려운가를 결코 모르지 않습니다. 그럼에도 [저는] 그것이 신을 기쁘게 하도록 내버려두고, 법률에 따라 제 변론을 하겠습니다.

Ⅰ.3 기소장의 내용 (19A–20C)

Ⅰ.3.1 "땅 밑과 하늘 위에 있는 것들을 탐구하고, 약한 주장을 강한 주장으로 만드는 사람"이라는 고발 내용을 부정하는 소크라테스 (19A–D)

B 이제 고발 내용을 처음부터 살펴보도록 하겠습니다. 저에 대한 그릇된 편견을 만들어냈고, 또한 멜레토스가 저에 대해 이 소송을 걸 때 믿었던 것을 말입니다. [저를] 비난했던 사람들이 그런 비난을 만들기 위해 무슨 말을 했던가요? 그들이 [마치] 기소자라도 되는 듯이 그들의 기소장을 읽겠습니다. 그건 대략 이렇습니다. "소크라테스는 땅 밑과 하늘 위에 있는 것들을 탐구하고, 약한 주장을 강한 주
C 장으로 만들며, 또한 다른 사람들에게 이런 것을 가르치는 잘못을 저지르느라 바빴다"는 것입니다. 여러분은 이런 것들을 아리스토

파네스의 희극에서나 보았을 것입니다. 그곳에서는 소크라테스라
불리는 사람이 흔들거리며 공중에서 걸어 다니고, 제가 (조금도 아
니고 많이도 아니며) 전혀 알지 못하는 것에 대해 터무니없는 말을
많이 해댄다고 말해집니다. 제가 그런 것 때문에 멜레토스에 의해
고발되는 일이 더 이상은 없었으면 합니다만, 누군가 그런 문제에
대해 잘 아는 사람이 있을지라도, 그런 지식이 잘못되었다고 말하
D 려는 것은 아닙니다. 그러나 아테네인들이여, 저는 그런 것들과 무
관합니다. 그리고 그런 점에 대해 여러분을 증인으로 청하는 바이
며, 여러분 가운데 그런 분들이 많이 있겠지만 제가 대화하는 것을
들은 적이 있는 분들은, 그리고 많든 적든 간에 제가 그런 문제들에
대해 대화하는 것을 들은 분들은 그것을 서로에게 전해주시길 부탁
드립니다. 그렇게 함으로써 여러분은 많은 사람들이 저에 대해 말
한 다른 것들도 그와 마찬가지라는 걸 알게 될 것입니다.

Ⅰ.3.2 "사람들을 가르치고 그걸 통해 돈을 버는 사람"이라는 고발 내용을 부정하는 소크라테스 (19D–20C)

그 가운데 어떤 것도 진실이 아니며, 제가 사람들을 가르치고 그걸
E 통해 돈을 번다고 여러분이 누군가로부터 들으셨다면, 그 또한 진
실이 아닙니다. 레온티노이의 고르기아스, 케오스의 프로디코스,
엘리스의 히피아스처럼 사람들을 가르칠 수 있다면, 그것도 좋아
보이기는 합니다. 왜냐하면 아테네인들이여, 그들은 각자 어떤 나
라든 가서 자신들이 원하는 것을 현지인들과 무료로 교류할 수 있
20 음에도, 그들과 [무료로] 교류하는 대신에 그들과 교류하면서 [많은]
돈을 지불하고도 고마워하도록 젊은 사람들을 설득할 수 있기 때문
입니다.

그리고 이곳에는 우리를 방문하고 있는 파로스 출신의 또 따른 지혜로운 사람이 있는 것으로 압니다. 저는 다른 사람들보다 훨씬 더 많은 돈을 소피스트들에게 허비한 사람을 우연히 만났는데, 그는 히포니코스의 아들인 칼리아스였습니다. 그에게는 두 아들이 있는데, 저는 그에게 이렇게 물었습니다. "칼리아스, 만약 당신의 두 아들이 두 마리의 망아지나 송아지였다면, 우리는 그들의 자질을 탁
B 월하게 만들어줄 관리자를 고용할 수 있을 겁니다. 그리고 그는 조마사나 농부일 겁니다. 그러나 지금 그들이 사람들인데더 불구하고, 당신은 누군가가 그들을 보살필 수 있다고 생각합니다. 사람이자 국민으로서의 탁월성에 대해 누가 잘 알고 있습니까? 당신에게는 아들들이 있으니, 당신이 그 문제에 대해 알아봤으리라 생각합니다. 그런 사람이 있습니까 또는 없습니까?" 그가 "있습니다"라고 말하기에, 저는 "누구죠? 어디 출신인가요? 그리고 가르치는 데 대한 비용은 얼마입니까?"라고 물었습니다. 그러자 그는 "소크라테
C 스, 그는 파로스 출신의 에베누스이고, 5므나[1]를 [지불합니다]"라고 말했습니다. 만약 그가 정말로 이런 기술을 갖고 그 가격에 가르치는 것이라면, 에베누스는 행복한 사람이라고 생각했습니다. 제가 그런 지식을 갖고 있었다면 저 자신을 자랑하며 뽐냈겠지만, 아테네인들이여, 저는 그런 지식을 갖고 있지 않습니다.

1_ Gallop(tr.)(2008, p.91 참조)에 따르면, 1므나는 100드라크메로서, 소크라테스의 시대에는 노동자의 일당이 1드라크메였다고 한다.

Ⅰ.4 소크라테스에 대한 편견이 생겨난 이유 (20C–24C)

Ⅰ.4.1 편견의 발단과 신탁 (20C–21C)

여러분 가운데 누군가는 아마도 "그렇다면 소크라테스, 당신은 무슨 일을 합니까? 당신에 대한 그런 편견들이 생겨난 이유가 무엇입니까? 왜냐하면 다른 사람들이 하는 것과 다른 어떤 일을 당신이 전혀 하지 않았는데, 그런 소문과 말이 생겨나지는 않았을 것이기 때문입니다. 당신이 대부분의 사람들과 다른 어떤 일을 하지 않았다
D 면 말입니다. 그러니 우리가 당신의 사건에 대해 경솔하게 판단하지 않도록, 그게 무엇인지 알려주길 바랍니다"라고 말하실 겁니다. 이렇게 말하는 분은 옳게 말하는 것으로 보이며, 따라서 저는 제 명성과 저에 대한 편견을 생겨나게 만든 것이 무엇인가를 여러분에게 말하고자 합니다. 그러면 들어주십시오. 그리고 아마도 몇몇 분에게는 제가 농담을 하는 듯이 보일 수도 있을 겁니다. 그러나 분명히 저는 여러분에게 진실만을 말하겠습니다.

아테네인들이여, 제가 이런 명성을 얻게 된 것은 다른 어떤 것도 아니고 단지 어떤 지혜 때문이었습니다. 그렇다면 그게 어떤 지혜일까요? 그것은 아마도 인간다운 지혜일겁니다. 아마도 이것에 있어서는 제가 정말로 지혜로울 겁니다. 그리고 제가 말했던 사람들은
E 인간보다 더 위대한 어떤 것에 대해 지혜로울 것이고, 그게 아니라면 제가 무슨 말을 해야 할지 모르겠습니다. 왜냐하면 저는 그것을 알지 못하며, 제가 안다고 말하는 사람은 누가 됐든 거짓말을 하는 것이며 저에 대한 편견을 만들어내는 것이기 때문입니다. 아테네인들이여, 제가 자랑하는 듯이 보일지라도, 소란을 피워서 방해하지는 말아주십시오. 왜냐하면 제가 말하는 것은 제 자신의 말이 아니라 제가 언급할 믿을만한 사람의 말이기 때문입니다. 왜냐하면

그것을 지혜라고 할 수 있을지는 모르겠으나, 제 지혜와 그것의 성
21 격에 대해서는 델피의 신을 증인으로 세울 것이기 때문입니다. 여러분은 카이레폰을 아실 겁니다. 그는 어렸을 때부터 제 친구이고, 여러분 대다수의 친구이며, 또한 최근에 여러분과 함께 망명했다가 돌아오기도 했습니다. 그래서 여러분은 카이레폰이 어떤 사람이며, 그가 자신이 하는 모든 일에 대해 얼마나 충동적인지 아실 겁니다. 한 번은 그가 델피에 가서 이런 질문에 대한 신탁을 구하려고 할 정도로 대범했답니다. 여러분, 제가 말씀드리는 것에 흥분하지 마십시오. 왜냐하면 그는 저보다 더 지혜로운 사람이 있느냐고 물었기 때문입니다. 그러자 [무녀] 피티아는 [저보다] 더 지혜로운 사람은 아무도 없다고 답변했습니다. 카이레폰은 죽었지만, 여기에 있는 그의 형제가 그런 것들에 대한 증인이 되어 줄 것입니다.

B 하지만 제가 무엇을 위해 이런 말을 하는지 생각해 보십시오. 왜냐하면 저는 저에 대한 편견이 어디서부터 생겨났는가에 대해 말할 것이기 때문입니다. 그 말을 들었을 때, 저는 이렇게 생각했습니다. "도대체 신께서 무슨 말씀을 하시는 것이지? 그리고 무슨 수수께끼를 내시는 것이지? 나는 내가 전혀 지혜롭지 못하다는 것을 잘 알고 있어! 그렇다면 내가 가장 지혜롭다는 것이 무슨 말이지? 신이 거짓말을 하지 않으시리라는 것은 분명하지. 왜냐하면 그건 그에게 가능하지 않으니 말이야." 그런 뒤에도 오랫동안 저는 신께서 무엇을 의미했는가에 대해 당혹스러워 했습니다. 그런 뒤에 저는 무척이나 주저하면서 다음과 같이 탐구했습니다. 저는 지혜롭다는 명성
C 을 가진 사람들 가운데 한 사람에게 갔습니다. 그에 대해, 저는 "이 사람이 저보다 더 지혜로운데, 당신은 제가 가장 지혜롭다고 말씀하셨습니다."라고 신탁을 부정하면서 말할 수 있는 곳이 있다면 바로 이곳이리라 생각하면서 말입니다.

Ⅰ.4.2 정치인과의 만남 (21C–21E)

그리고 그 사람의 이름을 말할 필요는 없겠지만 그는 정치인들 중
한 사람이었는데, 이 사람을 살피고 대화를 나누었을 때, 아테네인
들이여, 제가 경험한 것은 이런 것이었습니다. 그는 다른 많은 사람
들에게, 그리고 특히 그 자신에게 지혜로워 보였지만, 사실은 그렇
지 않았습니다. 그런 뒤에 저는 그가 스스로 지혜롭다고 생각하겠
D 지만 사실은 그렇지 않다는 것 그에게 보여주려 했습니다. 결국 저
는 그와 많은 다른 참석자들의 미움을 사게 되었습니다. 그래서 저
는 그 자리를 떠나면서 혼자 이렇게 생각했습니다. "내가 이 사람보
다는 지혜롭구나. 우리 모두가 제대로 아는 것이 없지만, 이 사람은
자신이 알지 못하면서도 무언가를 안다고 생각하는데 반해, 나는
E 아무것도 알지 못하면서 안다고 생각하지는 않으니 말이야."라고
말입니다. 그런 뒤에 저는 그보다 더 지혜롭다고 생각되는 다른 사
람을 찾아갔고, 같은 생각을 하게 되었습니다. 그리고 그곳에서도
저는 그와 많은 다른 사람들로부터 미움을 사게 되었습니다.

Ⅰ.4.3 시인과의 만남 (21E–22C)

그 후에 저는 이 사람 저 사람을 찾아다녔고, 미움을 산다는 것을
알고는 슬프고도 두려웠지만, 그럼에도 신의 일을 가장 중시해야
22 한다고 생각했습니다. 따라서 신탁의 의미를 알기 위해서는 무언
가를 알고 있다고 알려진 모든 사람들을 찾아가야 했습니다. 그래
서 [이집트의 신인] 개에게 맹세코,[2] 아테네인들이여, 저는 여러분에

2_ Gallop(tr.)(2008), p.92 참조. 여기에서 '개에게 맹세'한다는 것은 '이집트인의 신인, 개에게 맹세'한다는 것으로 이해된다.

게 진실을 말해야만 하기 때문에, 제가 이런 경험을 했다는 것을 말씀드리는 겁니다. 신의 뜻에 따라 탐구하는 제게는 가장 명성이 높은 사람이 가장 부족해 보였고, 명성이 낮다고 여겨지는 사람이 [오히려] 더 지각이 있는 것으로 보였습니다. 저는 제 여정을 마치 신탁이 반박될 수 없음을 입증하려 했던 [헤라클레스의] 노고에 비유
B 하고 싶습니다. 왜냐하면 저는 정치가[를 만난] 다음에는 시인들, 비극시인들과 서정시인들, 그리고 다른 시인들에게 갔기 때문입니다. 그곳에서 실질적인 시험을 거쳐 제가 그들보다 무지하다는 것을 입증할 수 있으리라 생각하면서 말입니다. 그래서 저는 그들이 가장 공들였던 것으로 보이는 그들의 시를 뽑아서 그것들이 무슨 의미인지 물었고, 그와 동시에 그들로부터 무언가를 배우고자 했습니다. 그런데 여러분에게 진실을 말하기가 부끄럽습니다만, 그래도 말해야 될 것입니다. 왜냐하면 그 시들을 지은 사람들보다 근처에 있던 거의 모든 사람들이 [오히려] 더 잘 설명할 수 있었기 때문
C 입니다. 저는 시인들이 지혜를 통해 시를 짓는 것이 아니라 어떤 자질로 인해, 즉 예언자나 신탁 전달자처럼 영감을 받기 때문에 [시를] 짓는다는 사실을 곧 깨달았습니다. 왜냐하면 그들은 많은 아름다운 것들을 말하지만 자신들이 말하는 것에 대해 아무것도 알지 못하기 때문입니다. 시인들도 이런 종류의 어떤 것을 경험한다는 것이 제게는 분명했습니다. 그리고 동시에 저는 그들이 그들의 시 때문에 다른 일에도 아주 지혜로운 사람들이라고 생각한다는 사실을 깨달았습니다. 따라서 저는 정치인들보다 우수했던 것처럼 또 다시 제가 그들보다도 우수하다고 생각하면서 그곳을 떠났습니다.

Ⅰ.4.4 수공업자와의 만남 (22D–22E)

D 마침내 저는 수공업자들에게 갔습니다. 왜냐하면 저는 제가 실질적으로 아무것도 아는 것이 없다는 것을 알았지만, 그들은 많은 아름다운 것들에 대한 지식을 갖고 있음을 발견할 수 있으리라는 것을 알고 있었기 때문입니다. 이 점에 대해서는 제가 틀리지 않았습니다. 그들은 제가 알지 못하는 것을 알고 있었고, 이런 점에서 그들은 저보다 지혜로웠습니다. 그러나 아테네인들이여, 훌륭한 장인들도 시인들과 같은 결함을 갖고 있는 것으로 보였습니다. 그들이 기술을 잘 발휘할 수 있다는 이유에서, 그들은 자신들이 다른 중요한 문제들에 있어서도 지혜롭다고 생각했고, 이러한 그들의 오류
E 는 그들이 지닌 지혜마저 가리게 되었으며, 결과적으로 저는 그들의 지혜만큼 지혜롭지도 않고 그들의 어리석음만큼 어리석지도 않은 지금의 나[를 유지하는 것]이 나은가, 또는 그들처럼 두 가지 모두를 가져야 하는가를 신탁을 대신해 저 자신에게 물었습니다. 그리고는 저는 지금의 나[를 유지하는 것]이 낫다고 저 자신과 신탁에게 답변했습니다.

Ⅰ.4.5 무지를 자각한 소크라테스와 그에 대한 비난 (23A–24C)

23 이런 탐구로 인해, 아테네인들이여, 제게는 가혹하고도 슬프게도 많은 적대자들이 생겨났으며, 결과적으로 많은 편견이 야기되고 또한 제가 지혜로운 사람이라 불리게 되었습니다. 왜냐하면 각각의 경우에 참석했던 사람들은 제가 다른 사람을 논박하는 일에 있어서 지혜롭다고 생각했기 때문입니다. 그러나 여러분, 사실상 실제로는 신이 지혜롭고 그의 신탁을 통해 "인간의 지혜는 약간의 가치가 있거나 또는 아무런 가치가 없다"는 말을 하려 했을 것입니다. 그리

B 고 실제로는 그가 소크라테스에 대해 그말을 했던 것이 아니라 단
지 저를 하나의 사례로 삼아 제 이름을 이용했던 것처럼 보입니다.
"인간들이여, 당신들 가운데 이 한 사람, 즉 소크라테스처럼 자신의
지혜가 사실 무가치하다는 것을 인지하는 이 한 사람이 가장 지혜
롭다"고 말하는 것처럼 말입니다.

따라서 신이 명령하는 것처럼, 저는 지금도 이 탐구를 지속하고 있
으며, 내국인이든 외국인이든 제가 지혜롭다고 생각하는 누구든지
찾으려 돌아다니고 있습니다. 그리고 그가 그렇지 않아 보이면, 저
는 신을 도와 그가 지혜롭지 않다는 것을 보여줍니다. 또한 이런 일
로 인해 저는 언급할만한 가치가 있는 어떤 나랏일이나 제 자신의
C 일에도 참여할 여가가 없기도 하지만, [무엇보다도] 신에게 봉사하
느라 아주 가난한 상태입니다.

더구나 자발적으로 저를 따르는 여가가 많은 젊은 사람들, 부자들의
자식들은 사람들이 반박되는 것을 들으며 즐거워하고, 종종 그들 자
신이 저를 모방하며, 그런 뒤에 그들은 다른 사람들을 반박하기도
합니다. 그런 뒤에 그들은 자신들이 무언가를 안다고 생각하지만 거
의 또는 전혀 알지 못하는 많은 수의 사람들을 발견하는 것 같습니
다. 따라서 결과적으로, 그들에 의해 반박되는 사람들은 그들에게
화를 내는 대신에 제게 화를 내면서, "소크라테스가 가장 끔찍한 인
D 간이며, 젊은 사람들을 타락시키고 있다"고 말하는 것입니다.

그리고 누군가 그들에게 "그가 무엇을 하고, 무엇을 가르쳐서 [그들
을 타락시키는 겁니까]?"라고 질문하면, 그들은 무슨 말을 해야 할
지 몰라 아무 말도 못하면서도, 당황한 모습을 보이지 않기 위해 모
든 철학자들에게 적용될만한 것들을 말합니다. "하늘에 있는 것들
과 땅 밑에 있는 것들", "신을 믿지 않는다는 것", 그리고 "약한 주장
을 강하게 만든다는 것" 등의 것을 말입니다. 왜냐하면 제 생각에,

그들은 진실을 말하는 것에, 즉 그들이 아는 척 하지만 사실은 아무
E 것도 알지 못하다는 사실이 아주 분명해지는 것에 대해 관심이 없
기 때문입니다. 그들은 타인들의 명예를 시기하고, 폭력적이고, 다
수이며, 저에 대해 지속적이고도 설득력 있게 말하기 때문에, 그들
은 예나 지금이나 여러분의 귀를 격렬한 비난으로 채워왔습니다.
멜레토스가 저를 공격했고, 아뉘토스와 리콘도 그랬습니다. 멜레
토스는 시인들을 위해 분노했고, 아뉘토스는 장인들과 정치인들을
24 위해, 그리고 리콘은 웅변가들을 위해 그랬던 것입니다. 따라서 처
음에 제가 말했듯이, 그처럼 짧은 시간에 여러분에게서 그처럼 거
대해진 편견을 제거할 수 있다면, 저 자신도 놀랄 것입니다. 아테네
인들이여, 이것이 진실입니다. 저는 작든 크든 어떤 것도 숨기지 않
고 또한 얼버무리지도 않고 말했습니다. 저는 바로 그런 행위로 인
해 저 자신이 미움을 사게 되리라는 것을 잘 알고 있었습니다. 그것
이 바로 제가 진실을 말하고 있고, 이것이 그 편견이며, 또한 그런
것들이 그것의 원인들이라는 증거입니다. 여러분이 지금이든 나중
B 이든 조사해본다면, 그렇다는 것을 아시게 될 것입니다.
그런데 저를 처음 비난했던 사람들이 했던 비난들에 관한 한, 이것
이 여러분에게 제시하는 충분한 변론이 될 것입니다. 그러나 자신
이 선량하고 애국적이라 말하는 멜레토스와 다른 사람들에 대해서
는 다음에 변론할 것입니다. 다시 말해서, 그들은 또 다른 종류의
고발자들이니, 이제 그들의 기소장을 살펴보겠습니다. 그것은 대
C 략 이렇습니다. "소크라테스는 젊은 사람들을 타락시키고 국가가
믿는 신들 대신에 새로운 영적 존재자들을 믿는 죄를 저질렀다"는
것입니다.

Ⅰ.5 구체적인 기소 내용 (24C-28D)

Ⅰ.5.1 소크라테스만이 젊은 사람들을 타락시킨다는 멜레토스의 주장 (24C-25B)

이런 것이 기소 내용입니다. 이 기소 내용을 하나하나 살펴보겠습니다. [멜레토스]는 제가 젊은 사람들을 타락시키는 죄를 저질렀다고 말합니다. 그러나 아테네인들이여, 저는 심각한 문제를 경솔하게 다루고, 사람들을 무책임하게 법정으로 끌어들이고, 자신이 한 번도 관심을 갖지 않았던 것들에 대해 염려하고 있다고 주장하는 멜레토스가 [오히려] 죄를 저지르고 있는 것이라고 말하겠습니다. 그리고 그것을 여러분에게도 입증해 보이겠습니다.
D 멜레토스, 이리 와보게! 자네는 젊은 사람들이 가능한 나아지는 것이 무척이나 중요하다고 생각하는가?

"그렇습니다."

그렇다면 누가 그들을 더 좋게 만드는지 이 분들에게 알려주게. 자네가 그것에 관심을 가지고 있다니 그것을 분명히 알고 있겠지. 자네가 말했듯이, 자네는 그들을 타락시키는 사람을 발견했고, 따라서 나를 이 분들 앞에 불러 세워 비난하는 것일 테니 말일세. 그러니 그들을 더 좋게 만드는 사람이 누구인지 이 분들에게 알려주게. 멜레토스, 자네는 아무 말도 하지 않고 있으며, [사실] 할 말이 전혀 없다는 것을 알고 있겠지? 그럼에도 이게 자네에게 수치스러운 일이고, 자네가 이런 일들에 대해 관심을 갖지 않았었다는 내 말에 대
E 한 충분한 증거처럼 보이지 않는가? 자, 누가 그들을 더 좋게 만드는지 말해보게.

"법률입니다."

그러나 그것이 탁월한 답변이긴 하지만, 내가 물었던 것이 아니네. 어떤 사람이, 누가 법률에 대해 알고 있는가?

"이 사람들, 배심원들입니다. 소크라테스."

무슨 말이지, 멜레토스? 이 분들이 젊은 사람들을 가르칠 수 있고, 그들을 더 좋게 만들 수 있다는 건가?

"그렇습니다."

25 그들 모두가 그렇다는 건가, 아니면 그들 중 일부는 그렇고 다른 일부는 그렇지 않다는 건가?

"모두가 그렇습니다."

헤라 신에게 맹세코, 아주 좋네. 그리고 자네는 아주 많은 조력자들을 언급했네. 그렇다면 이건 어떤가? 이 방청객들은 그들을 더 선량하게 만드나, 그렇지 않나?

"그들도 그렇습니다."

그러면 평의원들은 어떤가?

"평의원들도 그렇습니다."

멜레토스, 의회에 있는 분들, 즉 의원들은 젊은 사람들을 타락시키지 않는가? 아니면 그들이 모두 젊은 사람들을 더 좋게 만드는가?

"그들도 [평의원들과 마찬가지로 더 좋게 만듭니다]."

그렇다면 나를 제외한 모든 아테네인들이 그들을 좋게 만들고, 나 혼자만이 그들을 타락시킨다는 것이군. 자네가 하려는 말이 바로 그건가?

"바로 그렇습니다. 그게 제가 하려는 말입니다."

Ⅰ.5.2 소크라테스가 젊은 사람들을 고의적으로 타락시킨다는 멜레토스의 주장 (25B–26B)

자네는 나를 아주 불행하게 만드는군. 그렇다면 말해보게. 자네에
B 게는 이게 말(horse)의 경우에도 적용되는 것처럼 보이는가? 모든 인간이 그것들을 더 좋게 만들고, 어떤 한 사람만이 그것들을 타락시킨다는 건가? 아니면, 그와는 정반대로 그것들을 더 좋게 만들 수 있는 것은 어떤 한 사람 또는 조마사들과 같은 소수인데 반해, 말과 관련되고 말을 이용하는 대부분의 사람들이 그것들을 타락시킨다는 건가? 멜레토스, 말의 경우와 다른 모든 동물의 경우에 모두 그렇다는 건가? 자네와 아뉘토스가 그것을 부정하든 말든, 분명히 그렇겠지. 만약 한 사람만이 젊은 사람들을 타락시키는 반면에, 다른 사람들이 모두 좋게 만든다면 아주 훌륭한 일일 걸세. 그러나 멜레
C 토스, [지금까지 말한 것만으로도 이미] 자네는 젊은 사람들에 대해 제대로 생각해본 일이 없다는 것을 충분히 보여주었을 뿐만 아니라

자네가 나를 법정으로 끌고 오는 일에 대해서도 관심이 없었다는 것을 잘 보여줬네.
그러나 신에 맹세코, 멜레토스, 좋은 국민들 사이에서 사는 것이 더 나은가, 아니면 나쁜 국민들 사이에서 사는 것이 더 나은가? 이보게, 내가 어려운 질문을 하는 것이 아니니, 대답해보게. 나쁜 사람들은 가까이 있는 사람들에게 언제든 해를 입히는 반면에, 좋은 사람들은 그들에게 이익을 주지 않을까?

"그렇습니다."

D 그렇다면 이익을 얻기보다 해를 입기를 원하는 사람이 있을까? 이보게, 법이 대답하라고 명령하고 있으니, 대답해보게. 해를 입기를 원하는 사람이 있을까?

"물론 아닙니다."

그렇다면 말해보게. 자네는 내가 젊은 사람들을 고의적으로 타락시킨다는 건가, 아니면 비고의적으로 그런다는 건가?

"제가 보기에는, 고의적입니다."

그렇다면 무슨 말인가, 멜레토스? 자네 나이의 자네가 내 나이의 나
E 보다 더 지혜로워서, 자네는 나쁜 사람들이 항상 가까이 있는 사람들에게 해를 입히고, 좋은 사람들은 그들에게 이익을 준다는 것을 알고 있지만, 나는 가까이 있는 사람을 나쁘게 만들고 그로부터 해를 입을 상황인데도 불구하고 그것을 알지 못할 정도로 아주 무지

하며, 더구나 자네가 말하듯이 내가 이런 나쁜 짓을 고의로 저지르고 있다는 건가? 나는 자네를 믿을 수 없고, 또한 다른 어떤 사람도
26 그것을 믿지 않을 것이라 생각하네, 멜레토스. 나는 젊은 사람들을 타락시키지 않았거나, 만약 내가 그랬다 할지라도 비고의적으로 했을 것이니, 어떤 경우든 자네는 거짓말을 하고 있는 것이네. 그러나 만약 내가 비고의적으로 그랬다면, 그런 잘못의 경우에 법률은 사람들을 법정에 불러 세우지 않고, 개인적으로 가르침을 주거나 충고를 하곤 하네. 왜냐하면 만약 내가 [법률이 말해주는] 얘기를 듣는다면, 나는 비고의적으로 하던 일을 중단할 것이 분명하기 때문이네. 그러나 자네는 나를 [개인적으로] 만나 가르침을 주기를 회피하고, 그렇게 하고 싶어 하지 않았으며, 법률이 가르침이 아니라 형벌을 필요로 하는 사람들을 불러들이는 이곳으로 나를 불러들였네.

I.5.3 소크라테스가 신을 믿지 않는다는 멜레토스의 주장 (26B–27A)

그러나 아테네인들이여, 제가 말했듯이, 멜레토스는 이런 것들에
B 대해 많든 적든 관심이 전혀 없었다는 것이 분명합니다. 그렇다 할지라도 멜레토스, 내가 젊은 사람들을 어떻게 타락시켰는지 우리에게 말해보게. 자네의 진술서에 따르면, 내가 그들에게 국가가 믿는 신들을 믿지 말고 새로운 다른 영적 존재자들을 믿으라고 가르침으로써 그랬다는 것이 분명하지 않은가? 내가 그들을 가르치고 타락
C 시켰다고 자네가 말하지 않았던가?

"제가 분명히 그렇게 말했습니다."

그러면 멜레토스, 우리가 지금 말하고 있는 신에게 맹세코, 나와 이

분들에게 좀 더 명확하게 말해주게. 왜냐하면 자네가 무슨 말을 하고 있는지 내게는 분명하지 않기 때문이네. 내가 신들이 존재한다고 가르치고 나 자신도 신들이 존재한다고 믿는다면, 나는 전적으로 무신론자는 아니고 그 점에서 잘못을 저지른 것은 아니지만, 이 신들이 국가가 믿는 신들이 아닌 다른 신들이며, 따라서 내가 다른 신들을 믿는다는 점에서 자네가 나를 비난하고 있는 것인가? 아니면, 자네는 나 자신이 신들을 전혀 믿지 않고, 또한 내가 이것을 다른 사람들에게 가르친다는 것인가?

D "그것이 제가 말하는 것입니다. 당신이 신들을 전혀 믿지 않는다는 것 말입니다."

나를 놀라게 하는군, 멜레토스. 자네는 왜 그렇게 말하는 건가? 내가 다른 사람들처럼 태양과 달이 신들이라는 것조차 믿지 않는다는 건가?

"신에 맹세코, 그렇습니다, 판사님[배심원 여러분]. 그가 태양이 돌이고 달은 흙이라고 말하기 때문입니다."

이보게, 멜레토스, 자네는 아낙사고라스를 고발하고 있다고 생각하는 건가? 그리고 그럼으로써 이 분들을 모욕하고, 또한 클리조메나이 출신인 아낙사고라스의 책들이 그런 주장들로 가득하다는 것을
E 모를 정도로 이 분들이 글을 모른다고 생각하는 건가? 게다가 정말로 젊은 사람들이 내게 그런 이론들을 배운다는 건가? 그들이 연주회에서 1드라크메로 살 수도 있고, 만약 소크라테스가 자기 것인 양하면 (특히 그것들이 그처럼 터무니없는 경우에) 그를 비웃을만한

그런 이론들을 말인가? 신에 맹세코, 자네는 정말로 내가 어떤 신도 존재하다는 것을 믿지 않는다고 생각하나?

"신에 맹세코, 그렇습니다. 당신은 결코 믿지 않습니다."

내게 그렇게 보이듯이, 멜레토스, 자네는 자네 스스로도 조금도 신뢰하지 않을 것이네. 아테네인들이여, 이 사람은 상당히 오만하고도 분방하고, 실제로 그러한 오만함과 분방함과 젊은 혈기로써 그
27 런 기소를 했던 것으로 보입니다. 왜냐하면 그는 말하자면 "지혜롭다는 소크라테스는 내가 장난을 치고 모순을 범하고 있다는 사실을 알아차릴까? 아니면, 내가 그와 다른 사람들을 속이게 될까?"라며 수수께끼를 지어 시험하려는 사람처럼 보입니다. 그는 자신의 기소장에서 "소크라테스는 신들을 믿지 않지만 실제로는 신들을 믿는 죄를 저질렀다."고 말하는 모순을 범하고 있는 것으로 보입니다. 이것은 사실 장난을 치는 겁니다.

Ⅰ.5.4 멜레토스의 주장에 대한 소크라테스의 반론 (27B–28D)

B 여러분, 제게 이런 말을 하는 그가 어떻게 나타나는지 보길 바랍니다. 그리고 멜레토스, 자네는 우리에게 대답하게. 처음에 부탁드렸듯이, 제가 늘 하던 방식대로 논의를 해나가더라도 여러분은 소란을 피우지 않기로 했던 것을 기억해 주십시오. 인간과 관련된 일은 존재하지만 인간은 존재하지 않는다고 믿는 사람이 있을까? 여러분, 그에게 대답하게 하고, 어떤 소란도 일으키지 말길 바랍니다. 말의 존재를 믿지 않으면서 말과 관련된 일의 존재는 믿는 사람이 있을까? 또는 [목관 악기인] 아울로스 연주자의 존재는 믿지 않으면

서 아위롤스 연주자와 관련된 일의 존재는 믿는 사람이 있을까? 존
경하는 여러분, 그런 것은 없습니다. 만약 자네가 대답하고 싶지 않
다면, 나는 그것을 자네와 여기 있는 다른 사람들에게 말할 것이네.
C 그러나 최소한 다음 질문에는 대답해주게. 정령들의 존재는 믿지
않으면서 영적인 일들이 존재한다는 것은 믿는 사람이 있을까?

"없습니다."

이 분들 때문에 마지못해 그런 것일지라도 대답해줘서 고맙네. 그
런데 자네는 내가 새로운 존재자든 또는 예전의 존재자든 영적 존
재자들을 믿고 그 믿음을 가르친다고 말하고 있네. 그렇다면 자네
의 말에 의하면, 내가 어쨌든 영적 존재자들을 믿고 있으며, 자네는
그것을 자네의 기소장에서 맹세했었지? 그러나 만약 내가 영적 존
재자들을 믿는다면, 내가 어쩔 수 없이 정령들도 믿어야 되겠지, 그
렇지 않은가? 그렇다네! 자네가 대답하지 않으니 나는 자네가 동의
D 한 걸로 생각하겠네. 그러나 우리는 그 정령들이 신들이나 또는 신
들의 아이들이라고 생각하지 않나? 그런가, 그렇지 않은가?

"그렇습니다."

그렇다면 자네가 말하듯이, 만약 내가 정령들을 믿는다면, 그리고 만약 정령들이 신들의 일종이라면, 그것이 자네가 하고 있다고 내가 말했던 수수께끼이고 장난이네. 즉, 내가 신들이 존재한다는 것을 믿지 않지만, 정령들이 존재한다는 것을 믿기 때문에 나는 또한 신들이 존재한다는 것을 믿는다[고 말하]는 것이네. 그러나 다른 한편으로 (그들의 모친이 누구든) 만약 정령들이 님프 요정들이나 다

른 어떤 신들의 사생아들이라면, 신들의 자식들은 존재하지만 신
들은 존재하지 않는다는 말을 누가 믿겠는가? 그것은 말과 나귀의
E 새끼인 노새는 존재하지만, 말과 나귀는 존재하지 않는다고 말하
는 것만큼이나 어리석을 것이네. 그러나 멜레토스, 이 고발을 한 것
은 자네가 우리를 시험해 보기 위해서 또는 자네가 나를 고발할만
한 어떤 잘못을 내가 진정 저질렀는지 알 수가 없기 때문이었던 것
이 분명하네. 그러나 자네는 지각있는 사람에게라면, 동일한 사람
이 영적 존재자들과 신적 존재자들을 믿고, 다시 동일한 사람이 정
28 령들이나 신들이나 영웅들이 존재한다는 것을 믿지 않는 것이 가능
하다고 조금이라도 설득할 수는 없을 것이네.

그러나 아테네인들이여, 멜레토스의 기소장에 있는 내용에 대한 잘
못이 제게 없다는 것에는 많은 변론이 필요한 것 같아 보이지 않고,
이것으로 충분합니다. 그러나 이전에 말했듯이, 저에 대한 많은 미
움이 많은 사람들의 마음속에 생겨났다는 것은 옳습니다. 그리고
저에 대한 비난이 야기된다면, 그것이 바로 저에 대한 비난의 원인
일 것입니다. 멜레토스나 아뉘토스가 아니라 많은 사람들의 편견
B 과 혐오감 때문입니다. 이것이 다른 많은 좋은 사람들을 망쳐 놓았
으며, 앞으로도 그러리라고 저는 생각합니다. 그리고 그것이 제 앞
에서 멈출 가능성은 없습니다. 그러나 만약 누군가 "소크라테스, 당
신은 지금 당신을 결과적으로 사지로 끌어들인 그런 길을 추구했던
것에 대해 부끄럽지 않습니까?"라고 말할 수도 있을 것입니다. 그
러나 저는 바로 이렇게 대답할 것입니다.

"이보시오, 만약 당신이 조금이나마 쓸모가 있는 사람이라면 삶과
죽음의 위험에 대해 생각해야지, 일을 할 때 자신이 하는 일들이 옳
은지 또는 그른지, 그리고 좋은 사람의 행동인지 또는 나쁜 사람의
C 행동인지에 대해서만 신경 써서는 안 된다고 생각한다면, 당신은

잘못 말하고 있는 겁니다. 왜냐하면 당신의 주장에 따른다면, 트로이아의 전쟁터에서 죽은 모든 반신반인(半神半人, 영웅)들, 특히 치욕보다도 위험을 참지 못했던 테티스의 아들은 열등한 사람일 것입니다." 제가 알기로는, 헥토르를 죽이려고 안간힘을 쓰던 그에게 여신인 그의 모친은 이런 이야기를 했습니다. "내 아들아, 만약 네가 네 친구 파르토클로스의 죽음에 대한 복수를 하려고 헥토르를 죽인다면, 너 자신도 죽게 될 것이다. 왜냐하면 헥토르[가 죽은] 다
D 음에는 네가 죽기로 [예정]되어 있기 때문이다." 이 이야기를 듣자, 그는 죽음과 위험을 가볍게 여겼고, 자기 친구들의 복수를 하지 않고 겁쟁이로 사는 것을 훨씬 더 두려워했으며, 그는 "나는 잘못을 저지른 자에게 복수를 한 뒤에, 즉시 죽겠습니다. 곡선의 배들 옆에서 비웃음을 사고, 대지에 부담이 되면서까지 여기에 머무르지 않고 말입니다"라고 말했습니다. 당신은 그가 죽음과 위험을 고려했다고 생각합니까?

Ⅰ.6 어떤 경우에도 진리의 추구를 중단하지 않겠다고 다짐하는 소크라테스 (28D–30C)

아테네인들이여, 이것이 진실입니다. 자신이 가장 좋다고 생각하기 때문에 하나의 자리를 잡거나 또는 명령 때문에 자리를 잡게 되면, 그는 죽음도 고려하지 말고 치욕 외의 다른 어떤 것도 고려하지 말고 그곳에 머물러 위험을 감수해야 한다고 저는 생각합니다.
E 따라서 여러분이 저를 지휘하게끔 선택했던 지휘자들이 포테이다이아와 암피폴리스, 그리고 델리온에 저를 배치했을 때, 저는 다른 사람들과 마찬가지로 그들이 배치해준 곳에 머무르고 죽음의 위험

을 감수했지만, 신이 제게 제 삶을 철학에 [사용하고, 또한] 저 자신
29 과 다른 사람들을 검토하는 곳에 사용하라는 명령과 함께 자리를
배정했을 때, 죽음이나 다른 어떤 것에 대한 두려움 때문에 자리를
벗어났다면, 저는 끔찍한 일을 저질렀던 것이 될 것입니다. 그것은
끔찍한 일일 것이며, 제가 신탁을 거부하고 죽음을 두려워하는 것
은 물론이고 지혜롭지 않으면서도 지혜롭다고 생각하기 때문에 신
들이 존재한다는 것을 믿지 않는 것이 [분명하다]는 기소 이유를 들
어, 누군가 저를 법정에 불러 세우는 것이 적절했을 것입니다. 왜냐
하면 여러분, 죽음을 두려워한다는 것은 자신이 그렇지 않음에도
스스로 지혜롭다고 생각하는 것에 불과하기 때문입니다. 그것은
자신이 알지 못하는 것을 안다고 생각하는 것입니다. 왜냐하면 아
무도 죽음이 인간의 축복 가운데 가장 큰 축복인지 아닌지 알 수 없
B 지만, 그들은 마치 그것이 악들 가운데 가장 큰 것이라는 것을 자신
들이 알고 있는 것처럼 그것을 두려워하는 것이기 때문입니다. 또
한 이것은 자신이 알지 못하는 것을 안다고 생각하는 것이므로 가
장 비난받을만한 무지가 아니고 무엇이겠습니까? 아마도, 여러분,
이런 점에서 제가 대다수의 사람들과 다르며, 만약 제가 어떤 것에
있어서 다른 사람보다 지혜롭다고 말한다면, 이런 점에서 그럴 것
입니다. 즉, 제가 지하세계(하데스, 저승)에 대해 아는 것이 거의 없
어서 그것을 안다고 생각하지 않는다는 점에서 그럴 것입니다. 그
러나 저는 잘못을 저지르는 것[이 나쁘고 수치스러우며], 또한 신이
든 사람이든 저보다 나은 사람을 따르지 않는 것이 나쁘고 수치스
C 럽다는 것을 알고 있습니다. 저는 나쁘다는 것을 아는 것들이 아니
라 좋은지 나쁜지를 알지 못하는 것 들에 대해서는 두려워하거나
회피하지 않을 것입니다. 만약 여러분이 지금 저를 무죄 방면하시
고, 제가 애당초 이곳에 불려오지 말았어야 한다거나 또는 이왕 불

려왔다면 (만약 제가 무죄 방면된다면, 여러분의 자식들이 제가 가르친 것을 따르다가 완전히 타락하게 될 것이기 때문에) 저를 사형에 처해야만 한다고 말했던 아뉘토스를 신뢰하지 않는다 할지라도, 만약 이와 관련하여 여러분이 "소크라테스, 이번에는 우리가 아뉘토스의 말대로 하지 않고, 당신은 이런 탐구를 하거나 철학을 하는데 더 이상 시간을 소모해서는 안 된다는 조건 하에 당신을 방면할
D 것이오. 만약 당신이 그렇게 하다가 [다시] 잡히는 경우에는 사형에 처할 것이오!"라고 말한다 할지라도, 그리고 만약 여러분이 제가 말했던 그런 조건 하에 저를 무죄 방면할지라도, 저는 여러분에게 다음과 같이 말할 것입니다. "아테네인들이여, 저는 여러분에게 감사하며, 또한 저는 여러분의 친구입니다. 그러나 저는 여러분보다 신에게 복종할 것이며, 제가 살아있고 할 수 있는 한 저는 결코 지혜에 대한 사랑을 포기하거나 여러분에게 충고하는 일과 제가 만나는 누구에게든 제가 늘 하던 방식으로 진리를 지적하는 일을 결코 멈추지않을 것입니다." 가장 훌륭한 분이시여, 도시 가운데 가장 위대하고, 지혜와 힘으로 가장 유명한 아테네의 시민인 여러분은 지식
E 과 진리, 그리고 영혼의 최고 상태에 대해 신경 쓰거나 관심을 기울이지 않고 부와 명성, 그리고 명예의 획득을 중시하는 여러분이 부끄럽지 않습니까? 또한 만약 여러분이 이에 대해 반박하며 그것을 중시한다고 말한다면, 저는 그가 금방 떠나게 내버려두지도 않을 것이고 제가 떠나지도 않을 것이며, 그에게 질문하고 검토하고 또
30 한 시험할 것이고, 또한 만약 그가 자신이 말했던 것과 같은 탁월성을 갖고 있지 못하다는 것을 발견하게 되면, 저는 그가 가장 중요한 것들을 경멸하고 가치가 덜한 것들을 중시하는 것을 나무랄 것입니다. 젊었든 늙었든, 외국인이든 내국인이든, 누구를 만나든 저는 그렇게 할 것이며, 특히 저와 더 가까운 사람인 여러분에게는 더 그

렇게 할 것입니다. 이것은 신이 제게 명령한 것임을 알아주시고, 제 생각에는 제가 신에게 봉사하는 것보다 도시에 더 좋은 일이 있던 적은 없었습니다. 왜냐하면 저는 젊거나 늙은 모든 이에게 영혼의
B 최고 상태보다 더 또는 그만큼이나 자신의 몸이나 자신의 재산을 중시해서는 안 된다고 주장하는 것 외에는 아무것도 하는 일이 없기 때문입니다. 또한 저는 "돈이 탁월성을 가져오는 것이 아니라 탁월성이 인간에게, 즉 개인과 국가에게 돈과 다른 모든 좋은 것들을 가져오는 것이다"라고 말합니다. 만약 이런 것들을 말함으로써 제가 젊은 사람들을 타락시킨다면 이런 것들은 해로운 것들이겠지만, 만약 제가 이와는 다른 말을 하고 있다고 누군가 주장한다면, 그는
C 아무 말도 하지 않는 것입니다[터무니없는 소리를 하는 것입니다]. 따라서 아테네인들이여, 아뉘토스가 여러분에게 말한 대로 하든 말든, 또한 저를 무죄 방면하든 말든, 비록 제가 여러 번 고쳐 죽는다고 할지라도 제 행동이 달라지지는 않을 것입니다.

Ⅰ.7 말 등의 등에처럼 자신이 국가의 등에라고 주장하는 소크라테스 (30C–31C)

아테네인들이여, 소란 피우지 말고 제가 부탁드렸던 대로 해주시길 바랍니다. 소란을 피워 제 말을 방해하지 말고 들어주시길 바랍니다. 제 이야기에서 얻을 것이 있으리라 생각합니다. 저는 여러분이 아마도 고함을 지를만한 것들을 이야기하려 합니다만, 그러지 마시길 바랍니다. 만약 여러분이 저와 같은 사람을 죽이는 일은 저보다도 여러분 자신을 해치는 일이 되리라는 것을 아셔야 합니다. 멜레토스도 아뉘토스도 저를 해칠 수 없습니다. 그것은 불가능할 것입니

D 다. 왜냐하면 저는 더 나은 사람이 더못한 사람에게 해를 입는 것은
허용되지 않는다고 생각하기 때문입니다. 그러나 그가 아마도 저를
죽이거나 추방하거나 또는 시민권을 박탈할 수도 있을 겁니다. 그
리고 아마도 그는 이렇게 제게 큰 해를 입힐 수 있다고 생각할 것이
며, 다른 사람들도 그렇게 생각하겠지만, 저는 그렇지 않습니다. 제
가 생각하기에, 그는 지금 그가 하고 있는 것을 함으로써, 즉 사람을
부당하게 죽임으로써 그 자신에게 훨씬 더 큰 해를 입히고 있습니
다. 자, 아테네인들이여, 제가 변론하는 것은, 누군가 생각하는 것처
럼, 저 자신을 위한 것이 아니라 오히려 여러분을 위한 것입니다. 여
러분이 제게 유죄 판결을 내림으로써 신이 여러분에게 주신 재능을
E 잘못 이용하지 않도록 하기 위한 것입니다. 왜냐하면 여러분이 저를
사형시킨다면, 여러분은 저와 같은 또 다른 사람을 쉽게 찾을 수 없
을 것이기 때문입니다. 다소 어리숙한 비유를 들자면, 체격도 크고
혈통도 좋지만 그 크기 때문에 동작이 굼떠서 일어나려면 자극이 필
요한 말 등에 붙은 등에처럼 스스로를 이 나라에 붙여놓은 저와 같
은 사람을 말입니다. 저는 그런 어떤 능력 때문에 신이 저를 이 나
라에 붙여놓았다고 생각합니다. 저는 온종일 어디에서든 여러분에
31 게 달려가 여러분 한 사람 한 사람을 불러일으켜 설득하고 비판합니
다. 여러분, 또 다른 그런 사람이 여러분에게 오지는 않을 겁니다. 그
러나 만약 여러분이 제 말을 듣는다면, 여러분은 저를 갖게 되는 것
입니다. 그러나 아마도 여러분은 낮잠에서 깨어난 사람들처럼 화가
나서, 아뉘토스가 말하는 것처럼, 저를 때릴 수도 있고 또한 쉽게 사
형을 언도할 수도 있을 겁니다. 그런 뒤에 여러분은 나머지 삶을 잠
을 자며 보내게 될 것입니다. 여러분을 염려하는 신이 누군가를 여
B 러분에게 보내지 않는다면 말입니다. 따라서 이미 말했듯이, 제가
신이 [여러분에게] 보내준 일종의 선물이라는 것을 다음으로부터 알

수 있을 것입니다. 왜냐하면 저는 제 자신의 문제를 모두 방치해왔고, 이런 방치를 오랜 세월 동안 견뎌왔지만, 저는 항상 여러분을 위해 분주했고 아버지나 형처럼 개별적으로 여러분을 찾아가 탁월성을 중시하라고 설득했기 때문입니다. 그렇지만 이것은 사람이 할 일이 아닌 것 같았습니다. 만약 제가 그런 일에 대해 어떤 이익을 취하고 보수를 지불하라 했다면, 말이 될 것입니다. 그러나 저를 고발한 사람들이 그처럼 파렴치하게 다른 모든 것에 대해 저를 고발하면서
C 도, 지금 여러분이 보시듯이, 그들은 제가 다른 사람에게 보수를 받아 내거나 요구했다는 것을 입증하는 증인을 만들어낼 정도의 파렴치함을 보이지는 못했습니다. 왜냐하면 제가 제 가난에 대해 진실을 말하고 있다는 믿을만한 증인이 있기 때문입니다.

Ⅰ.8 소크라테스가 사적인 삶을 살았던 이유 (31C–32E)

아마도 제가 다른 사람들의 일에 개인적으로 이런 조언을 주기 위해 돌아다니며 간섭하지만, 감히 여러분의 의회에 가서 국가에 조언을 하지 않는다는 것이 이상해 보일 수도 있을 것입니다. 그러나 여러분은 제가 여러 차례 다양한 장소에서 말하는 것을 들으셨겠
D 지만, 그 이유는 멜레토스가 자신의 기소장에서 조롱했던 바로 그것으로서, 제게 신적이고 영적인 어떤 징후가 나타나기 때문입니다. 이것은 제가 어렸을 때 시작되었습니다. 그것은 제게 나타나는 일종의 목소리인데, 그것이 나타날 때 그것은 제가 하려고 생각하는 것을 못하게 하는 반면에, 결코 저로 하여금 진행하게 하지는 않습니다. 이것은 제가 정치에 참여하는 것을 반대했으며, 저는 이런 반대가 아주 바람직했다고 생각합니다. 왜냐하면 아테네인들이여,

만약 제가 정치에 입문했다면, 저는 오래 전에 죽었을 것이며, 여러
분이나 저 자신에게 아무런 이익이 되지 못했을 것이기 때문입니
E 다. 제가 진실을 말하는 데 대해 화를 내지 마시길 바랍니다. 사실
상 여러분이나 다른 어떤 군중에게 진정으로 맞서서 국가 내부의
부당하고도 불법적인 많은 사건들을 막는 사람들 가운데 생존할 수
32 있는 사람은 아무도 없을 것입니다. 정의를 위해 진정으로 싸우는
사람이 자신의 삶을 잠시 동안이나마 연명하려 한다면, 그는 공적
인 삶이 아니라 사적인 삶을 살아야 할 것입니다.

이에 대한 강력한 증거, 즉 단순히 말만 하는 것이 아니라 여러분
이 더 존중하는 행동을 여러분에게 제시하겠습니다. 제게 무슨 일
이 있었는지 들어보시길 바랍니다. 어떤 것이 틀린 것이라면, 제가
누구에게도 죽음에 대한 두려움 때문에 굴복하지는 않았으며, 포기
하기보다 차라리 죽으리라는 것을 믿어도 좋습니다. 제가 말씀드
B 리려는 이야기는 평범하고 상식적이지만 진실입니다. 아테네인들
이여, 저는 국가의 다른 어떤 관직을 차지해본 적이 전혀 없습니다
만, 평의원을 해본 적은 있습니다. 해전에서 생존자들을 구출하는
데 실패했던 열 명의 장군들에 대해 여러분이 몇 명이 아니라 다수
가 재판하기를 바랐을 때, 우연히 제 부족이 주도했던 적이 있습니
다. 여러분 모두가 나중에 동의했듯이, 이것은 불법적이었습니다.
그 당시에 저는 법률에 위배되는 어떤 것도 하기를 반대했던 유일한
부족 사람이었고, 웅변가들이 저를 고발하고 체포하려 했고, 또한
여러분도 그렇게 하라고 소리를 지르며 그들을 종용했지만, 저는 여
C 러분의 소망이 부당함에도 불구하고 제가 투옥되거나 사형당할 것
에 대한 두려움 때문에 여러분의 편을 들기보다 법률과 정의의 편에
서 끝까지 함께 하는 위험을 감수해야만 한다고 생각했습니다.

이것은 국가가 여전히 민주 정체였을 때였습니다. 나중에 과두 정

체가 정착되고, 삼십 인의 참주들은 사람을 보내 제게 다른 네 명과 함께 원형 건물로 불렀고, 살라미스 출신의 레온을 사형시키기 위해 데려 오라고 우리에게 명령했습니다. 그들은 자신들의 범죄에 가능한 많은 사람들을 연루시키기 위해 다른 사람들에게도 그런 명령을 내렸습니다. 그러나 이게 지나치게 무례한 말이 아니었으면
D 합니다만, 저는 제가 죽음에 대해 조금도 신경 쓰지 않고, 부당하거나 불경한 어떤 것을 하지 않는 것에 대해 전적으로 신경 쓴다는 것을 단순히 말로써만이 아니라 행동으로써 또 다시 보였습니다. 그 모든 힘을 가진 정부는 부당한 어떤 것을 하도록 겁줄 수 없었으며, 우리가 원형 건물에서 나왔을 때, 다른 네 명은 살라미스로 가서 레온을 체포했지만, 저는 그냥 집으로 갔습니다. 그리고 만약 정부가
E 그리 빨리 무너지지 않았다면, 아마도 저도 그로 인해 사형에 처해졌어야 했을지도 모릅니다. 이런 사실들에 대해서는 여러분에게 많은 증인들이 있습니다.

Ⅰ.9 젊은 사람들이 소크라테스를 따르는 이유 (32E–34C)

여러분은 제가 공적인 삶에 참여하여, 정당한 것에 도움을 빌려주고 그것을 가장 중요하다고 여기면서 선량한 사람이 행동하듯이 행동했다면, 제가 그리 오랜 세월을 살 수 있었으리라 생각하십니까? 전혀 그렇지 않습니다, 아테네인들이여. 그리고 다른 어떤 사람도 살
33 아남지 못했을 것입니다. 그러나 여러분은 제 삶의 전부에서, 제가 공적인 행위에 참여했다면 공적인 곳에서, 그리고 사적인 곳에서도 저는 항상 지금과 똑같았으며, 그것이 다른 어떤 사람이든 또는 저를 비난하는 사람들에 의해 제 제자들이라고 말해지는 사람들 가운

데 어떤 사람이든, 결코 누구에게도 그릇되게 굴복하지 않았습니다.
그러나 저는 결코 누구의 스승도 아니었습니다. 만약 젊거나 늙은
누군가가 제 말을 듣고 제가 하는 일을 따르길 원한다면, 저는 반대
한 적이 없으며, 또한 돈을 받으면 대화하고 그렇지 않으면 하지 않
B 은 적도 없으며, 부유한 사람이나 가난한 사람에게 똑같이 대했습니
다. 저는 질문을 했으며, 원하는 사람은 누구나 대답하고 제가 말하
는 것을 들었습니다. 그리고 그들이 선량한 사람이 되든 또는 나쁜
사람이 되든, 제가 책임을 진다는 것은 부당합니다. 왜냐하면 저는
그들 가운데 누구도 가르치겠다고 약속한 적이 없고 또한 가르친 적
도 없기 때문입니다. 그러나 만약 다른 모든 사람들은 그렇지 않지
만, 어떤 사람이 제게 개인적으로 어떤 것을 배우거나 들었다고 말
한다면, 그는 진실을 말하지 않는 것입니다[거짓말을 하고 있는 것
입니다].

그렇다면 몇몇 사람들이 저와 시간을 보내는 것을 좋아하는 이유는
무엇입니까? 아테네인들이여, 여러분은 그 이유를 들어보셨을 것
C 입니다. 저는 여러분에게 모든 진실을 말씀드리고 있습니다. 그것
은 자신들이 지혜롭다고 생각하지만 그렇지 않은 사람들이 시험되
는 것을 그들이 듣고 싶어 하기 때문입니다. 왜냐하면 그것이 즐겁
지 않은 것은 아니기 때문입니다. 그러나 제가 말하듯이, 신탁과 꿈
을 통해, 그리고 신성한 힘에 의해 무언가를 하라고 명령받은 모두
가 그랬던 그런 방식으로, 저는 신에게서 이것을 하도록 명령받았
습니다. 아테네인들이여, 이것은 진실이며 쉽게 검증되는 것입니
다. 왜냐하면 만약 제가 어떤 젊은 사람들을 타락시키고 있고, 다른
사람들을 이미 타락시켰다면, 나이가 든 뒤에 그들 중 일부가 자신
D 들이 젊었을 때 제가 나쁜 조언을 해줬었다고 깨닫게 된다면, 그들
이 이곳에 올라와 저를 고발했을 것입니다. 아니면, 만약 그들 자신

이 그러고 싶지 않다면, 그들의 아버지나 형제나 다른 친지들이 자
신들의 피붙이가 제게 해를 입었었다는 사실을 지금이라도 말했을
것입니다. 저는 그들 가운데 많은 사람들이 여기에 있는 것을 볼 수
E 있습니다. 먼저 저와 동년배이자 동향 사람으로서 여기 참석해 있
는 크리토불로스의 아들인 크리톤, 스페토스 출신으로 여기 참석해
있는 아이스키네스의 부친인 리사니아스, 그리고 케피시아 출신으
로 에피게네스의 부친인 안티폰이 있습니다. 그리고 여기 있는 다
른 사람들의 형제들이 나와의 대화에 참여했던 (테오조티데스의 아
들이자 테오도토스의 형제인) 니코스트라토스도 있는데, 그는 죽
었기 때문에 형제에게 아무런 영향을 주지 못할 겁니다. 그리고 데
모도토스의 아들인 파랄리오스도 있는데, 테아게스가 그의 형제였
34 습니다. 또한 아리스톤의 아들인 아데이만토스는 여기 있는 플라
톤의 형제였죠. 아폴로도로스가 형제인 아이안토도로스도 여기 있
습니다. 저는 여러분에게 다른 많은 사람들을 더 언급할 수 있으며,
그 가운데 일부는 멜레토스가 자신의 논고에서 증인으로 내세웠음
에 분명합니다. 그러나 만약 그때 그렇게 하는 것을 잊었었다면, 지
금이라도 그렇게 하도록 하십시오. 제가 자리를 비켜줄 테니, 그가
할 말이 있다면 하도록 해주십시오. 그러나 여러분, 여러분은 그것
이 정반대라는 것과 그들이 모두 저를 도울 준비가 되어 있다는 것
을 발견하게 될 겁니다. 자신들의 친지들을 타락하게 만들고 해를
B 입혔다고 멜레토스와 아뉘토스가 주장하는 저를 말입니다. [저로
인해] 타락된 사람들은 저를 도울 이유가 있겠습니다만, 타락되지
않고 이미 나이가 든 그들의 친지들이 저를 돕는 것은 제가 옳고도
참되다는 것 외에 다른 어떤 이유가 있겠습니까? 그것은 멜레토스
가 거짓말을 하는 반면에 제가 진실을 말하고 있다는 것을 그들이
알고 있기 때문입니다.

Ⅱ. 소크라테스에 대한 판결과 그의 마지막 변론 (34C–42A)

Ⅱ.1 정당하게 판결을 받겠다고 다짐하는 소크라테스 (34C–35D)

C 여러분, 제가 변론에서 말할 수 있는 것은 이것이거나 또는 이와 비슷한 일일 것입니다. 아마도 여러분 가운데 누군가는 이보다 덜 중요한 사건인데도 배심원에게 많은 눈물로 빌고 애원하고, 동정심을 자극하기 위해 자신의 어린아이를 앞세우고 다른 많은 친구들과 친지들도 데려왔던 자신의 행위를 기억할 때, [오히려 그런 행동을 하지 않는 저에 대해] 불쾌감을 느낄 수도 있을 것입니다. 왜냐하면 제가 명백히 훨씬 더 큰 위험에 처해 있음에도 불구하고 그런 어떤

D 것을 하지 않으니 말입니다. 이런 생각을 하는 어떤 이는 제게 화가 나서 홧김에 [제가 유죄라는] 투표를 할 수도 있을 것입니다. 만약 여러분 중에 누군가가 그처럼 화가 난다면, (그런 분이 안 계시리라 믿습니다만, 만약 계시다면) 제가 그 분에게 이런 말을 하는 것이 적절하리라 생각합니다. "이보시오, 내게도 친척들이 있다오. 호메로스가 말하듯이, 내가 '참나무나 바위에서 태어난 것이 아니라' 인간 부모들에게서 태어났기 때문에, 내게도 친척들이 있다오. 실제로 내게도 가족이 있을 뿐만 아니라, 아테네인들이여, 내게는 세 명의 아들들이 있다오. 하나는 이미 다 성장했고 둘은 아직 어린아

E 이들이지만 말이오. 그럼에도 나는 그들 중 누구도 이곳에 데려오지 않을 것이고 저를 무죄로 방면해달라고 빌지도 않을 것이오." 그러지 않는 이유가 무엇이겠습니까? 아테네인들이여, 그건 제가 고집스럽거나 여러분에 대한 존경심이 없어서가 아닙니다. 제가 죽음을 두려워하는가 또는 그렇지 않은가는 별개의 문제이지만, 저와 여러분 그리고 국가 전체의 명성을 위해서, 특히 진실된 것이든 거

35 짓된 것이든 제 나이와 명성을 고려할 때, 그런 어떤 것을 하는 것
은 아름다워 보이지 않습니다. 그러나 소크라테스가 어쨌든 대다
수의 사람들과는 남다르다는 의견이 일반적입니다. 그런데 만약
지혜나 용기 또는 다른 어떤 탁월성에서 남다르다고 생각되던 사람
들이 그런 식으로 행동한다면, 그것은 수치스러운 일일 것입니다.
무언가라도 되는 듯이 생각되었던 사람들이 재판받을 때 아주 이상
한 방식으로 행동하는 경우를 저는 종종 보았습니다. 여러분이 죽
B 이지 않는다면 자신들이 마치 영원히 살기라도 할 것이라 생각하는
것처럼, 사형에 처해지면 마치 자신들이 끔찍한 일이라도 겪게 될
것처럼 생각하기 때문입니다. 제가 보기에, 그들은 국가의 수치이
며, 아테네인들 가운데서도 탁월성에 있어 남다른 사람들이, 즉 자
신들 가운데서 선발하여 관직들을 부여하고 다른 명예를 받았던 사
람들이, 여자들과 전혀 다르지 않다고 이방인들은 말할 것입니다.
아테네인들이여, 조금이라도 무엇인가가 되는 듯이 여겨지는 사람
들이라면 그런 행동들을 해서는 안 되며, 만약 우리가 그런 행동들
을 한다면 여러분은 그렇게[무엇인가가 되는 듯이] 여겨지는 것을
허용하지 마시고, 조용히 있는 사람보다 그런 불쌍한 장면들을 연
출하고 나라를 우스꽝스럽게 만드는 사람을 더 기꺼이 처벌하리라
는 점을 분명히 해주셔야 할 것입니다.

그러나 아테네인들이여, 명성의 문제와는 별도로, 저는 배심원에
C 게 애원하거나 빌어서 [피고인이] 무죄 방면되는 것은 옳지 않으며,
오히려 우리는 그를 가르치고 설득해야 한다고 생각합니다. 왜냐
하면 배심원은 정의에 대해 호의를 베풀기 위해 여기 있는 것이 아
니라 판단을 하기 위해 [여기] 있는 것이며, 그것을 맹세했기 때문
입니다. 그리고 그의 맹세는 그로 하여금 기분에 따라 호의를 베푸
는 것이 아니라 법률에 따라 판단하라는 것입니다. 그러므로 우리

는 여러분이 맹세를 깨는 버릇을 갖지 않도록, 그리고 또한 그런 습관에 빠지지 않도록 해야 합니다. 왜냐하면 [맹세를 깨거나 그런 습관에 빠지는] 것들 가운데 어떤 것도 경건하게 행동하는 것이 아니
D 기 때문입니다. 따라서 아테네인들이여, 여러분은 제가 아름답지도 않고 옳지도 않고 경건하지도 않다고 생각하는 방식으로 행동하라고 요구하지 마십시오. 특히, 신에 맹세코, 제가 멜레토스에 의해 불경죄로 고발된 처지에 있으니 말입니다. 왜냐하면 제가 여러분에게 맹세를 깨라고 애원하거나 강요한다면, 저는 여러분에게 신의 존재를 믿지 말라고 가르치는 것이 되며, 결국 제 변론에서 저 자신이 신을 믿지 않는다고 스스로 고발하는 것이 되리라는 것이 분명하기 때문입니다. 그러나 이것은 사실이 아닙니다. 왜냐하면 아테네인들이여, 저는 저를 고발한 사람들 가운데 그 누구보다도 신의 존재를 믿고 있기 때문입니다. 저는 저와 여러분을 위해 가장 좋은 판단을 해주시기를 바라면서 여러분과 신에게 이 사건을 맡겨두겠습니다.

[소크라테스의 이러한 변론에도 불구하고 배심원들은 결국 그에게 유죄 판결을 내리고, 그에게 자신의 형량을 제안하라고 요구한다.]

II.2 판결에 대한 소감을 피력하고 벌금형을 제안하는 소크라테스 (35E–38C)

E 아테네인들이여, 저는 여러분이 내려주신 판결에 대해 비통함을 느
36 끼지는 않습니다. 그에 대한 몇 가지 이유가 있는데, 그 가운데 하나는 여러분의 판결이 제게 놀랍지 않기 때문입니다. 오히려 저는 양쪽 투표자의 수 때문에 훨씬 더 놀랐습니다. 왜냐하면 저는 그 차

이가 이렇게 적지 않고 크리라고 생각했기 때문입니다. 이제 만약 다른 쪽으로 서른 표만 옮겨갔다면, 저는 무죄 방면되었을 것입니다. 그리고 멜레토스와 관련해서는 저는 지금 무죄 방면된 것처럼 느껴지며, 단순히 무죄 방면만 된 것이 아니라 만약 아뉘토스와 리콘이 [그와 함께] 저를 고발하지 않았더라면, [멜레토스]가 투표의 5
B 분의 1을 얻지 못해 수천 드라크메의 벌금을 내야 했을 수도 있다는 것이 모두에게 분명해 보일 것입니다.

[멜레토스]는 저를 사형시키라고 제안하고 있습니다. 그러면, 아테네인들이여, 저는 무엇을 대안으로 제안해야 할까요? 제가 마땅히 받아야 할 것[을 제안해야 하는 것]이 분명하겠죠? 그게 무엇일까요? 제가 마땅히 겪거나 지불해야 할 것이 무엇일까요? 살아가면서, 저는 [잠시도] 가만히 있지 않았지만, 많은 사람들이 중시하는 돈벌이, 집안일, 장군의 지위, 대중 연설가, 다양한 관직, 정치적 집
C 단과 파벌처럼 국가 내부에 발생하는 것들을 경시했으며, 그런 활동을 하기에는 제 자신이 너무도 고귀하다고 생각했기 때문에 여러분이나 제게 쓸모없는 일들은 하지 않았고, 여러분을 개별적으로 방문해서 제가 가장 중요하다고 말하던 것을 여러분에게 주려고 애쓰며 살았으니 말입니다. 왜냐하면 저는 여러분이 자신의 소유물들보다는 자기 자신을, 그리고 선량함과 지혜로움의 완성을 중시하고, 국가의 이익보다 국가 그 자체를 중시하고, 또한 다른 것들도 동일한 방식으로 중시하라고 설득하려 노력했기 때문입니다. 그렇다면 저와 같은 사람에게 마땅한 것은 무엇일까요? 아테네인들이
D 여, 만약 제가 마땅히 받아야 할 것을 제 기호에 따라 제안한다면, 그것은 좋은 어떤 것이어야 할 겁니다. 그리고 그 좋은 것은 제게 잘 맞는 것이어야 할 겁니다. 자, 여러분의 은인이자 여러분을 설득하기 위한 여가가 필요한 이 가난한 사람에게 적절한 것은 무엇일

까요? 아테네인들이여, 그런 사람에게는 [귀빈용 숙소인] 프뤼타네
이엄에서 식사 대접을 하는 것만큼 잘 맞는 것은 아무것도 없습니
다. 여러분 가운데 어떤 사람이 올림픽에서 두 마리나 네 마리의 말
을 타고 올림픽 경기에서 우승하는 것보다 그것이 제게는 훨씬 더
적절합니다. 왜냐하면 그는 여러분을 행복한 것처럼 보이게 만들
E 뿐이지만, 저는 여러분을 실제로 행복하게 만들기 때문입니다. 그
래서 그는 필요한 것이 아무것도 없지만, 저는 필요한 것이 있습니
37 다. 따라서 제가 제 기호에 따라 적절한 것을 제안해야 한다면, 저
는 프뤼타네이엄에서의 한 끼 식사를 제안합니다.
제가 이 말을 할 때, 여러분은 아마도 제가 동정과 애원에 대해 말
했던 것처럼, 제가 허세를 부리고 있다고 생각할 수도 있을 것입니
다. 그러나 아테네인들이여, 그것은 그렇지 않으며, 사실은 제가
의도적으로 다른 사람에게 해를 끼친 적이 없다는 것을 확신한다
는 겁니다. 그러나 제가 여러분에게 이것을 확신시킬 수는 없습니
B 다. 왜냐하면 우리는 서로 짧은 시간 동안 대화를 나누었기 때문입
니다. 여러분이 다른 어떤 사람들과 마찬가지로 사형수의 경우에
도 하루가 아니라 몇 일 뒤에나 판결되도록 하는 법률이 있다면, 제
가 [여러분을] 확신시킬 수 있으리라 믿습니다. 하지만 지금 여러분
에게서 커다란 편견을 짧은 시간 동안에 제거하는 것은 쉽지 않습
니다. 제가 남에게 해를 끼친 적이 없다는 것을 믿기 때문에, 저는
분명히 제가 저 자신에게 해를 끼치고, 제가 저 자신에게 마땅히 나
쁜 처벌을 받아야 한다고 말하고, 또한 제가 저 자신에게 그런 종류
의 처벌을 제안하지는 않을 것입니다. 제가 왜 두려워해야 합니까?
그것이 좋은 것인지 또는 나쁜 것인지를 알지 못한다고 제가 말하
C 는 처벌, 즉 멜레토스가 저에 대해 제안하는 그 처벌에 대한 두려움
때문에 그래야 하는 것입니까? 제가 어떤 처벌을 제안해야 합니까?

감옥형이요? 제가 왜 권력층의 노예가 되어 감옥에서 살아야 합니
까? 벌금형이요, 벌금을 낼 때까지는 투옥되어야 한다는 겁니까?
그러나 이것은 제가 방금 이야기했던 것과 같습니다. 왜냐하면 제
게는 지불할 돈이 없으니까요. 그렇다면 유배를 제안할까요? 여러
D 분은 아마도 이것을 저에 대한 처벌로 생각할 겁니다. 만약 저와 같
은 국민인 여러분이 저와의 대화와 토론을 참을 수 없을 뿐만 아니
라 그것들이 지겹고도 불쾌하다고 생각하기 때문에, 여러분이 지금
그것들을 제거하고자 하는 반면에 다른 사람들은 그것들을 들으려
하지 않는다는 것을 모를 정도로 제가 비이성적이라면, 제가 무척
이나 삶에 대해 애착을 갖는 것일 겁니다. 하지만 아테네인들이여,
그렇지 않습니다. 이 나이에 제가 이 나라 저 나라로 돌아다니면서
늘 쫓겨난다면, 그것도 훌륭한 삶이겠지요! 여기에서 그렇듯이, 저
는 제가 어디를 가든 젊은 사람들이 제 이야기를 들으려 하리라는
E 것을 잘 알고 있습니다. 그리고 제가 그들을 쫓아내면, 그들은 자신
들의 연장자들을 설득해서 저를 쫓아내게 할 것이고, 만약 제가 그
들을 쫓아내지 않으면, 그들의 부친들과 친지들이 자신들을 위해
저를 쫓아낼 겁니다.

아마도 누군가는 "소크라테스, 우리에게서 멀리 떠나 말없이 조용
히 살 수 없겠습니까?"라고 말할 것입니다. 이것이 여러분 가운데
몇몇을 설득시키기에 가장 어려운 점입니다. 왜냐하면 만약 제가
그런 행동이 신에게 불복종하는 것이고, 그렇기 때문에 침묵을 지
킬 수 없다고 말한다면, 여러분은 제가 농담을 하는 것으로 보고 저
38 를 믿지않으실 것이기 때문입니다. 그리고 제가 이야기하는 것과
저 자신이나 다른 사람들을 검토하는 것에 대해 여러분이 들으셨겠
지만, 만약 탁월성과 다른 것들에 대해 매일같이 말하는 것이 인간
에게 가장 좋은 것이고, 따라서 검토되지 않은 삶은 살 가치가 없다

고 또 다시 말한다면, 여러분은 저를 더욱 믿지 못하실 겁니다. 여러분, 제가 말씀드렸듯이, 여러분을 믿게 하는 것은 결코 쉽지 않습니다. 더구나 저는 제가 마땅히 나쁜 대접을 받아야 한다고 생각하는데 익숙하지 않습니다. 만약 제게 돈이 있었다면, 제가 지불할 수 있을 만큼 벌금을 제안했을 겁니다. 왜냐하면 그것은 제게 해가 되
B 지 않을 것이기 때문입니다. 그러나 지금 제게는 돈이 없습니다. 만약 여러분이 제가 지불할 수 있을 만큼의 벌금을 부과하지 않는다면 말입니다. 저는 아마도 은화 일 므나를 지불할 수 있을 겁니다. 따라서 저는 그만큼의 처벌을 제안합니다. 그러나 아테네인들이여, 여기 있는 플라톤과 크리톤, 그리고 크리토불로스와 아폴로도로스는 자신들이 그에 대한 보증인들이 될 테니 제게 삼십 므나의 벌금을 제안하라고 말하고 있습니다. 따라서 저는 그 만큼의 벌금을 제안하며, 충분히 부유한 이 사람들이 제 보증인들이 될 것입니다.

[이처럼 소크라테스가 벌금형을 제안하지만, 배심원들은 마침내 그에게 사형을 언도한다.]

II.3 소크라테스의 최후 진술 (38C–42A)

C 아테네인들이여, 길지도 않은 [남은] 시간을 위해, 여러분은 지혜로운 사람인 소크라테스를 죽였다는 오명과 비난을 국가를 비난하려는 사람들로부터 받게 될 것입니다. 왜냐하면 여러분을 매도하려는 사람들은 제가 그렇지 않음에도 불구하고 저를 지혜롭다고 말할 것이기 때문입니다. 그러므로 만약 여러분이 조금만 기다렸더라면, 여러분이 바라던 것은 저절로 여러분에게 왔을 것입니다. 왜

냐하면 여러분은 제가 늙었고, 오래 살았으며, 또한 죽음에 가까이
D 있다는 것을 볼 수 있을 것이기 때문입니다. 저는 여러분 모두에게
가 아니라 제 죽음에 투표하신 분들에게 말씀드리는 것입니다. 저
는 그들에게 또 다른 말씀도 드리고 싶습니다. 여러분, 아마도 여러
분은 제가 무죄로 방면되기 위해 모든 말과 행동을 다 하려고 생각
했음에도 불구하고, 여러분의 마음을 움직여 저를 무죄로 방면하도
록 만들 정도의 말재주가 부족하기 때문에 유죄판결을 받았다고 생
각할 수도 있을 것입니다. 전혀 그렇지 않습니다. 제가 부족해서 유
죄 판결을 받았습니다만, 그것은 말재주가 부족했기 때문이 아니라
무분별함과 뻔뻔함, 그리고 여러분이 가장 듣고 싶어 하는 그런 것
들을 여러분에게 말하고자 하는 열성이 부족했기 때문이었습니다.
그러나 여러분은 제가 통곡하고 애원하며, 제게 어울리지 않는다고
E 제가 말했던 많은 것들, 즉 여러분들이 다른 사람들에게 듣는데 익
숙해진 것들을 제가 말하길 듣고자 했을 것입니다. 그러나 그때 저
는 제가 어떤 위험에 있을지라도 자유인으로서 어울리지 않는 것을
해야 한다고 생각하지 않았고, 또한 저는 지금도 제가 그런 식으로
39 변론했던 것을 후회하지 않습니다. 저는 다른 종류의 변론을 한 뒤
에 살아남는 것보다 그런 변론을 한 뒤에 죽는 것을 선호합니다. 왜
냐하면 법정이나 전쟁터에서 저나 다른 누구라도 수단 방법을 가리
지 않고 죽음을 피하려 해서는 안 되기 때문입니다. 전쟁터에서 무
기를 버리고 추적자들에게 애원함으로써 죽음을 피하는 경우도 분
명히 종종 있습니다. 기꺼이 어떤 행동이나 말을 하려 한다면, 여
러 가지 위험에서 죽음을 피하는 많은 방법이 있습니다. 그러나 여
러분, 죽음을 피하는 것이 어려운 것은 아니며, 사악함을 피하는 것
B 이 훨씬 더 어렵습니다. 왜냐하면 그것이 죽음보다 더 빠르기 때문
입니다. 그리고 지금 저는 늙고 느려서 더 느린 것에게 붙잡혔지만,

저를 고발한 영리하고 재빠른 사람들은 더 빠른 사악함에게 붙잡혔습니다. 지금 저는 여러분에 의해 사형이라는 유죄 판결을 받고 떠나겠지만, 그들은 진리에 의해 악행과 그릇됨에 대한 유죄 판결을 받고 떠날 것입니다. 저는 저에 대한 처벌을 받을 것이고, 그들은 그들에 대한 처벌을 받을 것입니다. 아마도 이것들은 그렇게 되어야 할 것이고, 저는 제대로 되었다고 생각합니다.

C 지금 저는 제게 유죄 판결을 내린 분들에게 이런 예언을 하고자 합니다. 왜냐하면 저는 지금 예언을 가장 잘 하는 시기, 즉 죽음을 앞둔 시기에 있기 때문입니다. 저는 제게 죽음을 판결한 여러분에게 말씀드립니다. 제가 죽은 뒤에 여러분에게는 진실로 제게 부여했던 것보다도 훨씬 더 극심한 응징이 가해지리라는 것을 지금 말씀드립니다. 지금 여러분은 여러분의 삶에 대한 해명을 벗어나고자 하는 바람에서 제게 이런 일을 하셨지만, 저는 여러분에게 정반대
D 의 결과를 맞이하리라는 것을 말씀드립니다. 여러분에게 해명을 요구할 사람들은 지금까지보다 더 많을 것입니다. 여러분은 모르시겠지만, 제가 지금 제지하고 있는 사람들 말입니다. 그리고 그들은 더 젊기 때문에 더 혹독할 것이며, 여러분은 더 분개하게 될 것입니다. 왜냐하면 만약 여러분이 해야 할 일을 하지 않기 때문에 당신을 비난하는 사람들을 사형시킴으로써 막을 수 있다고 생각한다면, 여러분은 제대로 생각하지 못하는 것이기 때문입니다. 그런 식의 회피는 전혀 가능하지도 않고 아름답지도 않으며, 가장 쉽고도 가장 아름다운 회피는 나른 사람들을 압박하는 것이 아니라 여러분
E 자신을 최대한 선하게 만드는 것입니다. 그러므로 제게 유죄 판결을 내린 여러분에게 이 예언을 남기고 저는 떠나겠습니다.

한편 법정의 관계자들은 바쁘고 저는 제가 죽어야 할 곳으로 가기 전에 시간이 있으니, 저는 제 무죄 방면을 위해 투표하신 분들과 그

간 생긴 일들에 대해 이야기를 나누고 싶습니다. 여러분, 그 시간
40 동안 저와 함께 여기 있어 주십시오. 시간이 있는 동안은 우리가 서
로 대화하는 것을 아무 것도 방해하지 못할 테니 말입니다. 저는
친구들인 여러분에게 방금 제게 생긴 일이 무엇을 의미하는지 말
해주고 싶습니다. (여러분을 배심원이라 부르는 것이 제대로 부르
는 것이겠죠!) 배심원 여러분, 제게 놀라운 일이 생겼습니다. 왜냐
하면 지금까지 제게 친숙했던 예언 능력은 만약 제가 하지 말아야
할 것을 하기라도 하는 경우에는 항상 아주 빈번하게 제게 말을 했
고, 또한 아주 작은 일이라도 반대했기 때문입니다. 그러나 지금 여
러분이 보시듯이, 누군가 생각할만한 것이고 흔히 생각될만한 것,
즉 나쁜 일들 가운데서도 가장 나쁜 이런 일이 제게 발생했지만, 제
B 가 아침에 집을 떠날 때도, 그리고 제가 여기 법정에 올 때도, 그리
고 제가 변론을 하면서 무언가 말하려고 하는 어떤 순간에도, 신적
인 징후는 제게 반대하지 않았습니다. 그러나 다른 경우들이었더
라면 그것은 연설 중 많은 부분들에서 저를 중단시켰을 것입니다.
그러나 지금 이 일에 대해 그것은 제가 행동하거나 말하는 어떤 것
에도 반대하지 않았습니다. 그 이유가 무엇이라고 생각해야 할까
요? 제가 여러분에게 말씀드리겠습니다. 제게 생긴 이 일은 좋은 일
C 이며, 죽음이 나쁜 일이라고 생각하는 사람들은 잘못 생각하는 것
이라는 겁니다. 이에 대한 강력한 증거가 있습니다. 만약 제가 어떤
좋은 것을 하는 것이 아니었다면, 제게 친숙한 징후가 제게 반대하
지 않았을 리가 없다는 것입니다. 죽음이 좋은 일이라는 희망에 대
해 얼마나 좋은 이유가 있는가를 이런 식으로도 생각해볼 수 있습
니다. 죽음이라는 것은 둘 중의 하나입니다. 그것은 실질적으로 아
무것도 아니므로 죽은 사람들이 지각하지 못하는 것이거나 또는 그
D 것은 사람들이 말하듯이 영혼의 어떤 변화로서 이곳에서 저곳으로

이주하는 것입니다. 그리고 만약 잠든 사람이 아무 꿈도 꾸지 않는
수면처럼 그것이 무의식이라면, 죽음은 대단한 수확일 겁니다. 왜
냐하면 저는 만약 누군가가 꿈을 꾸지 않고 잠을 잤던 밤을 골라 그
것을 그가 살았던 다른 밤이나 낮과 비교하면서, 그의 삶에서 얼마
나 많은 낮과 밤을 그 밤보다 더 즐겁게 보냈는가를 생각해보고 말
E 한다면, 저는 평범한 사람들은 물론이고 심지어 [페르시아의] 왕조
차도 다른 낮과 밤에 비교할 때 그런 낮이나 밤이 거의 없었다는 것
을 깨닫게 되리라 생각하기 때문입니다. 따라서 만약 그런 것이 죽
음이라면, 저는 그것을 수확이라고 말하겠습니다. 왜냐하면 그런
경우에 모든 시간은 하룻밤보다도 길지 않아 보일 것이기 때문입니
다. 그러나 만약 죽음이 다른 장소로 이주하는 것이고, 죽은 사람들
이 모두 그곳에 있다고 전해졌던 말이 사실이라면, 그보다 더 좋은
41 일이 무엇이겠습니까, 배심원 여러분? 만약 배심원들이라 말해지
는 이 사람들을 뒤에 두고 다른 세계[즉, 하데스]에 도달한 어떤 사
람이 그곳에서 재판을 위해 참석한다고 말해지는 재판관들[을 실제
로 만나게 된다면], 즉 미노스와 라다만티스, 아이아코스, 트리프톨
레모스, 그리고 살아있을 때 정의로운 사람들이었던 다른 모든 반
신반인(半神半人, 영웅)을 실제로 만나게 된다면, [다른 세계로] 이
주했던 것이 사소한 일이었을까요? 또한 오르페우스, 무사이오스,
헤시오도스, 호메로스와 만나기 위해서라면, 여러분 가운데 누군가
B 는 얼마를 내겠습니까? 만약 이게 사실이라면, 저는 몇 번이라도 죽
겠습니다. 왜냐하면 제가 필라메데스, 텔라몬의 아들인 아이아스,
또는 부당한 판결로 인해 자신들의 삶을 잃은 다른 옛날 사람들을
만나고, 제가 겪은 일들을 그들의 것들과 비교하게 될 때, 저는 개
인적으로 그곳에서의 삶이 대단하다고 생각할 것이며, 또한 그것
이 나쁘지 않다고 생각하기 때문입니다. 가장 대단한 일은 제가 여

기에서 하듯이, 그들 가운데 누가 지혜로운가, 그리고 누가 자신이
그렇지 않은데 그렇다고 생각하는가를 알아내기 위해 그곳의 사람
들을 검토하고 탐구하는데 제 시간을 쓰게 되리라는 것입니다. 배
C 심원 여러분, 여러분 가운데 누군가가 트로이아에 대항하는 위대한
원정을 이끌었던 사람, 오뒷세우스, 시시포스, 또는 남녀를 막론하
여 수없이 많은 다른 사람들을 검토하는데 얼마를 내겠습니까? 그
들과 대화하고 같이 지내고 또한 그들을 검토하는 것은 잴 수 없는
행복일 것입니다. 어쨌든 분명히 그곳에서는 그렇게 한다고 해서
사람들을 죽이지는 않을 것입니다. 만약 우리가 들은 것이 사실이
라면, 그들이 여기 있는 사람들보다 여러모로 더 행복하며, 또한 그
들은 앞으로 죽지 않을 것입니다.

그러나 배심원 여러분, 여러분도 죽음을 긍정적으로 보아야 하며,
좋은 사람에게는 그가 살아있든 죽은 뒤든 어떤 나쁜 것도 오지 않
D 을 것이며, 또한 신께서 그를 소홀히 하지 않으시리라는 이 한 가지
진리를 염두에 두어야 합니다. 따라서 제게 생긴 이 일도 우연히 생
긴 것이 아니며, 제가 지금 죽어서 고난에서 벗어나는 것이 더 낫다
는 것이 제게는 분명합니다. 이것이 그 징후가 저를 전혀 방해하지
않았던 이유이며, 저는 제게 유죄 판결을 내린 사람들이나 저를 고
발한 사람들에게도 전혀 화가 나지 않습니다. 그러나 제가 그랬던
[화를 냈던] 것은 그들이 제게 유죄 판결을 내리고 저를 고발했기 때
문이 아니라 제게 상처를 입히려 했기 때문입니다. 그 점에 대해서
E 는 그들을 비난할 만합니다. 그러나 저는 그들에게 이런 요청을 하
겠습니다. 여러분, 제 아들들이 성장한 뒤에, 그들이 탁월성이 아니
라 돈이나 다른 것을 중시하는 것처럼 보인다면, 제가 여러분을 괴
롭혔던 것처럼 그들을 괴롭혀 주시고, 또한 만약 그들이 아무것도
아니면서 무엇이라도 되는 듯이 생각한다면, 제가 여러분을 비난했

던 것과 똑같은 방식으로 그들을 비난하시길 바랍니다. 만약 여러
42 분이 이렇게 해주신다면, 저와 제 아들들은 여러분에게 정당한 대
접을 받는 것입니다. 그러나 이제 떠날 시간입니다. 저는 죽음을 향
해, 그리고 여러분은 삶을 향해 말입니다. 그러나 우리들 가운데 누
가 더 나은지는 신을 제외한 누구에게도 분명하지 않습니다.

크리톤
(또는 윤리적 의무에 관하여)

제 II 부

Ⅰ. 감옥에 있는 소크라테스를 방문한 크리톤 (43A-44B)

Ⅱ. 소크라테스에게 탈옥을 권하는 크리톤 (44B-46A)

Ⅲ. 소크라테스가 말하는 탈옥의 부당성 (46B-49E)

Ⅳ. 국가와 법률 (49E-54E)

제 II 부 크리톤(또는 윤리적 의무에 관하여)

Ⅰ. 감옥에 있는 소크라테스를 방문한 크리톤 (43A-44B)

Ⅰ.1 단잠을 자고 있는 소크라테스 (43A-43C)

43 소크라테스: 왜 이 시간에 왔는가, 크리톤? 너무 이르지 않나?

크리톤: 아주 이르다네.

소크라테스: 몇 시나 됐지?

크리톤: 이른 새벽이네.

소크라테스: 감옥의 간수가 자네를 들여보내줬다는 것이 놀랍군.

크리톤: 내가 여기에 자주 왔을 뿐만 아니라 내가 그를 위해 어떤 일을 해줬기 때문에, 그는 이제 나와 친밀해졌다네, 소크라테스.

소크라테스: 방금 왔나? 아니면 오래 전에 왔나?

크리톤: 온지 좀 됐다네.

B 소크라테스: 그러면 곁에 앉아 있지 말고, 날 좀 깨우지 그랬나?

크리톤: 신에 맹세코, 결코 그러고 싶지 않았네. 다만 내가 그처럼 불면증과 고통에 시달리지 않았으면 하고 바랐을 뿐이네, 소크라테스. 한편으론 자네가 그처럼 단잠에 빠진 것을 보며 의아해하고 있었다네. 그리고 나는 자네가 가능한 편안한 시간을 보내도록 일부러 자네를 깨우지 않았네. 지금까지 나는 자네가 평생 행복한 성향을 지녔다고 생각했지만, 현재의 불행을 그처럼 쉽고도 침착하게 견뎌내는 걸 보며 그 어느 때보다 더 그렇게 생각했네.

C 소크라테스: 내가 당장 죽는다고 해서, 내 나이에 분개하는 것도 어
리석지 않겠나, 크리톤?
크리톤: 소크라테스, 자네 나이의 다른 사람들이 자네와 비슷한 불
행을 겪는다면, 그들은 결코 나이 때문에 자신들의 운명에 대해 분
개하지 않거나 그러지는 않을 걸세.

Ⅰ.2 델로스에서 도착한 배 (43C–44B)

소크라테스: 그건 그렇겠지. 그런데 왜 이렇게 일찍 왔나?
크리톤: 슬픈 소식을 가져왔다네, 소크라테스. 자네에게는 그렇지
않아 보이지만, 나와 자네의 모든 친구들에게는 견디기 힘들고 비
통한 소식이네. 내 생각에는 가장 힘겨운 것이라네.
소크라테스: 그게 뭔가? 델로스에서 배가 도착하면 내가 죽기로 되
D 어 있는데,[3] 그 배가 도착했다는 건가?
크리톤: 아직 도착하진 않았지만, 수니온[4]에 그 배를 남겨두고 온
사람들의 전언에 따르면 내 생각에 그게 오늘 도착할 것 같네. 오늘
그게 도착할 것이 분명하고, 따라서 필연적으로 내일 소크라테스
자네의 삶이 끝나게 될 것이네.
소크라테스: 자, 크리톤, 우리에게 행운이 함께 하길. 만약 그것이
44 신이 원하는 것이라면, 그렇게 되겠지. 그렇지만 내 생각에 그게 오
늘일 것 같지는 않네.

3_ 아테네에서는 매년 작은 섬인 델로스로 배를 보내 아폴론 신을 추모하는데, 그리스 신화에 따르면 아폴로 신이 이 지역에서 태어났기 때문이다. 이것이 성스러운 행사이기 때문에, 배가 안전하게 돌아오기 전까지는 모든 사형 집행이 중단된다.

4_ 수니온은 아테네에서 50킬로미터 정도 떨어져 있는데, 폭풍 등으로 바다의 날씨가 좋지 않을 때는 배들이 그곳으로 피신하여 정박한다.

크리톤: 그렇게 생각하는 이유가 뭔가?

소크라테스: 내가 자네에게 말해주지. 나는 배가 도착한 다음 날 죽게 되어 있네.

크리톤: 이 일의 책임자들이 그렇게 말하고 있지.

소크라테스: 내가 생각하기에 배는 오늘이 아니라 내일 도착할 것이네. 그렇게 생각하는 이유는 지난밤에 금방 내가 꾸었던 꿈 때문이네. 자네가 나를 깨우지 않은 것은 잘 한 일이었네.

크리톤: 그건 어떤 꿈이었나?

소크라테스: 흰 옷을 입은 아름답고도 늘씬한 어떤 여인이 내게 와서 이름을 부르며, "소크라테스, 그대는 세 번째 날에 비옥한 프티
B 아[5]에 도착할 것이오!"라고 말하는 꿈이었다네.

II. 소크라테스에게 탈옥을 권하는 크리톤 (44B–46A)

II.1 소크라테스가 탈옥해야 하는 이유 (1) (44B–45C)

크리톤: 별 이상한 꿈도 있군, 소크라테스.

소크라테스: 아니야, 크리톤. 내게는 선명한 꿈이었다고 생각하네.

크리톤: 무척이나 선명했나 보군. 그러나 내 소중한 친구, 소크라테스. 지금이라도 내 말을 따라서 자신을 구하게. 만약 자네가 죽는다면, 내게 그것은 단순히 하나의 불행이 아니라 결코 다시는 찾을 수

5_ 프티아는 호메로스의 『일리아드』 IX.363에서 언급되고 있는 아킬레우스의 고향이다. 고향으로 돌아간다는 것은 좋은 일로 이해되며, 따라서 소크라테스는 자신의 죽음을 고향으로 돌아가는 일로 묘사하고 있는 것이다.

C 없는 친구를 잃는 것일세. 게다가 자네와 나를 잘 모르는 많은 사람들은 내가 돈을 썼더라면 자넬 구할 수 있었음에도 불구하고 내가 그러지 않았다고 생각할 걸세. 그러나 친구보다 돈을 더 소중히 여긴다는 평판보다 더 수치스러운 것이 무엇이겠는가? 왜냐하면 많은 사람들은 우리가 자네를 여기에서 빼내려했지만 자네가 거부했다는 사실을 믿지 않을 것이기 때문이네.

소크라테스: 그러나 내 소중한 친구, 크리톤. 우리가 왜 다른 사람들의 의견에 그처럼 신경을 써야 하는가? 더 값어치 있는 의견을 지닌 현명한 사람들이라면 일이 그렇게 될 수밖에 없었으리라고 생각할 것이네.

D 크리톤: 하지만 소크라테스, 다수의 의견을 신경 쓸 수밖에 없다는 것을 자네도 알지 않나! 우리가 지금 처한 상황에서 보듯이, 어떤 사람이 나쁜 평판을 받는 경우에 다수[의 의견]은 최소가 아니라 최대의 악이 될 수 있기 때문이네.

소크라테스: 크리톤, 나는 다만 최악의 행위를 할 수 있는 사람들이 최선의 행위도 할 수 있길 바랄 뿐이네. 그렇게 되면 모두에게 좋을 테니 말일세. 그런데 그들은 [최악의 행위와 최선의 행위] 둘 다 할 수 없다네. 왜냐하면 그들은 사람을 현명하거나 어리석게 만들지는 못하고, 그 사람이 하는 대로 둘 수밖에 없기 때문이지.

E 크리톤: 그럴 수도 있겠지. 그렇지만 소크라테스, 말해보게. 자네가
탈출하는 경우, 자네를 빼돌렸다고 어떤 제보자들이 우리를 신고해
서 나와 다른 친구들이 모든 재산이나 많은 돈을 빼앗기거나 또는
45 다른 어떤 방식으로 처벌을 받게 될 것을 걱정하는 것은 아니겠지?
만약 그런 종류의 걱정을 하고 있다면, 걱정하지 말게. 왜냐하면 우
리가 그런 위험을 감수하는 것, 그리고 자네를 구하기 위해 필요하
다면 그보다 더한 위험이라 할지라도 감수하는 것은 당연한 일이기

때문이네. 그러니 내 말을 듣고 다른 일은 하지 말게.

소크라테스: 크리톤, 나는 그런 것은 물론이고 다른 많은 것도 생각하고 있다네.

크리톤: 그런 걱정은 하지 말게. 자네를 구하고 여기에서 탈옥시켜 줄 사람들에게 우리가 지불하는 돈은 그리 많지 않으니 말일세. 게다가 그런 제보자들이 얼마나 싸구려들이고 그들을 입 다물게 하는
B 데 많은 돈이 들지 않는다는 것을 모르겠나! 또한 내 돈은 자네 마음대로 써도 좋네. 그 정도 [액수]면 충분하리라 생각하네. 그리고 만약 자네가 나를 걱정해서 내 돈을 쓰지 않겠다고 생각한다면, 자신들의 돈을 기꺼이 쓰려고 하는 외국인들도 있다네. 그들 중 한 사람인 테베의 시미아스는 바로 그 목적을 위해 충분한 돈을 갖고 왔다네. 케베스와 다른 많은 사람들도 준비되어 있다네. 그러니 내가 말했듯이, 그런 걱정 때문에 자네 자신을 구하는 일을 포기하지는 말게. 또한 추방된다면 뭘 해야 할지 모를 것이라고 자네가 법정에서 했던 말 때문에 고민하지도 말게. 왜냐하면 다른 많은 곳들 가운
C 데 자네가 어딜 가든지, 사람들이 자네를 환영할 것이니 말일세. 그리고 만약 자네가 테살리아로 가고 싶다면, 그곳에는 자네를 높이 평가하고 보호할 내 친구들이 많이 있어서, 테살리아의 누구도 자네를 괴롭히지 않을 것이네.

II.2 소크라테스가 탈옥해야 하는 이유 (2) (45C–46A)

더구나 소크라테스, 내게는 자네가 하려는 일, 즉 자신을 구할 수 있음에도 포기하는 일이 정당하다고 생각되지 않네. 또한 자네는 자네의 적들이 서두르는 바로 그것, 그리고 자네를 파멸시키고 싶

어 하는 사람들이 하려는 바로 그것을 자기 자신에게 하고 있는 것이네. 더구나 내가 생각하기에 자네는 자식들을 포기하는 것이네.
D 왜냐하면 자식들을 양육하고 교육할 수 있음에도 버려두고 멀리 떠나는 것이기 때문이네. 자네는 그들이 겪을 수밖에 없는 운명을 겪을 것이고, 또한 그들이 고아들에게 흔한 운명을 겪으리라는 것이지. 자식들을 낳지 말거나 또는 그들 곁에 머물면서 양육하고 교육해야만 하네. 그러나 내게는 자네가 가장 태만한 선택을 한 것처럼 보이네. 또한 평생 탁월성을 중시한다고 말해왔던 자네는 훌륭하
E 고 용감한 사람이 선택할 만한 것을 선택해야 할 것이네. 나는 자네는 물론이고, 자네의 친구들인 우리들 대신에 부끄러워하고 있으며, 또한 나는 사람들이 우리의 비겁함 때문에 이 모든 일들이 발생했다고 여길까봐 걱정되네. 즉, 그럴 필요가 없었음에도 그 사건이 법정까지 가게 되었던 일과 재판 자체가 진행되었던 방식, 그리고 (우리가 조금이라도 쓸모가 있었더라면 가능했을 일임에도 우리
46 가 자네를 구하지 않았고 또한 자네가 자기 자신을 구하지 않았다는 사실이) 우리의 잘못이나 연약함으로 인해 우리가 기회를 잃은 것으로 여겨지는 이 황당한 결과 말일세. 소크라테스, 이런 일들이 자네에게는 물론이고 우리에게도 사악하고 부끄러운 일이 되지 않을 것인지 생각해보게. 생각을 해보게, 아니 더 생각할 시간은 없고 결정을 해야 하네. 한 가지 계획만이 가능하네. 왜냐하면 모든 일이 오늘밤에 끝나야 하기 때문이네. 만약 우리가 지체한다면, 그건 불가능할 것이며 너무 늦어버릴 것이네. 그러니 소크라테스, 내 말을 듣고 다른 일은 아무것도 하지 말게.

Ⅲ. 소크라테스가 말하는 탈옥의 부당성 (46B-49E)

Ⅲ.1 전문가의 의견과 다수의 의견 (46B-48B)

B 소크라테스: 나의 소중한 크리톤, 자네의 간절함이 올바른 것이라
면 그것은 아주 소중할 걸세. 하지만 만약 그렇지 않다면, 그 간절
함이 크면 클수록, 다루기 어려울 걸세. 따라서 우리는 이것을 해야
하는지 말아야 하는지를 검토해야만 하네. 왜냐하면 나는 단지 지
금뿐만이 아니라 항상 가장 좋아 보이는 추론만을 따르는 그런 사
람이기 때문이지. 또한 내게 이런 일이 생겼다고 해서 내가 이전에
C 받아들였던 추론들을 포기할 수는 없지만, 그것들은 이전과 거의
동일해 보이며 또한 나는 그것들을 전과 마찬가지로 소중하게 생각
하고 존중한다네. 비록 다수의 힘이 감금과 처형과 재산몰수 등의
위협을 통해 어린아이들에게 그러듯이 우리를 지금보다 더 위협할
지라도, 우리가 더 나은 것들을 지금 제시하지 않는다면, 내가 자네
에게 동의하지 않으리라는 것을 잘 알고 있게나. 그러면 이제 이 문
D 제를 가장 합리적으로 검토하려면 어떻게 해야 할까? 먼저 자네가
의견에 대해 말했던 것을 받아들이고, 우리가 항상 일부 의견들에
대해서만 관심을 기울이고 다른 것들에 대해서는 그러지 않는 것이
적절한가를 물어야 할까? 그게 아니면, 내가 사형을 언도받기 전에
는 옳게 말했던 것이지만, 이제는 그것이 단지 논의를 위해 말했던
것이었으며 사실은 장난이고 헛소리였음이 분명해진 것인가? 크리
톤, 나는 이 주장이 현재의 내 상황에서는 다르게 보이는지 또는 동
일한지, 그리고 우리가 그것을 포기해야 하는지 또는 받아들여야
할지를 자네와 더불어 검토해보고 싶네. 그러나 내가 생각하기에,
E 자신들이 현명하게 말하고 있다고 생각했던 사람들은 내가 방금 말

했듯이 사람들의 의견들 가운데 일부는 가치 있게 여겨야 하지만 다른 것들은 그렇지 않다고 말하곤 했다네. 크리톤, 자네에게는 이
47 말이 적절해보이지 않는가? 왜냐하면 인간이 판단할 수 있는 한, 자네는 내일 죽을 운명이 아니고, 따라서 현재 상황이 자네의 판단을 흐리지는 않을 것이니 말일세. 그렇다면 생각해보게. 자네는 사람들의 모든 의견들이 가치 있는 것이 아니라 일부 의견들은 가치 있지만 다른 것들은 그렇지 않으며, 또한 모든 사람들의 의견들이 가치 있는 것이 아니라 일부 사람들의 것들은 가치 있지만 다른 사람들의 것들은 그렇지 않다고 생각하지 않는가? 어떻게 생각하는가? 이 말이 적절하지 않은가?

크리톤: 적절하네.

소크라테스: 그러면 우리가 좋은 의견들은 가치 있게 여기고 나쁜 것들은 그러지 말아야지?

크리톤: 그렇지.

소크라테스: 좋은 것들은 현명한 사람들의 것들이고, 나쁜 것들은 어리석은 사람들의 것들이지?

크리톤: 어찌 아니겠나?

B 소크라테스: 그런데 이런 것들에 대해 우리는 뭐라고 말했었지? 운동을 전문적으로 하는 사람은 모든 사람의 칭찬과 비난과 의견에 주목해야 하는가 또는 한 사람의 의사나 훈련시키는 한 사람의 [칭찬과 비난과 의견]에만 주목해야 하는가?

크리톤: 한 사람의 [칭찬과 비난과 의견]이네.

소크라테스: 그렇다면 그는 그 한 사람의 비난을 두려워하고 칭찬을 환영해야 하는 것이지 다수의 것을 그래야 하는 것은 아니겠지.

크리톤: 분명하네.

소크라테스: 그러면 그는 훈련시키는 사람이자 그걸 아는 사람이

옳다고 생각하는 방식으로 행동하고 운동하고 먹고 마셔야 하는 것이지 그것을 모르는 다른 사람들이 생각하는 방식으로 해야 하는 것은 아니겠지.

크리톤: 그렇지.

C 소크라테스: 좋네. 그렇다면 그가 그 한 사람에게 말을 듣지 않고, 그의 의견과 칭찬을 무시하고, 전문적인 지식을 갖지 않은 다수의 말을 존중한다면, 그가 나쁜 일을 겪지는 않을까?

크리톤: 어찌 아니겠나?

소크라테스: 이것이 어떤 나쁜 일인가? 그것은 어디에, 그리고 말을 듣지 않는 사람의 어떤 부분에 그것이 해를 미칠까?

크리톤: 그의 육체에 해를 미칠 것이 분명하네. 왜냐하면 그것이 그런 것이니 말이네.

소크라테스: 옳은 말이네. 크리톤, 모두 열거하진 않겠지만 다른 문제들에 대해서도 그렇고, 또한 우리가 지금 고려하고 있는 정당하고 부당한, 추하고 아름다운, 좋고 나쁜 행동들에 대해서도 분명히 그렇지만, 우리는 다수의 의견을 따르고 그것을 두려워해야 할까 또는 이런 것들에 대한 지식을 가진 한 사람이 있다면, 그리고 다른
D 모든 사람들 앞에서보다 우리가 더 두려움과 부끄러움을 느끼는 한 사람의 [의견을 따르고 그것을 두려워해야] 할까? 그리고 만약 우리가 그를 따르지 않는다면, 우리는 정당한 것에 의해 개선되고 부당한 것에 의해 파괴되는 우리 자신들의 그 부분에 해를 입히고 손상을 가할 길세. 아니면, 이런 것이 없는가?

크리톤: 내가 생각하기에는 그런 것이 있네.

소크라테스: 그러면 보게. 건강에 의해 증진되고 질병에 의해 파괴
E 되는 것을 만약 우리가 지식을 가진 사람들의 의견을 따르지 않음으로써 망가뜨린다면, 망가진 삶도 살 가치가 있을까? 그리고 그것

은 육체일 것이네, 그렇지 않은가?

크리톤: 그렇다네.

소크라테스: 그러면 형편없이 망가진 육체를 가진 우리의 삶도 살 가치가 있을까?

크리톤: 전혀 그렇지 않다네.

소크라테스: 그런데 부당한 것에 의해 파괴되고 정당한 것에 의해 개선되는, 손상된 우리의 삶도 살 가치가 있을까? 아니면 우리는 정
48 당함과 부당함에 관련된 우리의 어떤 부분이 (그것이 무엇이든) 육체보다 열등하다고 생각하나?

크리톤: 전혀 그렇지 않다네.

소크라테스: 그것은 더 소중한가?

크리톤: 훨씬 더 그렇지.

소크라테스: 그렇다면 가장 소중한 친구여, 우리는 결코 다수가 우리에게 말한다고 해서 주목하지 말고, 정당함과 부당함을 이해하는 한 사람에, 그리고 진리 그 자체에 주목해야 한다네. 따라서 처음에 자네는 우리가 정당하고 아름답고 좋은 것, 그리고 그것들에 반대되는 것들에 대한 다수의 의견에 주목해야 한다고 말했던 것은 잘
B 못이었네. 그러나 물론 어떤 이는 다수가 우리를 죽게 만들 수도 있다고 말할 수도 있네.

크리톤: 그것 또한 분명하네. 그렇게 말해질 수도 있네, 소크라테스.

Ⅲ.2 정당한 행동과 부당한 행동 (48B–49E)

소크라테스: 참된 말을 했네. 그러나 나의 친구여, 우리가 방금 살펴본 주장은 여전히 이전과 동일한 것으로 생각되네. 가장 중요한

것은 "삶"이 아니라 "잘 삶"이라는 주장을 우리가 여전히 지지하는지 또는 그렇지 않은지 살펴보게.

크리톤: 우리는 그것을 지지한다네.

소크라테스: 그러면 "잘 삶"과 "아름다운 삶," 그리고 "정당한 삶"이 모두 동일하다는 것이 여전히 유효한가 또는 그렇지 않은가?

크리톤: 유효하네.

소크라테스: 그렇다면 우리는 내가 아테네인들의 허가 없이 여기에
C 서 탈옥하려 하는 것이 정당한가 또는 정당하지 않은가라는 문제를 검토해야 한다는 점에 동의했네. 만약 그것이 정당해 보이면 그렇게 하고, 그렇지 않으면 포기하세. 그러나 크리톤, 돈과 명예, 그리고 아이 양육에 대해 자네가 제안한 문제들은 사실상 사람들을 쉽게 죽음으로 몰아넣고, 또한 원한다면 아무런 생각 없이 다시 살릴 수도 있는 사람들, 즉 많은 사람들의 걱정거리들이네. 그러나 우리의 논의가 ["잘 삶"과 "아름다운 삶," 그리고 "정당한 삶"이 모두 동일하다는 하나의 결론에] 도달했으니,우리는 방금 얘기했던 것처럼 우리가 고려할 것은 나를 탈옥하도록 돕는 사람들에게, 그리고 탈옥을 돕는 우리 자신들에게 돈과 고마움을 전하는 것이 정당한 것
D 인가, 또는 이 모든 일들을 하는 것이 부당한 것인가 하는 문제이네. 그리고 우리가 그것들을 하는 것이 부당해 보인다면, 우리가 여기 조용히 머물다가 죽을 것인지 또는 부당한 일을 하다가 다른 어떤 일을 당할 것인지에 대해 전혀 고민할 필요가 없다네.

크리톤: 소크라테스, 자네가 말한 것이 내게는 적절해 보이네. 그러나 우리가 무슨 일을 해야 하는지 생각해보게.

소크라테스: 내 소중한 친구여, 함께 그 문제를 검토해보고, 만약
E 내가 말하는 것에 자네가 반론을 제기할 수 있다면, 나는 자네를 따르겠네. 그러나 만약 자네가 그러지 못한다면, 나의 소중한 친구여,

아테네인들의 동의 없이 내가 여기서 떠나야 한다는 같은 이야기를 계속 반복하는 것을 멈추게. 왜냐하면 나는 내가 행동하기 전에 자네를 설득하고 싶지 자네의 뜻과 반대로 행동하고 싶지는 않기 때문이네. 논의의 출발점이 자네를 만족시키는지 살펴보고, 자네가
49 가장 좋다고 생각하는 방식으로 내 질문에 답변해보게.

크리톤: 노력하겠네.

소크라테스: 우리는 결코 의도적으로 부당하게 행동해서는 안 되는 것인가, 또는 어떤 방식으로는 부당하게 행동하고 다른 방식으로는 그렇게 해서는 안 되는 것인가? 아니면, 우리가 이전에 종종 동의했듯이, 부당하게 행동하는 것은 결코 옳지도 않고 아름답지도 않은 것인가, 또는 우리가 동의했던 모든 것들이 지난 수 일 동안 버려진
B 것인가? 나이 먹은 우리들이 서로 진지하게 논의하느라 우리가 어린아이들보다 나은 것이 없다는 것을 줄곧 깨닫지 못한 것인가? 또는 다수가 동의하든 그렇지 않든, 우리가 그렇다고 말했던 것들은 대체로 옳지 않은 것인가? 그리고 이런 일들보다 훨씬 더 어려운 일들을 겪어야 하든 또는 쉬운 일들을 겪어야 하든, 부당한 행동을 하는 것은 어쨌든 부당한 행동을 하는 사람에게 나쁜 짓이고 부끄러운 짓이 아닌가? 우리는 그렇게 말하는가 또는 그렇지 않은가?

크리톤: 그렇게 말하네.

소크라테스: 따라서 우리는 부당하게 행동해서는 안 되네.

크리톤: 물론 그래서는 안 되네.

소크라테스: 또한 우리는 많은 사람들이 생각하는 것처럼, 부당한 사람들에게 부당한 것으로 되갚아서는 안 되네. 왜냐하면 부당한 일은 결코 해서는 안 되기 때문이지.

C 크리톤: [부당한 일은 결코] 해서는 안 될 것으로 보이네.

소크라테스: 그렇다면 어떤가? 많은 사람들이 말하듯이, 악을 악으

로 되갚는 것이 정당한가 또는 부당한가?

크리톤: 결코 그래서는 안 되네, 소크라테스.

소크라테스: 왜냐하면 사람들에게 나쁜 일을 하는 것은 부당하게 행동하는 것과 다르지 않기 때문이지.

크리톤: 옳은 말이네.

소크라테스: 그렇다면 어떤 사람이 우리에게 어떻게 했든지 간에
D 우리는 그가 부당하게 행동했던 것을 부당한 행동으로 되갚아서도 안 되고 그를 나쁘게 대해서도 안 되겠지. 그리고 크리톤 자네가 이에 동의할지라도, 자네는 자네가 믿지 않는 어떤 것에 동의하지 않도록 주의하게. 왜냐하면 나는 이것을 믿고 있거나 또는 믿을 사람들이 거의 없으리라는 점을 알기 때문이지. 그리고 이것을 믿는 사람들과 믿지 않는 사람들 사이에 공통된 토대는 없고, 어쩔 수 없이 서로의 견해들을 경멸할 것이기 때문이지. 따라서 자네가 이 견해에 동의하고 공유하는지를 깊이 살펴보고, 잘못을 저지르거나 또는 부당하게 행동했던 것을 부당한 행동으로 되갚는 것이 결코 옳지 않고, 또한 우리 자신을 지키기 위해 나쁜 행동을 나쁜 행동으로 되갚는 것도 결코 옳지 않다는 점을 우리 논의의 출발점으로 삼아보
E 세. 아니면 자네는 이 견해를 출발점으로 삼자는 것에 동의하지 않고 거부하겠는가? 나는 오랫동안 그런 믿음을 가졌고 지금도 갖고 있지만, 만약 자네가 달리 생각한다면 말해보게. 그러나 만약 자네가 이전에 동의했던 것을 지킨다면, 다음 얘기를 들어보게.

크리톤: 난 그걸 지키고 있으며, 또한 자네에게 동의하네. 계속 얘기하게.

Ⅳ. 국가와 법률 (49E–54E)

Ⅳ.1 국가와 법률에 대한 존경과 복종 (49E–51C)

소크라테스: 내가 다음으로 이야기하거나 물어볼 것은 바로 이것이네. 정당하기 때문에 [행하겠다고] 동의했던 것을 우리는 행해야 하는가 또는 행하지 않아도 되는가?

크리톤: 행해야 하네.

50 소크라테스: 그렇다면 우리가 국가의 동의 없이 여기서 나가버리면,
우리가 해를 입혀서는 안 될 사람들에게 해를 입히는 것인지 또는
아닌지, 그리고 우리가 동의했던 것이 정당하다는 점에 동의하는지
또는 아닌지에 대해 생각해보게.

크리톤: 소크라테스, 나는 자네의 질문에 답변하지 못하겠네. 무슨 말인지 모르겠네.

소크라테스: 이런 식으로 생각해보게. 우리가 여기서 도망치려고
(또는 그걸 뭐라고 부르든) 계획하고 있는데, 만약 법과 국가가 내
게 와서 "소크라테스, 당신이 하려고 마음먹고 있는 것이 무엇인지
B 내게 말해보시오. 당신은 당신이 하려고 하는 이것을 통해 우리와
법, 그리고 사실상 국가 전체를 파괴하려고 의도하는 것이 아닌가
요? 아니면 당신은 법정에 의해 내려진 결정들이 아무런 구속력이
없고 개인에 의해 무효화되더라도, 국가는 전복되지 않고 존속하리
라고 생각합니까?"라고 말한다면, 이런 질문이나 그런 종류의 질문
에 대해 우리가 뭐라고 말을 해야 할까, 크리톤? 왜냐하면 무엇보다
도 만약 우리가 웅변가라면, 법정에 의해 내려진 결정들은 지켜져
야 한다는 법률을 파괴하는 것에 대해 우리는 많은 것들을 말할 수
C 있을 것이기 때문이네. 또는 우리는 그것들에 대해 국가가 우리에

게 옳지 못한 행동을 했고, 또한 정당한 판결을 하지 못했다고 말하겠나? 그렇게 말하겠나, 아니라면 뭐라고 말하겠나?

크리톤: 신에 맹세코, 그렇게 말하겠네, 소크라테스.

소크라테스: 그런데 만약 법률이 "소크라테스, 이것은 당신이 우리와 동의했던 것인가요, 또한 당신은 국가가 내린 평결을 따르겠다고 동의했던가요?"라고 묻는다면, 자네는 뭐라고 말하겠나? 만약 그들이 말한 것에 내가 놀란다면, 그들은 아마도 다음과 같이 말할 것이네. "소크라테스, 우리가 말한 것에 놀라지 말고, 답해보세요. 당신은 질문하고 답변하는 기술을 사용하는 습관이 있지 않나요? 당신이 우리
D 를 파괴하려고 시도할만한 어떤 잘못을 우리와 국가에게서 발견했나요? 당신의 부친이 모친과 결혼해서 당신을 낳았던 것이 우리를 통해서가 아니었나요? 자, 말해보세요. 당신은 혼인과 관련된 법률들 가운데 어떤 부분에서 잘못을 발견했나요?" 나는 아이의 양육, 그리고 다른 사람들처럼 자네도 받았던 교육에서 아무 잘못도 발견하지 못했다고 말할 것이네. "우리가 당신의 부친에게 당신의 음악과 체육을 교육하라고 말할 때, 그 일을 책임진 사람들이 좋은 방향을 제시하지 못했던가요?" 나는 좋은 방향을 제시했다고 말할 것이네.
E "그러면, 당신이 태어나고 양육되고 교육받을 때, 당신이, 즉 당신 자신과 당신의 조상들이 우리의 자손이자 노예임을 부정하겠습니까? 만약 그렇다면, 당신은 우리의 정당함이 동등하고, 따라서 우리가 당신에게 한 모든 일에 대해 당신이 보복하는 것이 정당하다고 생각합니까? 당신과 당신의 부친이나 당신의 주인 사이에 그런 정당성이 동등하지 않지만, 만약 그런 것이 가능하다면, 그리고 당
51 신이 어떤 대우를 받든 그것을 되갚고, 당신이 한 대 맞으면 당신도 한 대 때리겠습니까? 그리고 당신은 당신의 나라와 법률에 대해서도 그렇게 행동하는 것이 적절하다고 생각하고, 따라서 우리가 그

것이 정당하다고 생각해서 당신을 파괴시키려 하면, 당신도 당신
의 온 힘을 다해 우리의 법률과 국가를 파괴하려 하고, 그렇게 하
는 것이 정당하다고 말하겠습니까? 탁월함을 정말로 아끼는 당신
B 이 말입니다. 당신은 이런 정도의 지혜는 갖고 계시지 않나요? 신들
과 지식인들은 자신의 모친이나 부친, 그리고 모든 조상들보다 자
신의 국가를 더 중시하고 더 존경하고 더 신성시하고 더 존중한다
는 것을. 그리고 국가가 분노하는 경우에는 자신의 부친보다는 국
가에 더 많은 존경심과 복종심과 겸손함을 보여야 한다는 것을. 또
한 국가를 설득해서 믿게 하거나 또는 국가가 명하는 모든 것을 수
행해야 한다는 것을. 더 나아가 국가가 당신에게 고통을 묵묵히 감
수하라 한다면 감수하고, 국가가 당신을 채찍질하거나 투옥할 것을
명령하거나, 또는 당신을 전쟁터로 끌어들여 부상이나 죽임을 당하
C 게 만들지라도, 국가의 뜻은 이루어지리라는 것을. 또한 이것이 정
당하다는 것을. 그리고 굴복하거나 포기하거나 자리를 이탈해서는
안 되며, 전쟁과 법정과 모든 곳에서 정부와 국가가 명령하는 것을
반드시 수행하거나 또는 무엇이 실제로 옳은가에 대해 국가를 설득
해야 하며, 부친이나 모친에게 폭력을 사용하는 것은 불경한 것이
고, 그것을 국가에 대해 사용하는 것은 훨씬 더 불경하다는 것을."
이에 대해 우리는 무슨 말을 해야 할까, 크리톤? 법률이 진실을 말
하는 것인가 또는 그렇지 않은가?

크리톤: 내게는 [진실을 말하는 것으로] 보이네.

Ⅳ.2 국가와 법률에 대한 약속 (51C–52D)

소크라테스: 법률은 아마 이렇게 말할 걸세. "소크라테스, 우리가

말한 것이 사실이라면, 당신이 지금 우리에게 수행하길 바라는 것
이 옳지 않다는 걸 알아야 합니다. 왜냐하면 우리는 당신을 태어나
D 게 하고, 양육하고, 우리가 당신과 시민에게 줄 수 있는 모든 좋은
것들을 나누어줬기 때문입니다. 그렇지만 우리는 스스로 그것을
이용하려는 아테네인들은 누구에게나 다음과 같은 기회를 제공함
으로써, 그가 성인이 되어 국가와 우리 [법률들]에게 했던 일을 보고
만족하지 않는 사람은 누구나 자신의 물건을 챙겨서 원하는 곳으로
갈 수 있는 기회를 제공해야 한다고 선언하는 바입니다. 그리고 그
것이 아테네의 식민지든 아니면 그가 이방인으로 살게 될 타국이든
상관없이 우리와 국가가 그를 기쁘게 하지 못한다면, 우리들 가운
데 누구도 당신들 중 어떤 이가 그의 물건을 챙겨서 원하는 곳으로
E 가는 것을 방해하거나 금지하지는 않을 겁니다. 그러나 당신들 가
운데 누구든, 우리가 어떻게 정의를 행하고 우리가 어떻게 국가의
다른 일들을 다루는가를 보고도 여기에 머무른다면, 우리는 당신들
이 우리가 지시하는 것을 따르는 데 동의했다고 말할 겁니다. 그리
고 복종하지 않는 사람은 삼중으로 잘못하는 것이라고 우리는 말
할 겁니다. 왜냐하면 그는 부모인 우리에게 불복하고, 자신을 키워
준 우리에게 불복하며, 또한 복종하겠다고 동의했음에도 불구하고
우리에게 복종하지도 않고 우리가 틀렸다는 것을 납득시키려 하지
52 도 않기 때문입니다. 우리는 그에게 기회를 줬고, 우리가 명령한 것
을 따르라고 강하게 지시하지 않았으며, 또한 두 가지 가운데 하나
를 선택할 것을, 즉 우리가 잘못했다는 것을 납득시키거나 또는 우
리의 지시를 행하거나 둘 중 하나를 선택할 것을 허용했음에도, 그
가 이것들 가운데 아무것도 하지 않았다는 말입니다."

"소크라테스, 우리는 당신이 생각하는 것을 행하게 되면 이런 비난
에 직면하게 될 것이며, 그것도 아테네인들 가운데 가장 적은 [비난]

이 아니라 다른 누구보다도 많은 [비난]을 받게 되리라 말하고 있는
B 것입니다." 그리고는 만약 내가 "왜 그렇습니까?" 라고 묻는다면, 아
마도 그들은 내가 대부분의 다른 아테네인들보다 더 단호하게 그들
에게 동의했기 때문이라고 내게 반박할 것이네. 그들은 이렇게 말
할 것이네. "소크라테스, 우리와 국가가 당신을 기쁘게 했다는 강력
한 증거를 갖고 있기 때문입니다. 왜냐하면 당신이 다른 어떤 아테
네인들보다 더 그곳을 좋아하지 않았더라면, 당신은 결코 그들보
다 더 오래 그곳에 머물지는 않았을 것이기 때문입니다. 당신은 축
제나 군 복무 때를 제외하고는 나라 밖으로 나간 적이 없었고, 또한
당신은 다른 사람들처럼 여행을 하지도 않았으며, 또한 당신은 다
른 나라나 다른 법률에 대해 알기를 바라지도 않았고, 우리 [법률]과
우리나라에 만족하고 있습니다. 당신은 그처럼 강력하게 우리를
좋아하고 우리에 맞춰 사는데 동의했으며, 게다가 당신은 나라 안
C 에서 아이들을 낳음으로써 국가가 당신을 기쁘게 했음을 보여줬습
니다. 또한 당신이 원했더라면 당신은 죽음 대신에 국외추방을 제
안할 수도 있었고, 지금 당신이 동의 없이 하려는 일을 국가의 동의
하에 할 수도 있었을 것입니다. 그러나 당신은 죽게 되더라도 동요
하지 않으리라 자랑스럽게 말했고, 당신이 말했듯이 당신은 국외추
방보다는 죽음을 선호했습니다. 그런데 지금 당신은 그 말들을 부
D 끄럽게 생각하지도 않으며, 또한 당신은 우리들을 헛되게 함으로써
우리들 법률들을 존중하지 않고 있습니다. 그리고 당신은 우리에
맞춰 살겠다고 당신이 우리와 계약하고 동의했던 것들과는 반대로
도망치려 함으로써 가장 비천한 노예가 할 만한 행동을 하고 있습
니다. 그러면 당신이 말로서가 아니라 행동으로서 우리에 맞춰 살
겠다는 데 동의했다고 우리가 말할 때 우리가 진실을 말하고 있는
지, 또는 그렇지 않은지에 대해 먼저 답해주세요." 이에 대해 우리

는 뭐라 말해야지, 크리톤? 우리는 그게 사실이라는 데 동의해야 하지 않나?

크리톤: 그래야만 하네, 소크라테스.

Ⅳ.3 탈옥한 뒤에 생기는 일들 (52E–54E)

E 소크라테스: [법률들]은 이렇게 말할 걸세. "그렇다면, [우리가] 당신
을 강제하거나 속여서 그런 것도 아니고, 당신으로 하여금 짧은 시
간 동안에 억지로 결심하게 만든 것도 아니며, 우리가 당신을 기쁘
게 하지 못하고 또한 당신이 그 동의사항들이 부당하다고 생각했더
라면 떠나버릴 수 있었던 칠십 년이라는 시간이 있었음에도 불구하
고, 당신은 [지금] 우리와 계약하고 동의했던 것들을 깨겠다는 겁니
53 까? 그러나 훌륭하게 통치된다고 당신이 항상 말하던 라케다이몬
[스파르타]이나 크레테를 선호하는 것도 아니고, 그리스의 국가들
이나 외국의 국가들 가운데 어떤 것을 선호하는 것도 아니며, 오히
려 당신은 다리를 저는 사람이나 눈이 먼 사람 또는 다른 어떤 장애
인보다도 더 이 나라에서 멀리 벗어나지를 않았습니다. 당신은 다
른 아테네인들보다도 더 이 나라에 만족했으며, 따라서 분명히 나
라의 법률들인 우리에게 만족했을 겁니다. 법률이 없는 나라에 기
뻐할 사람은 없지 않겠습니까? 이제 와서 당신은 당신이 동의했던
것들을 지키지 않겠다는 겁니까? 소크라테스, 당신이 우리의 조언
을 받아들인다면 당신은 그렇게 할 것이고, 나라 밖으로 나감으로
써 당신 자신을 조롱거리로 만들지는 않을 겁니다."

"생각해보세요. 당신이 이런 식으로 법을 어기고 잘못을 저지름으

B 로써, 당신 자신이나 당신의 친구들 중 누구에게 어떤 도움이 되겠습니까? 왜냐하면 당신의 친구들도 추방되어 나라 안의 거주지나 재산을 잃을 위험에 처하게 될 것이 아주 분명하기 때문입니다. 그리고 만약 당신이 인접한 국가들인 테베(Thebes)나 메가라(megara)처럼 잘 통치되는 나라들 가운데 한 곳으로 가게 된다면, 소크라테스 당신 자신은 그들의 정치체제에 대한 적으로서 가게 될 것이고, 자신들의 나라를 염려하는 모든 사람들이 당신을 의심스럽게 보고 또한 법률의 파괴자로 볼 것이며, 그래서 당신은 재판관들

C 로 하여금 자신들의 견해를 확신하고 결국 자신들의 판결이 옳았다고 생각하게 만들 겁니다. 왜냐하면 법률의 파괴자는 젊고 생각 없는 사람들을 파괴하는 자로 여겨질 것이 분명하기 때문입니다. 그렇다면 당신은 잘 통치되는 나라와 가장 개화된 사람들을 회피할 겁니까? 그리고 만약에 당신이 이렇게 한다면, 당신의 삶은 살 가치가 있겠습니까? 그렇지 않으면 소크라테스 당신은 그들에게 가서 어떤 대화를 이어갈 면목이 있겠습니까? 당신은 여기에서 그랬던

D 것처럼, 탁월함과 정의와 합법적인 것들과 법률들이 인간에게 가장 값진 것들이라는 대화를 이어가겠습니까? 당신은 소크라테스 당신의 행위가 가장 불명예스럽게 보이리라 생각하지 않습니까? 당신은 그렇게 생각하지 않을 수 없겠지요. 아니면 당신은 이 장소들을 피해서 테살리아에 있는 크리톤의 친구들에게 가겠습니까? 왜냐하면 그곳에는 많은 혼란과 불법이 판치고 있으며, 따라서 아마도 그들은 당신이 농부의 가죽 망토를 쓰거나 도망자들이 입는 다른 것들로 변장하여 자신의 외모를 바꾸고 감옥에서 도망친 우스꽝스런 방법에 대해 듣는 걸 재미 있어 할 수도 있기 때문입니다. 그러나 아마도 살아갈 시간이 얼마 남지 않은 노인인 당신이 최고의 법률을 위반할 정도로 수치를 모르는 욕심 때문에 삶에 매달린다고 말

E 하는 사람이 아무도 없을까요? 다른 사람들을 불쾌하게 하지 않는다면, 아마 [그렇게 말하는 사람이] 없을 수도 있겠지요. 그러나 만약 그렇게 [다른 사람들을 불쾌하게] 한다면, 당신은 당신에게 치욕스런 많은 것들에 대해 듣게 될 겁니다. 그렇게 되면 당신은 다른 어떤 사람들보다 열등한 노예처럼 살게 될 겁니다. 그리고 마치 테살리아의 향연에 참석하려고 가기라도 했던 것처럼, 테살리아의 축

54 제에 참석하는 것 외에 무얼 하겠습니까? 정의와 탁월함에 대한 우리의 대화는 어떻게 되는 겁니까? 그러나 아마도 당신은 자녀들을 양육하고 교육시킬 수 있도록 당신의 자녀들을 위해 살길 원할지도 모릅니다. 그런데 무엇 때문입니까? 당신이 그들에게 그런 축복을 주기 위해, 그들을 망명자로 만들면서까지 그들이 양육되고 교육될 수 있도록 테살리아로 데려가겠습니까? 아니면 아마도 당신은 그렇게 하지 않지만, 만약 당신이 살아있는 동안에 그들이 여기에서 양육될 수 있다면, 당신이 죽었을 때보다 당신이 그들과 함께 있지 않을 때 그들이 더 잘 양육되고 교육되지 않을까요? 그렇죠. 당신의 친구들이 그들을 보살펴줄 겁니다. 당신이 죽음의 여행을 떠나지 않고 테살리아로 도망치더라도, 그들이 [당신의 자식들]을 보살

B 펴줄까요? 만약 당신의 친구들이라고 말한 사람들이 어떤 쓸모가 있다면, 우리는 그들이 그 두 가지 경우에 똑같이 [당신의 자식들]을 보살펴 주리라 믿어야 합니다."

"아, 소크라테스, 당신의 어린 시절을 보살폈던 우리의 말을 따르세요. 당신이 죽은 이들의 땅에 올 때 당신은 당신 자신을 변론하기 위해 이 모든 것을 가졌을 테니, 당신의 자식들이나, 당신의 삶이나, 진리 외의 다른 어떤 것도 염려하지 마세요. 왜냐하면 만약 당신이 이걸 한다면, 여기에 있는 당신이나 당신 친구들 가운데 누구에게도 더 바람직하거나 더 올바르거나 또는 더 경건하지도 않을 것이

C 며, 또한 당신이 다른 거주지에 도달했을 때도 더 낫지 않을 것이 분명하기 때문입니다. 그러나 이제 만약 당신이 정말로 떠난다면, 당신은 우리들 법률들에 의해서가 아니라 사람들에 의해 부당한 취급을 받고 떠나게 될 겁니다. 그러나 만약 당신이 우리와의 계약과 동의를 모두 파기하고, 당신이 해쳐서는 안 될 사람들, 즉 당신 자신과 당신의 친구들, 그리고 당신의 국가와 우리들 [법률]을 해치고, 잘못을 잘못으로 또한 악을 악으로 보복한 뒤에 그토록 불명예스럽게 도망친다면, 우리는 당신이 살아있는 동안에 당신에게 분노할 것이며, 우리의 형제들인 지옥의 법률들도 당신을 친절하게 받아들이지 않

D 을 겁니다. 왜냐하면 그들은 당신이 할 수 있는 한 우리를 파괴하려고 애썼다는 것을 알 것이기 때문입니다. 크리톤이 하라고 말하는 것에 현혹되지 말고, 우리의 조언을 받아들이세요."

소중한 내 친구 크리톤, [대지의 여신] 퀴벨레의 격앙된 수도승들이 피리소리를 듣듯이, 이것이 내가 듣는 소리 같고, 또한 이런 말이 내 안에서 반복해서 울리며, 다른 어떤 말도 못 듣게 한다네. 또한 내가 지금 생각하기에, 만약 자네가 내 말에 반박하려 한다면, 자네는 헛되이 말하는 것이 될 걸세. 그럼에도 불구하고 자네가 무언가 할 말이 있다고 생각한다면, 말해보게.

크리톤: 아니네, 소크라테스. 나는 할 말이 없다네.

E 소크라테스: 그렇다면, 크리톤, 내버려 두게. 그리고 신이 우리를 이렇게 인도하니, 그렇게 하세.

향연 (또는 에로스에 관하여)

제 III 부

제III부 향연 (또는 에로스에 관하여)

Ⅰ. 아가톤의 연회에 초대받은 소크라테스 (172A–176A)

Ⅰ.1 아폴로도로스와 한 친구의 만남 (172A–173E)

172 아폴로도로스: 나는 자네들이 질문했던 것에 대해 잘 기억하네. 몇 일 전에 내가 우연히 팔레론에 있는 집에서 시내 쪽으로 가고 있는데, 뒤에서 아는 사람 하나가 다소 멀리 떨어져 있는 내게 농지거리를 하며 소리쳐 부르더군.

B "어이, 팔레론 출신![6] 이봐, 아폴로도로스, 기다리게!"

그래서 내가 멈춰 기다리니, 그가 [다가와] 이렇게 말하더군. "아폴로도로스, 나는 아가톤, 소크라테스, 알키비아데스, 그리고 그 모임의 나머지 사람들이 함께 했던 연회에서 무슨 일이 있었고, 또한 그들이 에로스에 대해 무슨 이야기를 했는지 듣고 싶어 자네를 찾고 있었다네. 이미 다른 어떤 사람이 필리포스의 아들 포이니코스에게서 들었던 이야기를 내게 해주면서, 자네도 그에 대해 알고 있다
C 고 말하더군. 그러나 그는 그에 대해 전혀 명확하게 말하질 못하더

6_ Nehamas와 Woodruff(1989), p.1 각주1 참조. 장난을 친다고 말하는 이유는 법정에서나 공식적인 행사가 있는 경우에만 출신지역을 붙여 사람을 부르곤 하는데, 글라우콘이 아폴로도로스를 '팔레론 출신'이라고 불렀기 때문이다.

라고. 그래서 자네가 직접 이야기를 해줬으면 하네. 더구나 자네 친구 [소크라테스]가 했던 이야기이니, 자네가 직접 전해주는 것이 가장 적절할 것이네. 먼저 내게 말해보게."

그가 말했네. "자네가 직접 그 자리에 참석했었나, 안 했었나?"

그래서 내가 이렇게 말했지. "자네가 묻는 그 연회가 최근에 있었다는 이유에서 내가 그곳에 참석했으리라 생각하는 것이라면, 그 이야기를 해준 사람이 자네에게 분명히 설명해준 것은 아무것도 없는 것 같군."

그가 말했네. "나는 [자네가 참석했었다고] 그렇게 생각했네."

그래서 내가 말했지. "[내가] 어떻게 그럴 수 있었겠나, 글라우콘? 자
네도 알다시피, 아가톤이 집을 떠난 지 오랜 시간이 흘렀고, 내가
173 소크라테스 선생님과 어울리면서 매일 같이 무슨 말씀을 하시고 무
슨 행동을 하시는지에 대해 관심을 기울였던 것은 아직 삼년이 되
지 않았으니 말이야. 그 전에 나는 아무 일이나 [닥치는 대로] 하면
서도 무언가 [중요한 일을] 하고 있다고 생각했지만, 나는 누구보다
도 비참했었지. 지금 자네가 그렇듯이, 지혜를 사랑하는 것[즉, 철
학]은 다른 사람의 일이라고 생각하면서 말일세."

그가 말했네. "그만 놀리고, 그 연회가 언제 열렸던 것인지 말해주게."
내가 말했네. "그건 자네와 내가 어린아이였을 때, 아가톤이 첫 번째 비극작품으로 우승했던 때였지. 그와 그의 가무단이 승리를 위한 제사를 지낸 다음 날이었네."

그가 말했네. "정말 오래 전이었던 것 같군. 그런데 그 이야기를 누가 해줬나? 소크라테스 선생님 본인이셨나?"

B 내가 대답했네. "신에 맹세코, 아니네. 포이니코스에게 그 [연회]에 대해 이야기를 해줬던 바로 그 사람이었네. 퀴다테나이온 출신의 아리스토데모스라고 항상 맨발로 다니는 자그마한 사람 말일세. 그가 그곳에 있었는데, 내 생각에 그는 당시 소크라테스 선생님을 무척이나 사랑하는 사람들 가운데 한 사람이었다네. 그러나 나는 그의 친구에게서 들었던 이야기 가운데 어떤 것들에 대해 소크라테스 선생님에게 질문했더니, 그의 이야기와 일치한다고 확인해주셨네."

그가 말했네. "그렇다면 내게 말해주지 않겠나? 사실 시내까지 가는 길이 우리가 걸어가며 말하고 듣기에 아주 좋으니 말이야."

그렇게 우리는 걸으면서 그 일에 대해 이야기했고, 그런 이유에서
C 처음에 말했듯이 내가 그에 대해 잘 기억하고 있다네. 게다가 자네들이 그 이야기를 들어야만 한다면, [말해 주겠네]. 왜냐하면 나로서는 나 자신이 말하든 또는 다른 사람에게 듣든, 지혜를 사랑하는 논의에서 그로 인해 내가 얻는 [실질적인] 이익과는 상관없이 많은 즐거움을 얻고 있음을 깨닫고 있기 때문이네. 반면에 다른 종류의 이야기에서는, 특히 부유하고 욕심 많은 자네 친구들의 이야기에서
D 는, 실제로 아무것도 하지 않으면서 무언가 큰일을 하고 있다고 생각하는 자네 같은 친구들에게 짜증이 나기도 하고 안타까움을 느끼기도 한다네. 아마도 자네들의 입장에서는 내가 불행한 존재처럼 보일 테고, 나 또한 자네들의 생각이 옳다고 생각하네. 그러나 나는 [오히려] 자네들이 [불행한 존재들이라는] 것을 [단순히] 생각하는 것

이 아니라 분명히 알고 있다네.

친구: 오, 아폴로도로스, 자네는 항상 똑같군. 자네는 항상 자네 자신과 다른 사람들을 비방하고, 소크라테스 선생님을 제외하고는, 자네 자신을 비롯한 모두가 불행하다고 생각하는 것처럼 보이는군. 나는 자네가 어떻게 해서 '미치광이'라는 이름으로 불렸는지 모르겠군. 물론 자네는 말할 때 항상 그렇지. 소크라테스 선생님을 제외하고는 자네 자신과 다른 모두에게 항상 화를 내잖나.

E 아폴로도로스: 이보게 친구, 나 자신과 자네들에 대해 그런 생각을 한다는 것은 미친 짓임에 분명하네.

친구: 그런 문제들에 대해 지금 논쟁하지 마세, 아폴로도로스. 더 지체하지 말고 우리가 부탁했던 대로 어떤 이야기가 있었는지 말해 주게.

Ⅰ.2 아가톤의 연회로 향하는 아리스토데모스와 소크라테스 (174A–E)

174 아폴로도로스: 그건 이런 종류의 것들이었네. 내 친구 [아리스토데모스]가 내게 말해줬던 것처럼, 나도 자네에게 처음부터 차례대로 말해보겠네. 그는 목욕하고 신발을 신고 있는 소크라테스 선생님을 우연히 만났는데, [선생님께서 말끔하게 옷을 차려 입는] 이런 일이 상당히 드물었기에 그렇게 잘 차려 입고 어딜 가시느냐고 여쭈었다고 하네.

[소크라테스 선생님께서] 대답하셨다고 하네. "아가톤의 집에 가서 저녁식사를 하려는 것이네. 나는 어제 그의 축하 행사에 사람이 너무 많을 것이 두려워 그를 피했는데, 오늘은 참석하겠노라 동의했다네. 그래서 나도 멋지게 차려입고 멋진 주인에게 맞추려고 그러는 것이지. 그런데 자네는?"

B [소크라테스 선생님께서] 말씀하셨다고 하네. "자네는 초대받지 않은 저녁식사에 참석할 생각이 있는가?"

[아리스토데모스가] 말했다고 하네. "무엇이든 선생님께서 말씀하시는 대로 하겠습니다."

[소크라테스 선생님께서] 말씀하셨다고 하네. "그럼, 같이 가서, 우리도 그 속담을 왜곡하고 변질시키세. "훌륭한 사람들은 훌륭한 사람
C 의 연회에 자발적으로 간다"는 속담을 호메로스가 왜곡하고 타락시켰듯이 말일세. [호메로스는 자신의 시에서] 아가멤논을 특히 전쟁에서 뛰어난 사람으로, 그리고 메넬라오스를 '힘없는 창병(槍兵, 창을 사용하는 병사)'으로 묘사하고, 아가멤논이 제사를 지내고 연회를 개최할 때 초대받지 않은 메넬라오스가 참석하는 것으로, 즉 더 못한 사람이 더 나은 사람의 연회에 참석하는 것으로 그렸다네."

이에 대해 [아리스토데모스는] 이렇게 말했다고 하네. "저는 소크라테스 선생님께서 말씀하시는 것보다는 호메로스가 말했던 것에 더 들어맞는 듯해서 두렵습니다. 초대받지 않고 지혜로운 사람의 연회에 참석하는 것 말입니다. 그러니 저를 데려가실 때 변명할 거리를 준비해두십시오. 왜냐하면 저는 초대받지 않고 간다는 데는 동의하

D 지 않고, 선생님께서 저를 초대해서 왔다고만 할 테니 말입니다."

[그러자 소크라테스 선생님께서] 말씀하셨다고 하네. "'둘이 함께 걷다 보면, 한 사람이 다른 사람 앞에 있으니,'[7] 우리가 무슨 말을 해야 할지 생각해낼 수 있을 것이네. 자, 가세."

그는 자신들이 그런 대화를 나눈 뒤에 출발했다고 말했네. 그런데 소크라테스 선생님께서는 걷던 중에 자신만의 생각에 빠져들어 가
E 던 길에서 뒤처졌고, 내 친구가 기다리자 선생님께서 먼저 가라고 말씀하셨다고 하네. 그래서 그는 [혼자서] 아가톤의 집에 갔는데, 문이 열려 있는 것을 보게 되었다고 하네. 그곳에서 그는 자신이 다소 어처구니없는 상황에 놓인 것을 알게 됐다고 하네. 왜냐하면 안에서 한 아이[하인, 노예]가 나와서는 다른 사람들이 [비스듬히] 누워 있는 곳으로 그를 데려갔는데, 사람들이 막 저녁식사를 하려는 참이었기 때문이었네. 그런데 아가톤이 그를 보자마자 이렇게 말했다고 하네.

Ⅰ.3 아가톤의 집에 도착한 아리스토데모스와 문밖에서 사색에 잠겨 있는 소크라테스 (174E–176A)

"오, 아리스토데모스, 식사하기 좋은 시간에 왔군. 만약 자네가 다른 일로 왔다면, 그건 다음으로 미루게. 어제 내가 자네를 초대하려고 갔었는데 만나지 못했다네. 그런데 자네는 어째서 소크라테스 선생님을 우리에게 모셔오지 않았나?"

7_ 호메로스의 『일리아드』 X.224의 문구를 인용하고 있다.

[아가톤]이 그렇게 말했다고 하네. 그러기에 그가 뒤를 돌아보았지만 소크라테스 선생님은 찾아볼 수 없었다고 하네. 그래서 그는 소크라테스 선생님께서 내게 저녁식사를 같이 하자고 말씀하셔서 선생님과 함께 왔다고 그들에게 말했다고 하네.

[아가톤]이 말했다고 하네. "자네가 와서 다행이네. 그런데 선생님은 어디 계신가?"

175 "바로 내 뒤에서 따라오고 계셨는데, 나도 선생님이 어디 계신지 궁금하군."

아가톤이 아이에게 말했다고 하네. "너는 곧장 가서, 소크라테스 선생님을 모셔올 수 있는지 살펴봐라. 아리스토데모스, 자네는 에뤽쉬마코스 옆에 앉게."

그러자 한 아이가 그를 씻기고는 기댈 수 있도록 해줬고, [소크라테스 선생님을 찾으러 밖으로 나갔던] 아이가 돌아와서는 소크라테스 선생님께서 계시기는 한데, 옆 집 현관문 앞에 서 계시기에 들어오라고 말씀드리자 들어오지 않으려 하신다는 소식을 전해줬다고 하네.

아가톤이 말했다고 하네. "너는 이상한 이야기를 하는구나. 가서 오시라고 말씀드리고, [다른 데로] 가시게 하지 말거라!"

B 그러자 아리스토데모스가 이를 막고는 이렇게 말했다고 하네. "아니, 그 분을 혼자 계시게 그대로 두게. 그건 그 분의 습관이네. 때때로 선생님은 아무 데로나 가셔서는 그곳에 서 계시곤 한다네. 내 생

각에 선생님은 곧 오실 테니 그렇게 계시도록 하게."

아가톤이 말했다고 하네. "그러면 잘 알았네. 자네가 그렇게 말하니 말이야."

그리고는 아이들에게 말했다고 하네. "자, 너희들은 우리를 위해 상을 차려라. 아무도 너희들에게 지시를 하지 않으면 너희들이 원하는 것을 내 오거라. 내가 전에 그런 적은 없지만 말이야. 지금 너희들이 나와 다른 사람들을 연회에 초대했다고 생각하고, 우리에게 칭송을 받을 수 있도록 시중을 들어 보거라."

C [아리스토데모스]가 말하기를, 그때부터 그들이 저녁식사를 시작했는데, 소크라테스 선생님이 [여전히] 오시지 않았다고 했네. 그러자 아가톤이 가서 선생님을 모셔 오라고 몇 번 더 지시하려 했지만, 자기가 그것을 허락하지 않았다고 했네. 마침내 선생님께서 오셨는데 많이 늦지는 않으셨다고 하네. 다만 저녁식사가 절반 정도 끝났을 때였다고 하니 말일세. 그러자 가장 끝자락에 앉아 있던 아가톤이 이렇게 말했다고 하네.

"여기 제 곁에 앉으시죠, 소크라테스 선생님. 선생님과 가까이 있음
D 으로써 그 현관에서 선생님께 떠올랐던 지혜의 한 조각이라도 제가 얻을 수 있도록 말입니다. 선생님께서는 분명히 찾던 것을 찾아서 갖고 계실 테니까요. 그걸 갖고 있지 않았다면 오시지 않았을 것이 분명하니까요."

그러자 소크라테스 선생님께서 앉아서는 이렇게 말씀하셨다고 하

네. "그렇다면 좋겠군, 아가톤. 마치 더 가득한 잔에서 더 비어 있는 잔으로 물이 실을 타고 흐르듯이, 우리가 서로 접촉만 해도 지혜라는 것이 더 가득한 사람에게서 더 비어 있는 사람에게로 흐르는 그런 것이라면 말일세. 만약 정말로 그런 것이 지혜라면, 내가 자네
E 곁에 앉는 것에 큰 가치를 두겠네. 자네에게 충만한 탁월한 지혜를 끌어내 나를 채울 수 있을 테니 말이야. 내 지혜는 빈약해서 꿈처럼 믿기 어렵지만, 젊은 자네의 지혜는 밝게 빛나고 잠재력이 있잖나. 그처럼 강하고 밝게 비춘다는 것을 삼만 명이 넘는 그리스인들이 수일 전에 보았듯이 말이야."

아가톤이 말했네. "너무하십니다, 소크라테스 선생님! 우리의 지혜에 대한 문제는 선생님과 제가 좀 뒤에 법정에 가서 디오니소스 신을 재판관으로 모시고 하기로 하고, 지금은 먼저 저녁식사에 신경 쓰시지요."

176 그 후에 소크라테스 선생님께서 자리를 잡고 다른 사람들과 저녁식사를 할 때, 그들은 관습상 그래왔듯이 신께 술을 바치고 노래를 부른 뒤에 술을 마시기 시작했다고 말했네.

II. 연회의 이야깃거리가 된 에로스[8] (176A–212C)

II.1 음주 대신에 대화를 나눌 것을 제안하는 파우사니아스 (176A–E)

그런 뒤에 파우사니아스가 이렇게 이야기를 시작했다고 하네. "자, 여러분, 어떻게 술을 마시는 것이 우리에게 가장 좋겠나? 솔직히 말해서, 나로서는 어제 한바탕 마셔서 더 마시기가 어려우니 좀 여유를 가졌으면 하네. 내 생각에는 다른 사람들도 그럴 것 같은데, 자네들 대부분이 어제 연회에 있었으니 말이야. 그러니 어떻게 술을
B 마시는 것이 우리에게 가장 좋을지 생각해보게."

그러자 아리스토파네스가 말했다고 하네. "자, 파우사니아스, 무언가 편하게 술을 마시도록 하자는 것은 좋은 제안이네. 나 자신도 어제 [술독에] 빠졌던 사람들 가운데 하나거든."

아쿠메노스의 아들 에뤽쉬마코스가 이 말을 듣고는 말했다고 하네. "말 잘했네. 그런데 나는 자네들 가운데 한 사람에게서 의견을 듣고 싶은데, 술을 마시는 것에 대해 아가톤이 어떻게 생각하는지 말이야."

[아가톤이 말했다고 하네.] "아닐세, 나도 그럴 상태가 아니네."

C 그러자 다른 사람[에뤽쉬마코스]이 말했다고 하네. "자네들과 같은 술꾼들이 더 마시지 못하겠다고 하니, 나와 아리스토데모스, 파이

8_ '에로스'는 '사랑'을 의미하지만, 본문에서 '에로스'라고 적은 것은 '사랑의 신인 에로스'를 가리킨다.

드로스, 그리고 여기 있는 이 사람들에게는 다행스러워 보이네. 왜냐하면 우리는 항상 [술이] 약하니까 말이지. 물론 소크라테스 선생님은 예외로 하고 말이네. 선생님은 어느 쪽이나 상관없이, 우리가 무엇을 하든 좋아하실 테니까. 자, 여기 있는 누구도 술을 많이 마시고 싶어 하지는 않는 것처럼 보이니, 아마도 취하는 것이 진실로
D 무엇인가에 대해 내가 이야기하더라도 자네들이 그리 지루해 하지는 않을 것 같군. 의사로서의 경험에서 내게 분명해졌듯이, 취한다는 것이 인간에게 무척이나 위험하다는 것은 분명하네. 그리고 만약 피할 수 있으면, 나는 술을 지나치게 많이 마시지 않을 것이고, 또한 다른 사람에게도 권하지 않을 것이네. 특히, 전날의 숙취로 시달리는 사람에게는 말이야."

이때 뮈르니노스 출신인 파이드로스가 끼어들어 말했다고 하네. "그래, 나로서는 특히 의술과 관련된 모든 일에 대해서는 자네를 항상 따라왔네. 그리고 다른 사람들도 정신이 올바르다면 그렇게 할 것이네."

E 그래서 이 말을 듣고, 그들은 모두 그날 모임에서는 취할 정도로 마시지 않고, 즐거울 정도로만 마시기로 했다고 하네.

[에뤽쉬마코스]가 말했다고 하네. "그러면, 부담 없이 각자 원하는 만큼만 마시기로 했으니, 이제 나는 방금 들어온 피리 부는 소녀를 내보내자고 제안하겠네. 혼자 피리를 불게 하거나, 또는 그 아이가 원한다면 여자들이 있는 곳으로 가서 피리를 불게 하고, 오늘 우리는 대화를 하면서 시간을 보내세. 자네들이 원한다면, 우리가 어떤 이야기를 할 것인지 내가 제안을 하겠네."

Ⅱ.2 에로스에 대해 이야기할 것을 제안하는 에뤽쉬마코스 (177A–178A)

177 모두가 그러길 원한다고 말했고, 그에게 제안하라고 말했다고 하네. 그러자 에뤽쉬마코스가 이렇게 말했다고 하네. "나는 에우리피데스의 [연극에 등장하는] 멜라니페의 말을 인용하면서 시작하겠네만, 내가 말하려는 '그 이야기는 나의 것이 아니라' 여기 있는 파이드로스의 것이네. 파이드로스는 종종 내게 이런 불만을 토로했다네. "에뤽쉬마코스, 다른 신들에 대해서도 시인들이 그들을 위해 지

B 은 찬송가와 기도문이 있는데, 지금까지 살았던 그 많은 시인들 가운데 단 한사람도 아주 오래되고 위대한 사랑의 신을 찬미하는 노래를 짓지 않았다니 너무 심한 것 아닌가? 만약 원한다면 훌륭한 소피스트들과 그들이 헤라클레스와 다른 사람들을 위해 지은 찬미가를 생각해보게. 예를 들어, 가장 뛰어난 프로디코스 같은 사람 말일세."라고 말이야. 이것이 사실 그리 놀랄 일은 아니지만, 누군가가 지은 책을 보았던 기억이 나는군. 그 책에서 나는 소금이 그것의 유용함으로 인해 찬미되고 있으며, 그보다도 훨씬 더 많은 것들이 그

C 곳에서 찬미되고 있는 것을 볼 수 있네. 사람들이 그 사소한 것들에 대해서도 이 모든 노력을 기울이는 반면에, 지금껏 단 한 사람도 사랑에 적합한 찬미가를 만들지 않았음을 생각해보세. 그처럼 위대한 신이, 그처럼 홀대를 받아왔다니! 지금 나는 파이드로스의 주장이 아주 적절한 것이었다고 생각하네. 그래서 나는 그가 원하는 대로 해줌으로써 나의 몫을 하고, 그와 동시에 여기 모여 있는 우리가

D 그 신을 찬미하는 기회로 삼아도 좋겠다고 생각하네. 그러니 만약 자네들이 동의한다면, 우리는 논의를 하면서 시간을 보낼 수도 있을 것이네. 왜냐하면 우리 각자가 왼쪽에서 오른쪽으로 순서대로 돌아가며 에로스를 찬미하는 말을 가능한 아름답게 하자는 것이 내

생각이니 말이네. 먼저 파이드로스가 시작하게. 왜냐하면 그가 첫 번째 자리에 앉아 있고, 또한 이 이야기의 아버지이니 말일세."

[그러자] 소크라테스 선생님께서 말씀하셨다고 하네. "에뤽쉬마코
E 스, 아무도 자네에게 반대하지 않을 것이네. 나는 사랑 외에는 아는 것이 없다고 해왔던 터라 달리 거절할 방법을 모르겠고, 아가톤과 파우사니아스도 그럴 것이고, 디오뉘소스와 아프로디테에게 온 시간을 쏟는 아리스토파네스도 그러지 못할 것이며, 또한 내 앞에 있는 그 누구도 그러지 못할 것이네. 분명히 이 끝자락에 앉아 있는 우리는 똑같은 기회를 갖지 못하겠지만, 만약 앞에 이야기하는 사람들이 충분하고도 아름답게 이야기한다면, 우리는 만족할 것이네. 이제 모든 행운이 함께 하기를 빌며, 파이드로스 자네의 이야기를 시작해서 에로스에 대한 찬미를 들려주게."
178 이에 대해 그들 모두가 동의했고, 소크라테스 선생님께서 말씀하셨던 대로 하기로 했다고 하네. 그때 아리스토데모스는 각각의 경우에 들었던 이야기 전체를 기억하지는 못했고, 나 또한 그가 말했던 이야기의 전부를 기억하지 못하네. 그러나 그들이 말한 것들 가운데 내가 가장 기억할 만한 것들을 자네들에게 들은 대로 말해주겠네.

Ⅱ.3 파이드로스의 이야기 (178A–180C)

내가 말했던 대로, 그는 파이드로스의 이야기가 대략 이런 식으로 시작되었다고 말했네. 즉, 에로스가 위대한 신이고, 인간들과 신들
B 사이에서도 경이롭다고 말일세. 그리고 이것은 다양한 방식으로 나타났지만, 특히 그의 탄생이 그랬다고 하네. 이 신이 가장 오래되

었다는 점에서 가장 존중되는데, 그 증거는 에로스에게 부모도 없고, 산문이나 시에 드러난 기록도 없다는 것이라네. 헤시오도스는 혼돈이 제일 먼저 존재했다고 말했다고 하네.

> 그리고 그 다음에
> 만물의 편안한 안식처인 넓은 가슴을 지닌 땅이 생겨나고
> 그리고 에로스가 [생겨났다고 말했다네.]

아쿠실레오스도 혼돈 뒤에 이 두 가지, 즉 땅과 에로스가 태어난다고 말하면서 헤시오도스에 동의했다고 하네. 파르메니데스는 이 시작에 대해, "그녀[최초의 신]는 다른 모든 신들보다 에로스를 [가장 먼저] 고안해냈다"고 말했다 하네.

C 에로스가 이처럼 가장 오래된 [신]이라는 것은 많은 곳에서 인정하고 있네. 그리고 가장 오래되었기 때문에, 그는 우리에게 가장 좋은 것들의 원인이지. 나는 어렸을 때부터 나를 아끼는 연인보다 더 좋은 것이 무엇인지, 그리고 내가 아끼는 연인에게 소년 애인보다 더 좋은 것이 무엇인지에 대해 나 자신에게 말을 하지 못했다네. 왜냐하면 우리가 아름다운 삶을 살고자 할 때 우리가 살아가는 동안 내

D 내 따라야 하는 지침은 혈연이나 지위나 부 또는 에로스가 아닌 다른 어떤 것에 의해서도 아름답게 제시되지 않기 때문이네. 이것을 무엇이라 말해야 할까? 부끄러운 것들에 대해 우리가 느끼는 부끄러움과 아름다운 것에 대한 갈망을 말하는 것이네. 이것들이 없이는 국가나 개인이 위대하고도 아름다운 행동을 하는 것이 어렵기 때문이지. 그러면 사랑에 빠진 사람이 부끄러운 행동을 하거나 또는 다른 사람에 의해 부끄러운 짓을 당하면서도 비겁하게 굴복하는 일이 생기는 경우에, 아버지나 친구나 다른 어떤 사람이 그것을 보

E 게 되는 것보다 소년 애인이 보는 것을 더 고통스러워하리라고 나는 말하겠네. 그와 마찬가지로 우리는 연인이 부끄러운 어떤 일을 하고 있다는 것이 발견되는 경우에, 그는 자신의 [다른 사람들 앞에서보다] 연인들 앞에서 훨씬 더 부끄러워한다는 것을 볼 수 있네. 따라서 만약 우리가 어떻게 해서 연인들과 그들의 소년 애인들로 이루어진 국가와 군대를 갖게 된다면, 그들은 명예를 위해 서로 경

179 쟁하지 않고 자신들의 국가를 위한 더 나은 국민들이 될 수 있을 것이며, 이런 사람들이 나란히 싸우게 되면 소규모 부대라 할지라도 온 세상을 정복할 수도 있으리라 생각할 것이네. 왜냐하면 사랑에 빠진 사람은 자신이 부대를 이탈하거나 무기를 버리고 도망하는 것을 자기 애인이 보게 만드느니 차라리 다른 많은 것들을 선택할 것이며, 그렇게 하느니 차라리 거듭해서 여러 번 죽기를 바랄 것이 분명하기 때문이네. 곤경이나 위험에 빠진 소년 애인을 내버려두거나 구하지 않는 것과 관련하여, 그를 태어날 때부터 용맹한 사람과 동일하게 만들 만한 용기를 에로스 자신의 영향으로도 그에게 불어

B 넣지 못할 만큼 그렇게 비겁한 사람은 아무도 없다네. 또한 신이 어떤 영웅들에게 "힘을 불어넣어줬다"고 호메로스가 말했던 것은 에로스가 연인들에게 [그런 힘이] 생겨나게끔 영향을 줬던 것이 분명하네.[9]

더구나 사랑하는 사람들만이 다른 사람들을 위해 죽는데 동의할 것이며, 남성들만 그러는 것이 아니라 여성들도 그럴 것이네. 자기 남편에게 부모가 있었음에도 불구하고 그를 위해 기꺼이 홀로 죽으려

C 했던 펠리아스의 딸인 알케스티스가 이 말에 대한 충분한 증거를 그리스인들에게 제시해줬네. 사랑을 통해, 그녀의 친애감이 그들

9_ 호메로스, 『일리아드』 X.482, XV. 262.

을 넘어섰고 또한 그들에게 아들이 이방인이고 명목상의 관계에 불
과하다는 것을 보여줬다네. 그녀가 이런 행동을 했을 때, 사람들만
이 아니라 신들도 그것을 아주 아름다운 일이라 판단했다네. 많은
사람들의 아름다운 행동이 금방 셀 수 있을 만큼 적었기 때문에, 신
들은 그들의 영혼을 지하세계(하데스)에서 다시 올려 보내는 특권
을 허용했지만, 그녀의 [영혼도 다시 올려 보내줌으로써] 그녀의 행
D 동에 대한 보상을 해줬다네. 이처럼 신들은 사랑에 관한 열정과 탁
월성에 특별한 명예를 부여한다네.

그러나 그들은 오이아그로스의 아들인 오르페우스에게 그가 데리
러 왔던 여인의 유령만 보여주고 그를 돌려보내는 잘못을 저질렀
다네. 그들은 그녀의 진정한 자아를 돌려주지 않고 말일세. 왜냐하
면 그가 키타라 연주자이기 때문에 알케스티스처럼 사랑을 위해 죽
으려는 정신을 결여하고 어떻게든 살아서 지하세계로 들어가는 방
법만을 찾으려는 겁쟁이로 보였기 때문이네. 그런 이유에서 그들
E 은 그에게 마땅한 벌을 줬고, 여자들에게 죽게 만들었던 것이지. 반
면에 그들은 테티스의 아들인 아킬레스를 칭송하고, 그를 "축복받
은 자들의 섬"으로 보냈다네. 왜냐하면 그가 헥토르를 죽이면 분명
히 그 자신도 죽겠지만, 그의 어머니에게서 만약 그렇게 하지 않으
면 집으로 돌아가 나이 들어 죽게 되리라는 이야기를 듣고서도, 용
180 감하게 그가 자신의 연인인 파트로클로스를 구출하러 가기로 결정
했고, 그를 위해 복수했으며, 또한 단지 그를 위해 죽으려 한 것만
이 아니라 이미 죽은 그를 따르고자 했기 때문이네. 그가 자신의 연
인을 그처럼 소중히 여겼기 때문에, 신들은 그를 무척이나 찬미하
고 칭송했다네. 그리고 파트로클로스를 사랑했던 것이 아킬레우스
였다고 아이스퀼로스가 말했을 때, 그는 터무니없는 소리를 하는

것이네. 왜냐하면 호메로스가 말했듯이, 그는 수염도 없고 또한 훨씬 젊어서 파트로클로스는 물론이고 분명히 다른 모든 영웅들보다
B 더 탁월한 모습을 갖추고 있었기 때문이네.

사실 사랑과 함께 오는 이런 탁월성보다 신들에 의해 더 존중되는 그런 용기는 없네. 그러나 그들은 연인이 자신의 소년 애인을 사랑하는 것보다 연인이 자신을 사랑해주는 사람을 사랑하는 것을 더 찬미하고 기뻐하고 친절하게 대하네. 왜냐하면 연인은 자신의 소년 애인보다 더 신적이기 때문이지. 이런 이유 때문에 그들은 알케스티스보다 아킬레우스를 더욱 찬미하고, '축복받은 자들의 섬'으로 보내줬다네.

그러므로 나는 "에로스가 신들 가운데 가장 오래되고 가장 소중하며, 또한 그는 살아 있는 사람들이나 죽은 사람들에게 모든 탁월성과 행복을 제공하는 신성한 능력을 갖고 있다."고 말하겠네.

Ⅱ.4 파우사니아스의 이야기 (180C-185C)

C 이것이 파이드로스가 이야기해줬던 것이고, 파이드로스 뒤에 몇몇 [사람들]이 [더 이야기]했지만 [아리스토데모스가] 별로 기억하지 못했기 때문에, 그들을 건너뛰고 뒤이어 파우사니아스의 이야기를 해줬네. 그의 이야기는 이랬다고 하네.

"파이드로스, 나는 우리가 이야기하기로 한 것이 좋다고 생각하지 않네. 만약 우리가 단순히 에로스에 대해 찬미하는 것만을 규칙으

로 한다면 말일세. 만약 에로스가 단지 하나라면, 그것은 옳을 것이네. 그러나 자네도 알다시피 그는 하나가 아니고, 그러므로 우리

D 가 누굴 찬미할 것인가를 미리 밝히는 것이 더 정확할 것이네. 이제 나는 이런 결함을 고치려 노력할 것이고, 또한 우리의 찬미를 받아야 하는 에로스가 누구인가를 먼저 결정할 것이며, 그런 뒤에 신에게 적절하도록 찬미할 것이네. 에로스가 없이는 아프로디테 신도 없다는 것을 우리 모두 알고 있네. 그렇다네, 만약 여신이 하나라면 에로스도 하나일 것이지만, 여신이 둘이라면 에로스도 둘이어야만 하네. 분명히 어머니 없이 태어나고 더 나이가 많으며, 또한 우라노스 신의 딸이기 때문에 우리가 천상[우라노스]의 [아프로디테]라고 부르는 신이 있고, 반면에 더 나이가 적으며 제우스와 디오네의 자

E 녀로서 우리가 세속[판데모스]의 [아프로디테]라 부르는 신이네. 따라서 에로스들 가운데 하나이자 함께 일하는 동료는 세속의 [에로스]라 부르고, 다른 여신은 천상의 [에로스]라고 불러야만 한다는 결

181 론이 나오네. 물론 모든 신들이 찬미되어야 하지만, 그럼에도 나는 이 둘이 각각 가진 능력들을 말해야만 하네. 왜냐하면 모든 행동이 그 자체로서는 아름답지도 않고 추하지도 않기 때문이지. 예를 들어, 지금 우리의 행동에서 우리가 술을 마시든 노래를 하든 대화를 하든, 이 모든 것들이 그 자체로서 아름답지는 않네. 각각의 것은 행동 속에서 그것이 어떤 식으로 행동되는가에 따라 나타나는 것이지. 왜냐하면 그것을 하는 것이 아름답고 옳으면 그것 자체가 아름답게 되지만, 옳지 않으면 추해지기 때문이네. 따라서 그것은 사랑과 관련해서도 그렇고, 또한 에로스가 모든 경우에 아름다운 것도 아니고 찬미될 가치가 있는 것도 아니며, 아름답게 행해진 [에로스]만이 그런 것이네."

B “자, 세속의 [아프로디테]에 속하는 [에로스]는 진실로 세속적이고
닥치는 대로 일을 한다네. 이것이 우리가 비천한 사람들에게서 보
는 [에로스]라네. 먼저 그 사람들은 소년들뿐만 아니라 여성들도 사
랑하고, 다음으로는 자신들이 사랑하는 사람들의 영혼보다 육체를
사랑하며, 다음으로 성취에만 관심을 가져 아름다운 방식으로 하
는가 또는 그렇지 않은가에 대해서는 관심이 없기 때문에 자신들
C 이 찾을 수 있는 가장 어리석은 사람들을 선택한다네. 그러므로 그
들은 좋거나 나쁜 것의 구분 없이 닥치는 대로 아무것이나 하게 된
다네. 왜냐하면 이 [에로스]가 다른 여신보다 훨씬 더 젊고, 또한 여
성적인 요소와 남성적인 요소를 모두 갖는 여신에게서 태어났기 때
문이지. 그러나 다른 [에로스]는 먼저 여성적인 요소가 아니라 남성
적인 요소만 가지고 있으며 (이것이 소년 애인에 대한 에로스이네),
[이런 신은] 더 나이가 들었지만 난잡함에 물들지 않은 천상의 여신
D [아프로디테]에 속한다네. 그러므로 이런 에로스에 의해 영감을 얻
은 사람들은 더 강력한 기질과 더 나은 지성을 가진 사람들을 좋아
하기 때문에 남성에게 기울어진다네. 소년들을 좋아하는 사람들
중에서도 이런 에로스에 의해 이끌어진 사람들을 쉽게 알아볼 수
있을 것이네. 그들이 소년들을 사랑하는 것은 지성을 갖기 시작했
을 때, 즉 턱에 수염이 나기 시작할 때라네. 이런 나이의 [소년]들을
사랑하기 시작하는 사람들은 항상 그들과 함께 있고, 살아 있는 동
안 그들과 모든 것을 공유할 준비가 되어 있다는 것이 내 생각이네.
그들은 아직 생각이 덜 성숙된 소년을 꼬드겨서 이익을 취한 뒤에
E 다른 사람에게로 가버리는 식으로까지 그를 우롱하지는 않을 것이
네. 예측할 수 없는 일들에 시간과 노력을 쏟아 붓는 일을 금지시키
기 위해 소년들에 대한 이런 사랑을 반대하는 법이 있어야 되네. 그
렇지 않으면 소년이 결국 어떻게 될지, 즉 영혼과 육체에 사악함이

182 있을지 또는 탁월함이 있을지 분명치 않을 것이네. 그러나 선한 사람들은 자신들을 위해 이런 법을 자발적으로 만들며, 또한 그들이 자유인 신분의 여성들을 사랑하지 못하도록 우리가 최선을 다하듯이, 그것은 일반 연인들도 따라야만 하는 것이라네. 이들은 자기 연인을 만족시켜주는 것도 부끄러운 일이라고 말하게 만든 사람들이라네. 그들이 그런 경우를 염두에 두고 있는 이유는 자신들의 무모한 행동과 잘못된 행동을 모두 알고 있기 때문이며, 또한 무엇이든 정연하고 합법적인 수단을 비난하는 것이 결코 정당하지 않다는 것도 분명하네.

더욱이 다른 나라에서는 사랑과 관련된 법률이 단순한 용어들로 되
B 어 있어서 이해하기가 쉽지만, 우리나라와 스파르타에서는 복잡하다네. 왜냐하면 엘리스와 보이오티아 그리고 말하는 기술이 없는 곳에서는 단지 연인들을 만족시키는 것이 적절하다는 법령이 있고, 젊었든 늙었든 아무도 그것을 부끄럽다고 말하지 않기 때문이네. [이처럼 법령을 단순하게 만든 이유는] 그들이 말재주가 없기 때문에, 젊은 사람들을 설득하는데 어떤 말을 해야 할지를 고민하지 않으려고 그랬던 것이라 나는 생각하네. 그러나 이방인들의 지배하에 살던 이오니아와 다른 많은 지역에서는 그것이 불명예로 생각된
C 다네. 이방인들이 이렇게 생각하고, 또한 지혜를 사랑하고 육체를 사랑하는 모든 일을 불명예스럽다고 생각하는 이유는 그들이 [참주에 의해 통치되는] 참주정치 하에 있기 때문이네. 피지배자들에게 생기는 고귀한 생각들이나 강한 친애감이나 유대감, 즉 사랑이 특별히 만들어내는 그 모든 것들이 그들의 지배자에게 이로운 것은 아니네. 그것은 우리의 참주들이 경험을 통해 배워야 하는 교훈이지. 왜냐하면 아리스토 게이톤의 사랑과 하르모디오스의 친애감이 지속적으로 성장해서 그들의 힘을 파괴하기 때문이지. 따라서 자

기 연인을 만족시키는 것을 불명예로 보는 곳에서, 그것은 그런 법
D 률을 만든 사람들의 사악함, 즉 지배자들의 침략과 피지배자들의
비겁함 때문이라네. 하지만 그것이 단적으로 명예로운 것으로 받
아들여지는 곳에서, 그것은 입법자들의 영혼이 지닌 게으름 때문이
지. 이미 말했듯이, 그렇게 쉽게 파악되지 않는 우리나라에는 훨씬
더 좋은 규정이 있다네.

예를 들어, 사랑을 비밀리에 하는 것이 아니라 공개적으로 하는 것
이 더 명예롭다고 말하는 경우, 특히 연인이 태생과 탁월성은 우수
E 하지만 미모는 그렇지 않은 경우를 살펴보세. 연인은 얼마나 많은
모든 격려를 받을 것인가. 우리는 그가 하는 어떤 것도 부적절하다
고 생각하지 않으며, 그가 추구하는 것을 획득하면 명예롭고 실패
하면 불명예롭다고 여겨지며, 그가 성공하기 위해 노력할 때 우리
의 법률은 그가 칭송받을 수 있도록 그런 바람직한 행동을 수행할
183 재량권을 준다네. 동일한 행동일지라도 다른 목적이나 결과를 위
해 시도된다면 신랄한 비난 외에는 아무것도 돌아오지 않을 것이
네. 어떤 사람이 다른 사람에게서 돈이나 관직이나 또는 다른 종류
의 영향력을 얻기 위해 연인들이 소년 애인들에게 흔히 하듯이 행
동하게 허용해야 한다고 가정해보세. 즉, [소년 애인에게] 탄원하고
애원하고 맹세하며, [소년 애인의] 문 앞에서 자고, 어떤 노예도 참
지 않을 그런 노예 짓을 하면서 말일세. 그 사람의 친구들과 적들조
B 차 그가 그런 식으로 행동하는 것을 말릴 것이네. 왜냐하면 적들은
아첨하는 것과 제대로 못 배운 것을 비난할 것이고, 친구들은 그를
책망하고 그의 행위에 수치심을 느낄 것이기 때문이네. 그러나 그
모든 행동들이 연인에게서 환심을 사게 되며, 우리의 법률은 그가
가장 아름다운 일을 하는 것으로 간주하면서 그가 비난받지 않고

그렇게 행동하게끔 허용할 것이네. 많은 사람들은 그가 자신이 했던 맹세를 저버려도 그만은 신들로부터 용서를 받는다고 말한다

C 네. 왜냐하면, 그들이 말하기를, 사랑 때문에 했던 맹세는 맹세가 아니기 때문이네. 우리의 법률이 말하듯이, 신들과 사람들이 연인에게는 절대적인 자유를 허용했다는 것이 사실이네. 그렇다면 이 나라에서는 누군가를 사랑하고 연인에게 애정을 표현하는 것이 모두 가장 좋은 것으로 여겨진다고 생각해도 좋을 것이네. 그러나 아버지들은 자기 자식들이 [다른 사람의] 연인이 되었을 때 그들의 연인들과 대화하지 못하도록 하기 위해 감독자[를 고용하여] 책임을 맡기는 경우가 있네. 그 감독자는 그 문제에 대해 엄격한 지시

D 를 받고, 소년이 그런 행동을 하는 것을 목격하면 그의 친구들이나 동년배들도 그를 비난하며, 반면에 연장자들은 그를 비난하는 사람들을 말리거나 나무라지도 않는다네. 이것을 보면 그의 행동이 큰 불명예로 여겨질 수도 있으리라 생각할 수 있을 것이네. 그러나 내 생각에는 그게 사실 이렇다네. 그 일은 단순한 것이 아니네. 자네는 그것 자체가 아름답거나 추하지는 않지만, 그것이 아름답게 행동되면 아름답고 추하게 행동되면 추하다고 우리가 말했던 것을 기억하겠지. 그것을 추하게 한다는 것은 나쁜 사람을 나쁜 방식으로 만족시키는 것이고, 아름답게 한다는 것은 선한 사람에게 아

E 름다운 방식으로 한다는 것이네. '나쁘다'는 것은 영혼보다 육체를 갈망하는 세속적인 연인을 의미하는 것이네. 그는 지켜야 할 것을 사랑하지 않기 때문에, 자기 자신도 지키지 못한다네. 그런 사람은 자신이 그처럼 사랑했던 육체의 꽃이 시들자마자 자신의 말과 약속을 불명예스럽게 남겨두고 훌쩍 떠나버린다네. 반면에 지킬만

184 한 것과 섞여 있어서 가치가 있는 성품을 지닌 연인은 일생을 통해 지킨다네.

우리의 법률은 이 사람들을 명확하고도 적절하게 시험해서, 어떤 것을 추구하고 어떤 것을 회피해야 하는지를 보여준다네. 따라서 그것은 각각의 경우를 시험하여 어떤 경우에는 추구하라고 하고 다른 경우에는 회피하라고 하며, 그럼으로써 우리는 사랑하는 사람과 사랑받는 사람이 어느 쪽에 속하는지 판단할 수 있게 된다네. 따라서 이런 이유에서 전통적으로 빠른 굴복이 불명예로 간주되는 것이지. 왜냐하면 일반적으로 먼저 어떤 시간 간격, 즉 승인된 기준이
B 있어야 하기 때문이네. 그리고 다음으로, 돈이나 공적인 지위 때문에 또는 부적절한 대우에 겁을 먹어서 또는 재산을 축적하거나 정치적으로 성공하는 과정에서 받게 되는 이익들을 경멸해야 한다는 것을 젊은 사람들에게 적절하게 보여주지 못한다는 것은 불명예스러운 것이네. 왜냐하면 이런 것들 속에는 변함없이 유지되는 것은
C 아무것도 없기 때문이지. 그것들에서 고귀한 친애감이 생겨나지 않는다면 말일세. 우리의 법률에서 호의를 베풀어 자기 연인을 만족시키는 한 가지가 있네. 연인들의 경우처럼 그들이 좋아하는 사람들에게 기꺼이 전적으로 종속되겠다는 것은 우리의 법률에서 아부나 수치로 여겨지지 않았고, 그래서 자발적으로 노예가 되더라도 부끄럽지 않은 한 가지 경우가 있지. 그건 바로 탁월성의 원인에 대한 것이라네.

어떤 사람이 자기 친구가 지식의 측면에서 또는 탁월성의 다른 부분들 중 어떤 것에서 자기를 더 낫게 만들어 주리라는 믿음에서 다른 사람에게 기꺼이 헌신할 때, 이런 자발적인 속박은 추한 것도 아
D 니고 아부하는 것도 아니네. "소년 애인들에 대한 열정"과 "지혜에 대한 사랑이나 모든 탁월성"과 관련된 그 두 가지 법률을 비교해보세. 이를 통해 우리가 왜 그것을 소년 애인이 자신의 연인을 만족시

키려 하는 좋은 것이라고 결론짓는지 보게 될 걸세. 왜냐하면 연인
과 소년 애인이 함께 올 때, 각자가 한편으로는 자신을 도왔던 소년
애인에게 봉사하는 것을 정당화하는 자기 자신의 법률을 따르고,
다른 한편으로는 자신을 현명하고 선하게 만들어주는 친구에게 주
의를 기울이는 것을 정당화하는 자기 자신의 법률을 따르기 때문이
E 지. 다수의 연장자들은 지식이나 다른 모든 탁월성에 기여하고, 소
수의 청년들은 교육과 모든 지혜를 획득하며, 이 두 가지 원리가 한
장소에서 만나는 바로 그 때, 다른 어떤 경우가 아니라 바로 그 때
그곳에서, 소년 애인이 자신의 연인에게 빠지는 것은 아름다울 것
이네.

그런 상황에서는 기만당하더라도 수치스러운 것이 아니지만, 다른
185 경우에는 기만당하든 당하지 않든 분명히 수치스러운 것일세. 어
떤 사람이 자신의 연인이 부자라고 생각하고, 그의 부 때문에 그를
만족시키려 애썼지만, 그 연인이 가난하다는 것이 밝혀져 그가 기
만당하고 돈을 받아내지 못하게 되었음을 알게 됐다고 가정해보
세. 이것도 마찬가지로 불명예스러운 것이네. 그 사람이 자신의 기
질을 드러냈고, 또한 그가 재산을 위해서라면 누구에게나 어떤 일
이든 하리라는 것을 보여주는 것이라고 말할 수도 있으므로, 이것
은 아름다운 것이 아니네. 그와 동일한 이유에서, 어떤 사람이 자기
친구가 선한 사람이라고 생각하고 자기 연인의 애정[친애감]을 통
해 자신도 더 나아지기를 바라기 때문에 친구를 만족시키려 했지
B 만, 그런 뒤에 자기 친구가 나쁜 사람이고 전혀 탁월하지 않다는 것
을 알게 되더라도, 그런 속음은 아름다운 것이네. 왜냐하면 이 사
람도 탁월성을 위해서라면 누구에게나 자신의 최선을 다 하리라는
것을 보여줌으로써 자신의 본질을 발견했다고 여겨지기 때문이지.

또한 이것은 무척이나 아름다운 것이라네. 이처럼 탁월성을 위해 이런 일을 하는 것은 전적으로 아름다운 것이지.

이것이 천상 그 자체이자 국가와 개인에게도 소중한 천상의 여신에 속하는 에로스 신이네. 왜냐하면 이 여신은 사랑하는 자와 사랑받
C 는 자에게 모두 자신들의 탁월성에 대한 열정을 갖게 하기 때문이지. 그러나 다른 종류의 여신들은 세속의 여신에게 속한다네. 파이드로스, 그런 것이 내가 사랑에 대한 논의에서 즉각적으로 자네에게 줄 수 있는 것이라네.

파우사니아스가 말을 멈추었다고 하네(나는 이런 말장난을 지혜로운 자들에게서 배웠네).[10] 그리고 아리스토데모스는 아리스토파네스가 다음에 이야기할 것이라고 말했다고 하네. 그러나 과식이나 다른 어떤 이유 때문에 그가 딸꾹질로 고생하게 되어 그가 이야기
D 를 하지 못하게 되었고, 그의 옆 아랫쪽에 앉아있던 의사 에뤽쉬마코스에게 이렇게 말할 수 있었다고 하네. "오, 에뤽쉬마코스, 자네가 내 딸꾹질을 멈추게 해주든지 아니면 내가 딸꾹질을 멈출 때까지 내 대신 이야기를 하게." [그러자] 에뤽쉬마코스가 이렇게 말했다고 하네. "내가 둘 다 해주겠네. 내가 자네 차례에 이야기를 하고, 자네가 [딸꾹질]을 멈추면, 자네가 내 차례에 하게. 그러나 내가 이
E 야기하는 동안, 자네가 한동안 숨을 참고 있으면, 딸꾹질이 멈출 수도 있을 것이네. 만약 멈추지 않으면, 입 안에 물을 머금어보게. 그러나 만약 그게 질긴 것이라면, 무언가로 콧구멍을 간질여 재채기

10_ 우리말에서는 드러나지 않지만, 여기에서 파우사니오스는 "파우사니우 데 파우사메누"라고 말함으로써 "파우사"를 반복하여 운을 맞추는데, 이것은 "파우사니오스는 [말을] 멈추었다"를 의미한다.

를 해보게. 이걸 한 두 번 하면, 그게 아무리 질긴 [딸꾹질]이라 할지라도 멈출 것이네." 아리스토파네스가 말했다고 하네. "이야기를 시작하게, 나는 자네 말대로 할 테니 말일세."

II.5 에릭쉬마코스의 이야기 (185C–194E)

그리고는 에뤽쉬마코스가 이렇게 이야기했다고 하네. "자, 그렇다
186 면 파위사니아스가 아름답게 시작했던 이야기를 충분히 끝마치지 못했으니, 내가 그 이야기를 마무리하기 위해 노력해야 할 것으로 보이네. 그가 사랑을 두 가지로 나누었던 것이 내게는 좋아 보이네. 그러나 우리의 기술인 의술은 에로스가 아름다운 사람들에 대한 영혼의 반응이 아니라 아주 다양한 것들에 대한 모든 생물들에도 영향을 미친다는 것을 보여줬네. 그것은 모든 동물들과 지상에서 자
B 라는 모든 것들 안에서, 그리고 사실상 존재하는 모든 것 안에서 작용한다는 것을 말일세. 또한 나는 인간과 신의 일들에 대한 신의 영향력이 얼마나 엄청나고 놀랍고 포괄적인지를 알게 되었네.

내 기술인 의술에 대한 존경을 표하기 위해 의술에 대한 이야기로 시작하겠네. 모든 몸은 본성적으로 이러한 이중적인 에로스를 갖고 있네. 몸의 건강과 질병은 서로 다르거나 같지 않다는 것이 인정되며, 같지 않은 것은 같지 않은 것들을 욕구하고 사랑하지. 또한 건강한 육체가 느끼는 욕구는 병든 육체가 느끼는 것과는 상당히 다르다네. 나는 파위사니아스가 방금 말했던 것에 동의하네. 선
C 한 사람들을 즐겁게 하는 것은 아름다운 일이지만, 방종한 사람들을 만족시키는 것은 수치스러운 일이듯이, 몸 자체를 다룸에 있어

서 훌륭하고 건강한 신체 부분들을 만족시키는 것은 아름다운 일이
고 이것이 우리가 의술이라고 부르는 것인 반면에, 나쁘고 병든 부
분들을 만족시키는 것은 수치스러운 일이고 우리가 기술자가 되고
자 한다면 그런 일들에 관여해서는 안 된다는 말일세. 의술이란 채
D 움과 비움과 관련하여 사랑이 몸 안에서 하는 일에 대한 지식이라
말해질 수 있을 것이며, 가장 의사다운 의사는 아름다운 사랑과 수
치스러운 사랑을 구분할 수 있을 뿐만 아니라 하나의 사랑을 다른
사랑으로 대체할 수 있는 사람이지. 그리고 훌륭한 제작자[의사]는
사랑이 있어야 하는데 없는 곳에서는 사랑을 만들어주고, 없어야
할 곳에서는 그것을 없애주는 사람이네. 사실상 그는 몸 안에 가장
대립되는 것들이 서로 친구들이 되고 사랑하는 연인들이 되도록 할
수 있어야 하지. 가장 상반된 성질들은 서로 가장 적대적인데, 냉기
와 온기, 쓴맛과 단맛, 건조함과 축축함, 그리고 그런 모든 것들이
E 그렇다네. 이런 것들 안에 사랑과 화합을 양성하는 방법을 앎으로
써, 여기 있는 두 시인들이 말하듯이, 그리고 나 자신이 믿듯이, 우
리의 선조 아스클레피오스가 이런 기술을 만들었던 것이지.

그래서 내가 설명했듯이, 이 신의 영향으로 인해 모든 의술이 통제
187 되며, 체육과 농업도 그렇다네. 또한 조금만 주의를 기울이면, 음악
도 그런 종류의 것임이 분명하네. 헤라클레이토스가 아름답게 말
하지 못했지만, 아마도 그가 말하려 했던 것도 그런 것이었을 것이
네. "스스로 나뉘어져 대립하던 하나[또는 일자, 一者]는 [다시 통합
되어] 활이나 [고대의 현악기인] 수금처럼 조화된다네!"라고 말일세.
그런데 조화로운 것의 대립으로부터 또는 대립하던 것들로부터 조
화가 생성된다고 말하는 것은 완전히 어리석은 말이네. 그러나 그
는 아마도 이전에는 달랐지만 나중에는 일치되었던 날카로운 음과

B 둔탁한 음에서, 음악적인 기술을 통해 조화가 생겨났다는 것을 말하고자 했을 것이네. 왜냐하면 날카로운 음과 둔탁한 음이 여전히 달라지고 있는 동안에는 조화가 있을 수 없다는 것이 분명하기 때문이지. 조화는 화음이며, 화음은 일종의 일치이고, 또한 달라지는 것들은 그것들이 달라지는 한에 있어서 일치하는 것이 불가능하다는 것이지.

한편, 어떤 것이 일치할 능력이 없지 않으면서도 달라질 때, 그것은
C 조화될 수도 있네. 리듬이 처음에는 달랐지만 나중에는 일치하게 되는 빠르고 느린 속도에 의해 생성되듯이 말일세. 이전의 경우에 의술이 그랬던 것처럼, 이 모든 경우에는 사랑과 화합을 도입하는 음악에 의해 야기된다네. 이처럼 음악이란 다시 조화와 리듬에 관련된 에로스에 대한 지식이라 할 수 있네. 조화나 리듬 그 자체에서 에로스에 대한 것들을 구분하는 것은 어렵지 않지만, 이중적인 에로스는
D 여기에 없다네. 그러나 우리가 [완전히 새로운 리듬과 조화를 만들어내는] 작곡이라 불리는 것을 하든 또는 이미 만들어진 선율과 운율을 정확히 사용하는 교육이라는 것을 하든, 리듬과 조화를 사람들에게 적용하려 할 때, 우리는 어려움을 갖게 되고 또한 훌륭한 제작자가 필요할 것이네. 여기에서는 다시 전과 동일한 결론[로고스]이 나오게 되지. 즉, 사람들 가운데 정돈된 사람들에게는 그들의 에로스를 만족시키고 보존해줘야 하며, 반면에 덜 정돈된 사람들에게는 오직 그들을 더 잘 정돈하기 위해서만 그렇게 해야 한다네. 이런 에
E 로스가 천상의 뮤즈[무사] 신에 속하는 아름다운 천상의 에로스이며, 세속의 에로스는 [많은 뮤즈 신들 중 하나인] 폴륌니아 신에 속한다네. 이런 [세속의 에로스]를 적용할 때, 우리는 방탕함을 심지 않고도 즐거움을 수확할 수 있도록 많은 주의를 기울여야 하네. 우리가 요

리 기술을 사용할 때, 병들지 않은 즐거움을 가려내기 위해 욕구를 적절하게 사용하는 데 많은 중요성을 부여하듯이 말일세. 이처럼 음악과 의술, 그리고 인간적이거나 신적인 다른 모든 일에 있어서, 우
188 리는 어떤 종류의 에로스든지 그것을 주의 깊게 살펴야 하네. 왜냐하면 그것들이 모두 그곳에 있을 테니 말일세.

한 해의 계절들에도 그 두 가지가 가득하고, 또한 내가 전에 말했던 온기와 냉기와 온기, 건조함과 축축함 등이 정돈된 에로스에 의해 생성되고 서로 섞여 조화를 이루게 될 때, 그것들은 사람과 동물과 식물에 번성과 건강을 담고 있을 것이며, 또한 어떤 해도 끼치지 않을 것이네. 그러나 오만한 에로스가 계절들을 통제하게 되면, 그
B 는 많은 것을 파괴하고 해를 끼칠 것이네. 왜냐하면 이 단계에서는 짐승과 식물에게 역병과 많은 다양한 질병이 발생할 것이기 때문이지. 또한 행성들과 한 해의 계절들의 변화와 관련된 에로스의 상호적인 침해와 방해로부터 나오는 서리, 우박, 곰팡이병도 마찬가지인데, 그런 관계들에 대한 지식을 우리는 천문학이라고 부른다네.
C 더구나 예언에 의해 통제되는 모든 의식과 제사, 즉 신과 인간 사이의 교류는 에로스의 보존이나 치유에만 관심을 갖는 것이네. 왜냐하면 각각의 경우에 불경함은 대체로 정돈된 에로스를 만족시키[기를 거부하]거나 또는 우리의 모든 일에서 [에로스]를 존중하고 좋아하기를 거부하고, 또한 살아있든 죽었든 부모에 대한 또는 신에 대한 의무를 다하지 않기 때문이네. 예언에는 에로스들의 건강을
D 살피고 돌보는 일이 포함되어 있으며, 인간에 관련된 에로스의 어떤 일들이 적절하고 경건한 것으로 이어지는가를 아는 그 기술이 신과 인간 사이의 친애감을 만들어내는 것이지.

이처럼 모든 에로스는 많고도 위대한 능력을 갖고 있으며, 절제와 정의를 통해 우리에게 그리고 신에게 좋은 것들을 완벽하게 만들어 주는 것은 다양한 힘, 강한 힘, 아니 그보다 전능한 힘으로 생각되며, 또한 가장 강력한 힘을 행사하고 우리에게 완전한 행복을 제공한다네. 그럼으로써 [그러한 에로스는] 우리가 서로를 위로하고 우
E 리 보다 강한 신들과 친애감을 가질 능력을 우리에게 줄 수 있다네. 그런데 아마도 내가 에로스에 대해 찬미하는 중에 많은 것들을 빠뜨렸을 수도 있네만, 내가 빠뜨린 것들이 있다면 그것들을 채우는 것이 자네 일이라네, 아리스토파네스. 만약 자네가 신을 찬미하는 다른 어떤 방법을 염두에 두고 있다면, 그렇게 찬미하게. 자네의 딸꾹질이 멈추었으니 말일세.

189 그러자 아리스토파네스가 그 말을 듣고 이렇게 말했다 하네. "그렇다네. 그건 멈추었네. 재채기를 하기 전까지는 그렇지 않았지만 말일세. 그래서 나는 육체의 [정돈된] 질서가 재채기 같은 것을 할 때 소음과 간지럼을 필요로 한다는 사실에 놀라고 있다네. 재채기를 시도하자마자 [딸꾹질이] 멈추었다네."

에뤽쉬마코스가 말했다고 하네. "내 좋은 [친구], 아리스토파네스, 자네가 무엇을 하려는지 보게. 자네는 시작하기도 전에 농담하면서,
B 자네가 방해 없이도 말할 수 있음에도 불구하고 나로 하여금 자네 자신의 이야기에 농담이 들어가는지 지켜보라고 강요하고 있네."

이에 아리스토파네스가 웃으며 말했다고 하네. "자네가 옳네, 에뤽쉬마코스. 나는 내가 말했던 것을 모두 취소하겠네. 나를 지켜보지 말게. 왜냐하면 내가 앞으로 이야기하는 것에 있어서 내가 두려워

하는 것은 어떤 농담을 할까봐 그런 것이 아니라 완전히 어떤 헛소리를 할까봐 그런 것이기 때문이네. [그런 농담을 하는 것은] 뮤즈 신의 장점이자 특징이니 말일세."

[그러자 에뤽쉬마코스가 이렇게 말했다고 하네.] "아리스토파네스, 자네는 자네가 공격하고도 다치지 않고 빠져 나갈 수 있으리라 생각하는군! 자네가 근거를 제시할 수 있는 것만을 이야기하기 위해
C 노력하게. [그런다면] 내가 아마도 자네를 기꺼이 완전히 풀어줄 수도 있을 테니 말일세."

II.6 아리스토파네스의 이야기 (188C-194E)

아리스토파네스가 말했다고 하네. "에뤽쉬마코스, 나는 자네나 파위사니아스와는 약간 다른 방식으로 이야기하려고 하네. 왜냐하면 내게는 인간들이 에로스의 힘을 완전히 인시하지 못하고 있는 것처럼 보이기 때문이네. 만약 사람들이 그걸 인지했다면 그에게 훌륭한 사원들과 제단들을 세우고 많은 제물을 바쳤을 텐데, 특히 그런
D 것들이 행해져야 할 시기인데도 불구하고 지금 그를 위한 어떤 것도 행해지지 않고 있으니 말일세. 그는 모든 신들 가운데 인간과 가장 친밀한 신이며, 인류를 구원하고 인류의 질병을 치유해주는데, 이런 치유는 모든 인간의 궁극적인 행복이지. 그래서 나는 자네에게 그의 힘을 소개해주려 노력할 테니, 자네는 다른 사람들을 가르치는 스승이 되어주게. 자네는 인간의 본성과 그 발전을 먼저 배워야만 하네. 왜냐하면 우리의 본성은 지금 그런 것과 전혀 같지 않았기 때문이네.

E 먼저 인간의 성에는 세 종류가 있었다네. 지금처럼 남성과 여성이
라는 두 가지 성 외에 그것들을 함께 갖는 제 삼의 성이 있었는데,
지금은 그것 자체는 사라지고 이름만 남아있지. 예전에는 남성과
여성으로 구성되고 공통점을 갖는 자웅동체[남녀추니]가 이름뿐만
이 아니라 형태로도 하나[의 통합체]였는데, 지금은 그것이 존재하
지 않고 다만 그 이름이 비난하는 말로 사용된다네. 다음으로 인간
은 등과 옆면을 둘러싸서 전체적으로 원형의 형태였는데, 각자는
네 개의 팔과 그에 상응하는 다리들, 그리고 원통형 목 위에 완전
190 히 똑같은 두 개의 얼굴들을 갖고 있었다네. 각자 다른 방향을 바라
보는 두 얼굴들에는 하나의 머리가 있었으며, 네 개의 귀와 두 개의
생식기, 그리고 다른 모든 부분들도 상상할 수 있을 것이네. 그것은
어떤 방향으로든 자신이 원하는 방향으로 지금처럼 똑바로 서서 걸
었으며, 빠르게 달리기 시작할 때는 곡예사처럼 다리를 쭉 뻗고 굴
B 러다니면서 갈 수 있었는데, 그때 여덟 개의 팔다리로 자신들을 지
지하고 재빠르게 굴러가는 속도를 높였다네.

이처럼 세 가지 성과 성질을 가졌던 이유는 남성이 원래 태양의 자
손이었고, 여성이 땅의 자손이었기 때문이네. 이 두 가지 성을 포함
하는 것은 달의 자손인데, 달도 그런 성을 모두 갖기 때문이네. 그
들의 형태와 그들의 발걸음이 구형인 이유는 그들이 부모를 닮았
기 때문이네. 그들은 엄청난 힘과 능력, 그리고 야심을 가졌고, 심
C 지어 신들에게 대적했다네. 호메로스가 에피알테스와 오토스에 대
해 이들이 신들을 공격하기 위해 하늘까지 오르려 시도했다는 것은
바로 저들에 대해 이야기하는 것이었네. 그 때문에 제우스 신과 다
른 신들은 무엇을 해야 할 것인지에 대해 논의하면서 당혹스러워했
다네. 왜냐하면 그들은 [자신들이] 번개를 때려 완전히 제거했던 거

인들처럼 그들을 죽일 수는 없다고 생각했기 때문이네. 그것은 단지 자신들이 인간들로부터 받았던 존경과 의식을 포기하는 것이 될 테니 말일세. 그렇다고 해서 그들이 말도 안 되는 그런 방종을 참을 수만도 없었다네.

그래서 제우스 신은 자신의 모든 생각을 짜내서 이렇게 말했다네.
"나는 인간들의 존재를 제거하지 않고 그들의 힘을 약화시킴으로
D 써 이런 방종을 포기하도록 할 수 있다고 생각하오. 지금 나는 그들
모두를 각각 둘로 잘라야 한다고 생각하오. 그렇게 함으로써 우리
는 그들을 약하게 만드는 한편, 그들의 수를 증가시켜 더 유용하게
만들 수 있을 것이며, 또한 그들은 두 다리로 서서 걷게 될 것이오.
만약 그들이 조용하지 않고 계속 소란스럽게 하면, 나는 그것을 한
번 더 할 것이오. 나는 모든 사람을 각각 둘로 자를 것이고, 그렇게
되면 그들은 외발로 뛰어다니게 될 것이오." 그렇게 말하면서, [제
우스 신]은 [장미과에 속하는 식물인] 마가목의 열매를 건조시키기
위해 자르듯이 또는 말총으로 계란을 자르듯이, 모든 인간을 각각
E 둘로 잘랐다네. 각각의 인간을 자르는 과정에서, 그는 아폴론 신에
게 [잘린 사람의] 얼굴과 절반의 목을 잘린 쪽으로 꺾어 놓으라고 명
했는데, 이것은 모두가 자신이 어떤 식으로 칼질을 당했는지를 보
면서 좀 더 정돈된 사람이 되도록 하기 위함이었으며, 이렇게 한 뒤
에는 [아폴론 신에게] 그들을 치료해주라고 했다네. 그런 뒤에 아폴
론 신은 그들의 얼굴을 비틀어 놓았고, 끈을 당겨 묶는 지갑처럼 오
늘날 배라고 불리는 모든 곳의 살갗을 끌어 당겨서 배의 중간을 묶
191 고는 하나의 작은 입구를 남겨 놓았는데, 우리는 이것을 배꼽이라
부른다네. 또한 그는 다른 부분들에 있는 대부분의 주름을 제거했
고, 갖바치가 마지막에 가죽의 주름을 펴는데 사용하는 것과 같은

그런 도구를 사용하여 가슴을 만들었네. 그는 우리로 하여금 이전의 일을 상기하도록 만들기 위해 배와 배꼽 주변의 몇몇 주름들은 그대로 남겨두었지.

그런데 본성이 둘로 잘렸을 때, 각각의 반쪽은 자기의 다른 반쪽과
B 다시 만나기를 열망하며, 자신의 팔을 서로에게 두르고 얼싸안고는
다시 함께 하나가 되기를 갈망되지만, 분리되어서는 어떤 것도 하
기를 거부했고 결국 그들은 아무 일도 하지 않고 굶주렸기 때문에
소멸되기 시작했다네. 그리고 하나의 반쪽이 죽고 다른 반쪽이 홀
로 남게 될 때마다, [남은 반쪽]은 전체가 여성인 사람의 반쪽(우리
가 지금 여성이라고 부르는 것은 물론 전체가 아니라 이 반쪽이네)
이나 전체가 남성인 사람의 어떤 반쪽을 찾거나 만나려 했다네. 이
런 상황에서 그들은 소멸해가고 있었고, 제우스 신은 그들에 대한
연민에서 새로운 방법을 찾으려 했네.

[마침내 제우스 신]은 그들의 생식기를 앞쪽으로 옮겨줬는데, 그 전
C 까지 그들은 다른 모든 사람들과 마찬가지로 생식기를 바깥쪽에 갖
고 있었고, 상대방에게 자식을 갖게 하고 낳는 것이 아니라 매미처
럼 땅에다 그렇게 했다네. 지금 그는 이 부분들을 앞쪽에 갖게 되어
상대방에게, 즉 남성에 의해 여성에게 번식시키는데 사용할 수가
있다네. 따라서 만약 그들이 얼싸 안고 남성이 여성을 만나게 되면,
임신을 하고 종족을 이어갈 수 있게 되는 것이지. 또한 만약 남성이
남성을 만나게 되면, 그들의 만남에 대한 포만감과 안도감을 갖게
D 되며, 따라서 그들은 노동을 하거나 또는 일상적인 삶에 관심을 갖
네. 이처럼 예전에는 인간들에게 상호적인 사랑이 들어 있었는데,
그것은 우리가 처음에 갖고 있던 본성을 재구성하여 둘을 하나로

묶어서 인간의 본성을 치유하려 노력했던 것이지.

우리 각자는 한 사람의 반쪽이라네. 왜냐하면 모든 사람들이 넙치처럼 둘로 잘라진 흔적을 보여주니 말일세. 그리고 각자는 자신에게 맞는 반쪽을 영원히 찾아 헤맨다네. 이전에 자웅동체라고 불렸던 사람들, 즉 양성을 가졌던 사람들로부터 잘려 나온 남성들은 여성을 탐닉하는 사람들인데, 간통을 하는 남성들도 바로 이들로부
E 터 나오며, 또한 남성을 탐닉하거나 간통을 하는 여성들도 그들로부터 나온다네. 여성의 부분에서 잘려 나온 여성들은 남성들을 그다지 좋아하지 않고 오히려 여성에 관심을 가지며, 여성 동성애자들이 이들로부터 나오기도 한다네. 남성의 부분에서 잘려 나온 남성들은 남성을 따라다니며, 어린 동안에는 그들이 남성들과 친구를
192 사귀고 그들과 같이 누워있기를 즐기고 또한 남성들과 어우러지면서 그들이 남성의 부분들로부터 잘려 나왔음을 보이지만, 이들이야말로 가장 남성적인 본성을 갖고 있기 때문에 가장 훌륭한 소년들이자 젊은이들이라네. 어떤 사람들은 그들이 수치심을 모르는 사람들이라고 말하지만, 그것은 틀린 말이네. 왜냐하면 그들의 행동은 수치심 때문이 아니라 담대하고 사내답고 힘이 넘치기 때문인데, 그들은 자신들과 비슷한 것을 즉각 받아들인다네. 성인이 되면
B 이들만이 국가의 일을 수행할만한 사내들이라는 것이 그에 대한 분명한 증거라네. 그들이 어른이 되면 소년을 사랑하는 사람들이 되며, 아내를 갖고 자식을 낳는데 본성적인 관심이 없지만 법률에 따라 그렇게 할 뿐이네. 그들은 평생 결혼하지 않고 함께 살아가는 것에 아주 만족한다네. 이런 종류의 사람은 자기와 같은 종류의 사람을 갈구하는 탓에, 어쨌든 태생적으로 소년들에 대한 연인이되거나 남성의 기꺼운 반려자가 되는 것이지. 그래서 소년의 연인이 되든

또는 다른 어떤 종류의 연인이 되든, 그들 가운데 어떤 사람이 우연히 자기 자신의 반쪽을 만나게 되면, 그들은 친애감과 친밀감과 사랑에 놀라게 되어, 말하자면 서로의 곁에서 잠시도 떨어지지 않으려고 한다네. 이들이 평생을 지속해서 함께 살아가는 사람들이지

C 만, 그들은 서로에게서 무엇을 바라는 것인지에 대해서도 말하지 못한다네. 이것이 단순히 성적인 관계라거나, 또는 그것만이 그들 각자가 그토록 열정적으로 서로 함께 있음으로써 즐거움을 느끼는 이유라고는 아무도 생각하지 않을 것이네. 분명히 각자의 영혼은 그것이 표현할 수 없는 다른 어떤 것을 소망하고 있으며, 다만 말로 표현할 수는 없지만 그것이 원하는 바를 예측하고 은근히 암시하는 것이지.

D 그들이 함께 누워 있는데, [불의 신이자 대장장이 신인] 헤파이스토스가 연장들을 들고 그들 곁에 와서는 "오, 인간들이여, 그대들이 서로에게서 바라는 것은 무엇인가?"라고 묻는다고 가정해보세. 그리고 그들이 당황해하는데 그가 그들에게 다시 "그대들은 가능한 서로 가깝게 붙어 있으면서 밤이나 낮이나 떨어지지 않기를 바라는 것인

E 가? 만약 이것이 그대들이 갈망하는 것이라면, 나는 기꺼이 그대들을 하나로 결합하여 붙여주겠노라. 그럼으로써 그대들은 둘에서 하나로 될 것이고, 그대들이 살아 있는 동안 그대들 둘은 하나가 되어 하나의 삶을 공유할 수 있을 것이며, 또한 그대들이 죽게 되면 그대들은 저기 있는 지하세계에서도 둘이 아니라 하나로 있을 것이며 그렇게 해서 하나의 죽음을 공유하게 될 것이다. 이것이 진정 그대들이 진정 바라는 것인지, 그리고 그것에 아주 만족하게 될 것인지 스스로 잘 생각해보라." 이 말을 듣고는 어느 누구도 그에 이의를 제기하지 않았으며, 그들이 다른 어떤 것을 바라는 것으로 보이지도 않

았으리라는 것을 우리는 확신할 수 있을 것이네. 그들 각자는 자신이 항상 원하던 바로 그것, 즉 자신의 연인과 합치고 결합하여 둘이 하나가 될 것을 제안 받았다고 즉각적으로 생각할 것이네.

그 모든 것의 원인은 이것이네. 즉, 우리의 최초 본성은 내가 말했던 것과 같으며, 우리가 완전했었다는 것이네. 그러한 완전함을 갈
193 망하고 추구하는 것이 에로스라고 불리는 것이지. 내가 말했듯이, 이전에 우리는 하나였지만, 스파르타 사람들로 인해 아르카디아 사람들이 그랬던 것처럼 지금 우리는 우리의 죄로 말미암아 신에 의해 모두 흩어지게 되었지. 따라서 우리가 만약 신들 앞에서 정돈되어 있지 않으면 우리는 즉시 더 뿔뿔이 흩어지게 될 수도 있고, 또한 코의 중간이 잘린 채로 무덤 위에서 윤곽만 새겨진 채로 헤매게 될 수도 있으며, 또한 그렇게 되어 잘라진 주사위처럼 될 수도 있다는 것이 두려운 것이네. 그렇기 때문에 우리 모두는 모든 일에 있어
B 서 신들에게 경건한 의식을 행하도록 사람들에게 권해야 하고, 그렇게 함으로써 에로스가 지도자가 되고 또한 장군이 되어 우리로 하여금 해악은 피하고 축복은 얻을 수 있도록 해야만 하는 것이지. 누구도 그에게 맞서게 해서는 안 되며, 신의 미움을 사는 것은 그에게 맞서는 행위라네. 신과 친구가 되고 화해하면, 우리는 우리의 적절한 소년 애인을 발견하게 될 터인데, 이것은 오늘날 소수의 사람
C 들만이 하는 것이지. 에뤽쉬마코스는 내 말을 농담으로 받아들이면서 내가 파우사니아스와 아가톤에 대해 말하는 것으로 취급하는데, 그러지 못하게 해주게. 그들이 운 좋은 소수에 속할 수도 있고, 둘 모두가 본성적으로 남성들일 수도 있지만, 이것은 남성과 여성 모두에게 속하는 것이네. 내가 말하는 것은 우리 종족에게 행복을 가져오는 방법은 우리의 사랑을 그것의 참된 완성에 부여해야 한

다는 것이지. 즉, 모두가 자신의 소년 애인을 찾도록 하고, 그렇게 함으로써 자기가 본래 가졌던 본성을 회복해야 한다는 것이네. 만약 이것이 모든 것들 가운데 가장 좋은 것이라면, 우리가 할 수 있는 모든 행동들 가운데 가장 근접한 것은 그에 따라 선택하기에 가
D 장 좋은 것, 즉 우리의 마음에 잘 맞는 본성을 가진 소년 애인을 찾는 것이라네. 에로스가 우리에게 그것을 가져오는 원인이되는 신이며, 우리의 찬미를 받기에 정당한 존재라네. 왜냐하면 그는 지금 우리를 우리 자신에게로 이끌어주는 아주 귀한 선물을 부여할 뿐만 아니라 이처럼 미래에 대한 탁월한 희망도 제공해줌으로써, 우리가 신들에게 경건한 의무를 다할 때, 그는 우리가 본래 가졌던 본성을 회복하고 치유해주며, 축복과 행복을 얻도록 도와주기 때문이네.

에뤽쉬마코스, 이것이 자네들 것과는 다른, 에로스에 대한 내 이야기라네. 내가 자네에게 부탁했듯이, 그걸 조롱하지는 말게. 우리는 다른 사람들이 하는 이야기, 특히 다른 두 사람[의 이야기]도 차례대
E 로 듣고 싶으니 말일세. 아가톤과 소크라테스 선생님이 남았군."

에뤽쉬마코스가 [이렇게] 말했다고 하네. "그래, 자네 말대로 하겠네. 왜냐하면 나는 그 이야기를 무척이나 즐겼으니 말일세. 만약 소크라테스 선생님과 아가톤이 에로스에 대한 전문가라는 것을 알지 못했더라면, 우리가 이미 들었던 이야기가 다양했기 때문에 그들이 덧붙일 말이 없을까봐 두려워했을 것이네. 하지만 [자네가 보듯이] 지금 나의 자신감은 이전과 똑같다네."

194 그러자 소크라테스 선생님께서 말씀하셨다고 하네. "에뤽쉬마코스, 자네 자신의 이야기는 훌륭했네. 그러나 자네가 지금 내가 처한

상황에 있다면, 또는 아마도 아가톤이 말한 뒤에 내가 처할 상황에 있다면, 자네는 겁이 나서 지금 내가 그렇듯이 완전히 공포에 젖어 있을 걸세."

그러자 아가톤이 [이렇게] 말했다고 하네. "소크라테스 선생님, 선생님께서는 제게 주문을 걸고 계시는군요. 청중들이 제 논의에 대해 높은 기대감을 갖고 있다는 것을 의식하게 만듦으로써 저를 혼란스럽게 만드시려고 말입니다."

B 소크라테스 선생님께서 말씀하셨다고 하네. "이보게, 아가톤, 자네가 배우들과 함께 무대에 올라 많은 관중을 마주 바라보면서도 전혀 기죽지 않았던 자네의 용기와 자신감을 목격했었는데, 지금에 와서 자네가 우리처럼 소수의 사람들 앞에서 당황하리라고 내가 생각했다면 내가 얼마나 기억력이 없는 것이겠는가."

아가톤이 말했다고 하네. "무슨 말씀을 하시는 건가요, 소크라테스 선생님? [지성을 갖춘] 생각있는 사람이라면 다수의 무지한 사람보다 소수의 현명한 사람을 더 두려워한다는 것을 잊어버릴 정도로 제가 항상 극장 [생각]으로 가득하다고 생각하지 않으시길 바랍니다."

C 소크라테스 선생님께서 말씀하셨다고 하네. "오, 아가톤, 자네에 대해 내가 그처럼 교양 없이 생각한다면, 나는 제대로 생각하는 것이 아닐 걸세. 자네가 현명하다고 생각하는 소수의 사람들을 발견하면, 다수의 사람들보다 그들을 더 중시하리라는 것을 나는 잘 알고 있네. 하지만 우리는 그런 [소수의] 사람들이 아니며, 우리도 그곳에서 다수에 속했던 사람들이라네. 그러나 만약 자네가 현명한 [소수

의] 다른 사람들과 함께 만나게 되면, 자네가 수치스럽다고 생각하는 행동을 하고 있는 것을 그들이 목격하는데 대해 자네는 부끄러움을 느낄 것이네. 이게 자네가 말하는 것인가?"

D 그가 말했다고 하네. "선생님께서는 옳은 말씀을 하고 계십니다. 그렇지만 만약 선생님께서 다수의 사람들 앞에서 잘못을 저지른다면 부끄러운 어떤 일을 하고 있다고 느끼시겠지만, 다수[의 무지한 사람들] 앞에서는 수치스러워하지 않으시겠죠?"

여기에서 파이드로스가 끼어들었다고 하네. "오, 친애하는 아가톤, 만약 자네가 소크라테스 선생님께 답변하면, 선생님께서는 대화할 사람, 특히 아름다운 누군가가 있기만 하면, 우리 일이 어찌 되는지에 대해 전혀 관심이 없으실 것이네. 나로서는 소크라테스 선생님의 대화를 듣는 것이 기쁘지만, 내게는 에로스에 대해 찬미할 의무가 있고, 따라서 반드시 여러분들 모두에게 각자 이야기를 끌어내야만 하네. 여러분, 두 사람은 각자 이야기하기 전에 신에게 [먼저] 보상을 해야 할 것입니다."

II.7 아가톤의 이야기 (194E–201D)

E 아가톤이 말했다고 하네. "파이드로스, 자네가 말을 잘 했네. 그리고 내 말을 방해 할 것은 아무것도 없네. 왜냐하면 내가 다시 소크라테스 선생님과 이야기할 기회는 많이 있으니 말일세."

나는 먼저 내가 이야기할 방법에 대해 이야기하고, 그런 뒤에 이야

기하고 싶네. 이전에 이야기했던 사람들은 신을 찬미하는 대신에 단
195 지 신이 부여한 좋은 것들 때문에 인간들이 행복하다고 말하는 것처럼 보였네. 아무도 그것들을 부여한 존재자가 누구인가에 대해 말하지 않았다는 것이지. 누군가에게 어떤 칭송이든 하는 한 가지 올바른 방법이 있는데, 그것은 그 이야기의 주제가 되는 존재자가 누구인지, 그리고 그가 어떤 것들의 원인이 되는지에 대한 이야기를 펼쳐 놓는 것이네. 이처럼 우리는 먼저 그 자신을 있는 그대로 찬미하고, 그런 뒤에 그가 준 것에 대해 찬미하는 것이 적절하겠지.

"그러므로 나는 모든 신들이 행복하지만, (이렇게 말하는 것이 [다른 신들에게] 불손하거나 모욕된 말이 아니라면) 에로스가 가장 아름답고 가장 우수한 존재로서 가장 행복하다고 말하는 것일세. 이
B 렇기 때문에 가장 아름답다고 하는 것이네. 파이드로스, 먼저 그는 신들 가운데 가장 젊네. 그 자신이 이 말에 대한 증거를 제시하는데, 그는 늙음[노령]을 피해 도망치기 때문이지. 그것은 분명히 재빠른 것이고, 너무도 빠르게 우리에게 들이 닥쳐서 우리가 좋아할 수 없을 정도라네. 에로스는 그것을 본성적으로 미워하고, 그것에서 가까이 붙어 있으려 하지 않는다네. 그는 항상 젊은 사람들과 함께 있으며, 그런 것이 그 사람이라네. 옛 속담에서 잘 말하고 있듯이, "유사한 것은 유사한 것과 함께 붙어 있다"는 것이네.

나는 다른 많은 것에 대해 파이드로스에게 동의하지만, 에로스가 크로노스와 이아페토스보다 더 늙었다는 그의 설명에는 동의하지
C 않는다네. 나는 그가 신들 가운데 가장 젊고 또한 항상 젊은 한편, 신들이 처음에 했던 일들이라고 헤시오도스와 파르메니데스가 말했던 것이 에로스가 했던 일이 아니라 [필연의 여신인] 아낭케 여신

이했던 일이었다고 주장하는 것이네. 만약 그 이야기에 조금의 진
실이라도 들어 있다면 말일세. 왜냐하면 만약 에로스가 그들 가운
데 있었더라면 서로 거세하거나 속박하는 일도 없었을 것이고, 다
른 많은 폭력들도 생기지도 않았을 것이며, 오히려 에로스가 다른
신들을 지배했던 이래로 지금까지 그래왔던 것처럼 친애감과 평화
로움만이 있었을 것이기 때문이지. 그래서 그는 젊고, 또한 [그냥 젊
D 은 것이 아니라] 연약하면서도 젊어서, 그의 연약한 신성을 설명하
기 위해 호메로스와 같은 시인이 필요한 것이지. 호메로스는 [갈피
를 잡지 못하고 헤매는 상태인 '미망'을 의인화한] 아테가 신적이고
연약하다고 말하고 있네. 그녀의 연약한 발들에 대해 말하고 있는
것이지.

"그녀의 발들은 너무도 연약해서 땅 위로는 다가오지 않고 사람들
의 머리 위로만 걷는구나."

따라서 나는 이것이 그녀가 단단한 것이 아니라 부드러운 것 위에
E 서만 걷는 그녀의 연약함을 보여주는 믿을만한 증거라고 생각하
네. 에로스가 연약하다는 것을 우리에게 입증해주는 증거로 동일
한 것을 이용할 수 있네. 그는 땅 위나 그다지 부드럽지 않은 우리
의 해골 위에서 걷지 않고, 존재하는 것들 가운데 가장 부드러운 것
들 속에서 걷고 또한 거주하고 있다네. 그는 신과 인간의 성품과 영
혼 속에서 거주하지만, 모든 영혼 속에서 그런 것이 아니라 단단한
성품을 가진 것들을 만나면 멀리 가버리고 부드러운 것들을 만나면
그곳에서 거주를 하는 것이지. 따라서 만약 그가 가장 부드러운 것
들의 가장 부드러운 부분들로 발만이 아니라 모든 전체를 접촉한다
196 면, 그는 필연적으로 가장 연약한 것이네.

그렇다면 그는 가장 젊고도 가장 연약하며, 더구나 가장 유연한 형태를 갖고 있는 것이지. 왜냐하면 그가 단단하다면, 그는 모든 영혼을 모든 방식으로 둘러싸지도 못할 것이고, 또한 처음에 몰래 모든 영혼에 숨어들거나 빠져나오지도 못했을 테니 말일세. 그가 적절한 비율과 형태의 유연성을 갖고 있다는 분명한 증거는 그의 균형 잡힌 우아함에서 찾을 수 있는데, 에로스가 이것을 갖고 있다는 것은 누구나 동의하고 있지. 불균형[기형]과 에로스는 항상 서로 싸
B 우고 있다네. 이 신의 빛깔이 아름답다는 것은 그가 꽃들 사이에서 지낸다는 것에서 알 수 있네. 왜냐하면 에로스가 육체나 영혼, 또는 꽃이 없거나 꽃이 시든 다른 어떤 곳에서는 앉아 있지 않지만, 꽃이 만발하고 향기 나는 곳에서는 앉아 머무르기도 하니 말일세.

아직도 말해질 것이 많지만, 이제 신의 아름다움에 대해 충분히 이야기되었네. 다음으로 에로스의 탁월함에 대해 말해야 하네. 이와 관련하여 가장 강력한 것은 에로스가 신에게 부당한 일을 행하지도
C 않고 당하지도 않으며, 또한 인간에게도 부당한 일을 행하지도 않고 당하지도 않는다는 것이네. 왜냐하면 에로스는 (폭력이 그를 건드리지 못하기 때문에) 어떤 일을 당하더라도 강제로 당하지 않고, (모든 사람의 자발적인 섬김을 받기 때문에) 어떤 일을 행하더라도 강제로 행하지 않기 때문이네. 또한 양쪽과 자발적으로 동의한 것이 '국가의 군주인 법률'에 의해 정당하다고 말해지기 때문이기도 하지.

그는 정의에 대해 충분한 절제력을 나눠 갖고 있네. 우리는 모두 절제가 즐거움과 욕구를 지배하지만, 어떤 즐거움도 에로스보다 강하지는 않다는 데 동의한다네. 만약 [즐거움과 욕구]가 더 약하다면, 그것들은 에로스의 지배하에 있을 것이고, 그가 그것들의 지배자일

걸세. 따라서 에로스는 즐거움과 욕구를 지배함으로써 상당히 절
D 제하는 것이네. 또한 용기에 관한 한 에로스에게는 "[전쟁의 신인] 아레스조차 대항하지 못한다"고 하네. 왜냐하면 전설에 따르면, 아레스 신이 에로스를 억류한 것이 아니라 에로스, 즉 아프로디테 여신이 아레스 신을 억류했다고 하기 때문이지. 억류하는 자는 억류된 자보다 강하고, 그는 그 누구보다도 용감한 자를 지배하기 때문에 모든 용감한 자들 가운데 가장 용감하다고 할 수 있네.

정의와 절제와 용기에 대해 [충분히] 이야기했고, 이제 지혜에 대한
E 이야기만 남았으니 빠짐없이 이야기하도록 최선을 다하겠네. 먼저 에뤽쉬마코스가 그랬던 것처럼, 나도 우리의 기술을 치장하자면, [에로스]는 다른 사람들도 시를 짓게 만드는 지혜로운 시인이라네. 에로스가 접촉하는 사람은 "이전에 뮤즈 신을 만난 적이 없는" 사람일
197 지라도 시인이 된다네. 간단히 말하자면, 우리가 이것을 에로스가 음악과 관련된 모든 만들기에 있어 능숙한 시인이라는 증거로 간주해도 적절할 걸세. 왜냐하면 우리가 갖지 못하거나 알지 못하는 것은 다른 사람에게 줄 수도 없고 가르칠 수도 없기 때문이지. 또한 모든 생명체들의 만들기가 에로스의 지혜라는 것을, 그것을 통해 모든 생명체들이 태어나고 성장한다는 것을 누가 부정하겠는가?

기술을 통한 제작에 있어서, 이 [에로스]를 스승으로 모신 사람은 탁월한 성공을 거두지만, 에로스가 접촉하지 않은 사람은 어둠에 갇히게 된다는 것을 우리는 알고 있잖나? 뮤즈 신들이 음악에서, 헤파이스토스 신이 야금술에서, 아테네 신이 직조술에서, 그리고 제우스 신이 신들과 인간들을 지배하는 기술에서 [에로스의 제자라] 할
B 수 있듯이, 아폴론 신이 욕구와 사랑의 인도로 궁술과 의술과 예언

술을 발견했으니 그도 에로스의 제자라 할 수 있네. 또한 신들의 일들이 고안된 것도 에로스, 분명히 아름다운 [에로스]가 그들 사이에서 생겨난 뒤라네. 왜냐하면 에로스는 추한 것에 대해서는 관심이 없기 때문이지. 내가 처음에 말했듯이, 이전에는 신들 사이에 많은 이상한 일들이 있었다고 하는데, 전설에 따르면, [그것은] 아낭케 여신의 지배 때문이었네. 그러나 이 신이 생성된 뒤에는 아름다운 것들을 사랑하게 됨으로써 신들과 인간들에게 많은 좋은 것들이 생겨났다네.

C 이보게, 파이드로스, 그래서 나는 에로스가 처음에는 아름다움과 선함을 넘어서고, 나중에는 다른 것들 안에 있는 그와 비슷한 것들의 원인이 된다고 생각하네. 나는 그 '만드는 자'가 이렇다는 것을 시로 표현해보자는 생각을 했네.

인간들에게는 평화를, 그리고 바다에게는 잔잔함을,
바람에게는 휴식을, 그리고 고통에게는 잠을.

D [에로스]는 낯설음을 내몰고 친근함을 채워주며, 또한 그는 지금처럼 우리에게 그 모든 만남들을 갖게 하고, 연회와 가무와 제사에서는 우리의 지도자가 되어 주고, 온순함은 수용하지만 난폭함은 쫓아내고, 우호감은 주지만 적대감은 주지 않고, 우아하고도 상냥하고, 지혜로운 사람에게는 명상의 대상이 되고 신들에게는 부러움의 대상이 된다네. 그가 없으면 갈망하고 있으면 아끼고, [또한 그는] 사치스러움과 다정함과 우아함과 고상함 그리고 열망과 갈망의 아버지이
E 고, 선한 자는 살피고 악한 자는 살피지 않고, 고난과 두려움 그리고 음주와 담론에서 가장 탁월한 선장이자 갑판장이자 우승자이자 구

원자이네. 그리고 그는 모든 신들과 인간들의 장식물이고, 모든 신과 인간의 마음을 황홀하게 하는 그의 노래를 모두가 함께 아름답게 부르며 따라야만 하는 가장 아름답고 탁월한 지도자이네.

[아가톤]이 말했다고 하네. "이보게, 파이드로스, 이것이 신에게 바치고 싶은 이야기이네. 그리고 나는 즐거움과 진지함을 섞어서 내가 할 수 있는 최선을 다했네."

198 아리스토데모스가 말하기를, 아가톤의 이야기가 끝나자 젊은 사람이 자기 자신과 신에 대해 그처럼 적절하게 이야기한 것에 대해 참석한 모두가 환호를 보냈다고 하네. 그러자 소크라테스 선생님께서 에뤽쉬마코스를 바라보며 말씀하셨다고 하네. "아쿠메노스의 아들이여, 자네는 정말로 지금까지 나를 두렵게 했던 것이 두려울 것 없는 두려움을 두려워하는 것이었다고 생각하는가? 내가 좀 전에 아가톤이 놀라울 정도로 이야기를 잘 하고 내가 어쩔 줄 몰라 하리라고 말했던 것은 예언이 아니었던가?"

에뤽쉬마코스가 말했다고 하네. "그가 이야기를 잘 하리라고 말씀하
B 셨던 부분에 있어서는 선생님께서 진정 예언가처럼 보입니다. 그렇지만 저는 선생님께서 어쩔 줄 몰라 하리라고 생각하지는 않습니다."

소크라테스 선생님께서 말씀하셨다고 하네. "이보게, 운 좋은 친구, 나는 물론 어쩔 줄 몰라 할 수밖에 없네. 그처럼 아름답고 박식한 이야기가 나온 뒤라면, 나나 세상의 다른 누구라도 그럴 걸세. 다른 부분들이 똑같이 놀랍지는 않았지만, 뒷부분의 단어와 구절의 아름다움을 들으면서 어떻게 놀라지 않겠는가? 나로서는 사실상 넘어
C 서지는 못할망정 비슷하게도 이야기하지 못할까봐 걱정이 되어, 수

치심 때문에 할 수만 있다면 빠져 나가고 싶었으니 말이네. 왜냐하면 그의 이야기는 내게 고르기아스를 연상시시켰고, 호메로스가 말했던 것을 경험하게 했기 때문이네. 아가톤이 이야기를 마치면서 내게 말 잘 하는 무서운 고르기아스의 머리를 내게 들이대서 나를 말 못하는 돌덩어리로 만들까봐 겁이 났다네. 게다가 그 순간 나는 에로스에 대한 자네의 찬미가 끝난 뒤에 이야기하라는 자네의 제안
D 을 내가 받아들였고, 또한 나 자신을 에로스의 문제에 대한 전문가라고 불렀던 것이 얼마나 어리석었는지 깨달았다네. 사실은 내가 찬미하는 방법도 모르면서 말일세. 찬미의 경우에 진실을 말하기만 하면 되고, 그런 사실들 가운데서 가장 적절하게 말한 것들을 골라 그것들을 결합시키면 된다고 생각했기 때문이네.

나는 사실 내가 진실을 알고 있기 때문에 이야기를 잘 하리라는 생각에 상당히 우쭐해 있었다네. 그러나 아름답게 찬미한다는 것이
E 그런 게 아니라, 사실이든 아니든 가장 위대하고 가장 아름다운 것들에 대해 찬미하는 것처럼 보이네. 그것이 사실이 아닐지라도 사실상 상관이 없는 것이지. 우리가 약속했던 것은 각자가 에로스를 찬미하는 듯이 보여야 한다는 것이지 실제로 찬미해야 한다는 것은 아니었던 것으로 보이네. 그렇기 때문에, 자네들이 그가 이러저러한 것이라거나 이러저러한 원인이라 말하면서, 에로스를 찬미하기 위한 모든 이야기를 끌어내려 한다고 나는 생각하네.
199 그를 가장 아름답고 가장 탁월해 보이도록 만들기 위해서 그런 것이란 말이지. 그를 모르는 사람들에게는 분명히 [가장 아름답고 가장 탁월해 보이겠지만], 그를 아는 사람들에게는 그렇지 않을 것이네.

자네의 찬미는 아주 아름답고 훌륭하네. 그러나 나는 찬미하는 방

법을 [제대로] 알지 못했고, 알지도 못하면서 나 자신도 차례가 되면 찬미하겠다고 자네들에게 동의했던 것이지. 말하자면 혀는 지지했지만, 마음은 그렇지 않았던 것이니, [내 동의에는] 안녕을 고하세. 왜냐하면 나는 자네들이 말하는 식의 찬미는 하지 않을 것이니 말일세. 나는 그렇게 할 능력이 없으니 말일세. 그럼에도 자네들이 원
B 한다면, 나는 내 방식대로 진실을 말할 준비가 되어 있네. 자네들의 이야기와 경쟁하지 않고, 웃음거리가 되지 않기 위해서 말일세. 그러니 이보게, 파이드로스, 자네가 그런 이야기라도 원하는지, 그 과정에서 어떤 식의 단어와 구절이 튀어나오든 상관없이 에로스에 관한 진실을 듣고 싶은지 생각해보게.

그러자 파이드로스와 다른 사람들이 그가 적절하다고 생각하는 방식대로 말하라고 했다고 하네.

II.8 소크라테스의 이야기 (199B–212C)

II.8.1 아가톤에게 묻는 몇 가지 질문 (199B–201D)

[소크라테스 선생님께서] 말씀하셨다고 하네. "그러면, 파이드로스, 내가 아가톤에게 몇 가지 질문을 하도록 허용해주게. 내가 이야기를 시작하기 전에 그의 동의를 받을 수 있도록 말일세."

C 파이드로스가 말했다고 하네. "물론이죠. 질문하시죠."

그 후에 소크라테스 선생님께서 이런 식으로 이야기를 시작하셨다

고 하네. "나의 벗 아가톤이여, 내가 보기에 자네는 에로스가 누구인가를 먼저 보이고 그런 뒤에 그의 기능을 다룸으로써 이야기를 아름답게 시작했네. 나는 [이야기의] 시작 [부분]에 대해 놀랐네. 에로스의 다른 부분들에 대해 내게 아름답고도 웅장한 설명을 해주었으니, 이제 이걸 말해주게. 에로스를 어떤 대상에 대한 사랑이라고 간주해야 하는가 또는 어느 누구에 대한 사랑도 아니라고 간주해야 하는가? 에로스가 어머니에 대한 사랑인가 또는 아버지에 대한 사랑인가를 묻는 것은 우스운 질문일 걸세. 그래서 나는 그가 어머니에 대한 사랑인가 또는 아버지에 대한 사랑인가를 질문하는 것이 아니라 우리의 아버지 자체에 대해 묻는 것처럼 아버지가 누군가의 아버지인가 또는 그렇지 않은가를 묻는 것일세. 만약 자네가 적절한 답을 주길 원한다면, 자네는 그 아버지가 아들이나 딸의 아버지라고 말할 걸세. 그렇지 않나?"

D

아가톤이 말했다고 하네. "물론입니다."

"그리고 자네는 어머니에 대해서도 똑같이 말하겠지?"
그가 이것에도 동의했다고 하네.

E 소크라테스 선생님께서 말씀하셨다고 하네. "그렇다면 자네는 아직 내게 얘기해줄 것이 있네. 내가 말하고 싶어 하는 것을 자네가 더 잘 이해할 수 있도록 말일세. 내가 이게 무엇이냐고 묻는다고 해보세. 형제 그 자체는 누군가의 형제인가 또는 그렇지 않은가?"

[아가톤이] 그렇다고 말했다고 하네.

"누군가의 형제이거나 자매에 대한 형제라는 말이지?" [소크라테스 선생님께서 이렇게 말씀하시자, 아가톤이] 동의했다고 하네.

"자, 에로스에 대해 내게 말해보게. 그는 아무것도 아닌 것에 대한 사랑인가 또는 어떤 것에 대한 사랑인가?"

200 "분명히 어떤 것에 대한 사랑입니다."

"자, 그렇다면 사랑이 어떤 것에 대한 사랑이라는 점을 주의 깊게 기억하게. 그리고 에로스가 그 사랑의 대상을 욕구하는지 또는 욕구하지 않는지 내게 말해주게."

"분명히 [욕구합니다]."

"그렇다면 그는 욕구하고 사랑하는 것을 가졌을 때 그것을 욕구하고 사랑하는가, 또는 그렇지 않은가?"

아가톤이 말했다고 하네. "갖지 않았을 때입니다. 거의 그럴 겁니다."

B 소크라테스 선생님께서 말씀하셨다고 하네. "거의 그런 것이 아니라 필연적인 것 말일세. 만약 욕구하는 것이 그것이 결여하는 어떤 것을 욕구하는 것이고, 결여하는 것이 없다면 욕구하지 않는 것인지 살펴보게. 아가톤, 최소한 내게는 그것이 필연적인 것처럼 생각되네. 자네에게는 어떤가?"

"제게도 그렇게 생각됩니다."

"훌륭하게 말했네. 그러면 큰 사람이 크길 바라거나 강한 사람이 강하기를 바랄 수 있는가?"

"동의했던 바에 따르면, 불가능합니다."

"그런 경우에 그것들을 결여하지 않았기 때문이지."

"옳은 말씀입니다."

소크라테스 선생님께서 말씀하셨다고 하네. "어떤 사람이 강하면서
도 강해지길 원하거나 또는 빠르면서 빠르길 원하거나 또는 건강하
C 면서 건강하길 원한다고 가정해보세. 아마도 우리는 이 경우나 다
른 모든 경우에 있어서 이것들을 갖고 있는 이러저러한 사람은 자신
들이 이미 갖고 있으면서도 욕구한다고 생각할 것이기 때문이지. 내
가 이런 말을 하는 것은 우리가 속지 않게 하기 위해서네. 이보게, 아
가톤, 생각해보면 이 사람들은 자신들이 바라든 바라지 않든 그들이
각각의 것을 갖는 바로 그 순간에 그것들을 필연적으로 갖게 되는
건데, 그것을 어떻게 욕구할 수 있다는 것인가? 그러나 누군가 "나는
건강하면서도 건강하길 원합니다", "나는 부자이면서도 부자이길 원
합니다", "나는 내가 갖고 있는 바로 그것들을 욕구합니다"라고 말한
D 다면, 우리는 그에게 이렇게 말할 걸세. "이보시오. 당신은 부와 건
강과 힘을 지금 소유하고 있으며, 당신이 원하는 것은 미래에도 그
걸 갖는 것이지요. 지금 당장은 당신이 욕구하든 말든 그것들을 갖
고 있습니다. 당신이 지금 갖고 있는 것들을 욕구한다고 말할 때, 당
신은 다만 지금 갖고 있는 것들을 미래에도 갖고 있기를 원한다고
말하는 것이지요." 그가 이 말에 동의하지 않겠는가?"

아가톤이 이에 동조했다고 하네.

소크라테스 선생님께서 말씀하셨다고 하네. "따라서 어떤 사람이 아직 제공되지 않았거나 갖지 못한 것을 사랑한다고 할 수 있겠지. 그가 나중에도 항상 안전하게 갖고 있기를 바라는 어떤 것들을 말일세."

[아가톤이] 말했다고 하네. "물론입니다."

"그렇다면 그런 사람과 욕구하는 모든 사람들은 대체로 아직 제공
E 되지 않았거나 갖지 못한 것, 즉 자신들이 갖고 있지 않거나 자신들이 아니거나 또는 자신들이 결여하는 것을 욕구하며, 또한 욕구와 사랑이 그런 것들에 대한 것이겠지?"

[아가톤이] 말했다고 하네. "물론입니다."

소크라테스 선생님께서 말씀하셨다고 하네. "자, 우리가 결론 내렸던 것들에 대해 동의하세. 먼저 에로스는 어떤 것에 대한 것이며, 다음으로 그 어떤 것이란 그가 결여하는 어떤 것이지?"

[아가톤이] 말했다고 하네. "네, 그렇습니다."

201 "그러면 자네의 이야기에서 에로스가 어떤 것들에 대한 것이라고 말했었는지 기억을 떠올려 보게. 만약 자네가 원한다면, 내가 기억을 떠올려 주겠네. 내가 생각하기에, 자네가 말했던 것은 신들이 아름다운 것들에 대한 사랑 때문에 세상을 생각해냈다는 것이었지. 왜냐하면 추한 것들에 대해서는 사랑이 없기 때문이지. 자네가 말했던 것이 이런 것 아니었나?"

아가톤이 말했다고 하네. "그렇습니다."

소크라테스 선생님께서 말씀하셨다고 하네. "아주 적절하게 말이지. 그러면 에로스 신은 추함에 대한 사랑이 아니라 아름다움에 대한 사랑인가?"

[아가톤이 이에] 동의했다고 하네.

B "그렇다면, 자네는 그가 자신이 결여하거나 갖지 않은 것을 사랑한다는 데 동의하는 것인가?"

아가톤이 말했다고 하네. "예, 그렇습니다."

"그리고 에로스가 결여하거나 갖지 않은 것은 아름다움인가?

[아가톤이] 말했다고 하네. "분명히, 그렇습니다."

"그러면 자네는 [에로스가] 결여하고 있는 것이 아름다움이고, 어떤 경우든 아름다움을 갖고 있지 않은 것이 아름답다고 말하는 것인가?

"전혀 아닙니다."

"만약 그게 아니라면, 자네는 여전히 에로스가 아름답다는데 동의하는 것인가?

아가톤이 말했다고 하네. "소크라테스 선생님, 저는 제가 이야기했던 것에 대해 아무것도 알지 못하는 것 같아 두렵습니다."

C 소크라테스 선생님께서 말씀하셨다고 하네. "자네는 아름답게 말했네. 그러나 조금 더 말해주게. 자네는 좋은 것들이 아름답다고 생각하는가 또는 아닌가?"

"그렇게 생각합니다."

"만약 에로스가 아름다운 것들을 결여하는데, 좋은 것들이 아름답다면, 그는 아름다운 것들도 결여하는 것이겠군."

[아가톤이] 말했다고 하네. "소크라테스 선생님, 저는 선생님께 반박할 능력이 없고, 선생님께서 말씀하신 그대로입니다."

[소크라테스 선생님께서] 말씀하셨다고 하네. "이보게, 친애하는 아
D 가톤, 자네가 반박하지 못한 것은 진실이라네. [하지만] 소크라네스
[를 반박하는 것]은 어렵지 않다네."

II.8.2 만티네이아 출신 여성 디오티마와의 대화 (201D–206C)

"이제 자네를 혼자 내버려 두고, 내가 어느 날 만티네이아 출신 여성인 디오티마에게 들었던 이야기, 에로스에 대한 이야기를 하겠네. 그녀는 이것에 대해서만이 아니라 다른 것들에 대해서도 현명했다네. 한 번은 역병이 발생하기 10년 전에 아테네인들로 하여금 제사를 지내게 함으로써, 질병의 발생을 많이 늦출 수 있었지. 나는 또한 사랑에 관한 일들을 그녀에게 배우기도 했네. 지금부터 나는 아가톤

과 내가 동의했던 것들을 토대로 하여, 그녀에게 배운 것들을 내가
E 할 수 있는 한 이야기해보겠네. 이보게, 아가톤, 먼저 나는 자네가 했던 대로 에로스가 누구이고 어떤 종류의 존재자인가를 밝히고, 그런 뒤에 그의 기능들에 대해 이야기하겠네. 그 이방인 여인이 그 날 이야기를 전개했던 질문과 답변의 방법을 그래도 사용하는 것이 내게는 쉬워 보이네. 왜냐하면 나는 아가톤이 방금 내게 했던 것과 비슷한 이야기를 했기 때문이네. 에로스는 위대한 신인 동시에 아름다운 것들에 대한 신이라고 말일세. 그리고 그녀는 내가 이 사람 [아가톤]을 논박하는데 사용했던 이야기로 나를 반박했는데, 그것은 신이 아름답지도 않고 좋지도 않다는 내 설명과 같았다네.

나는 "무슨 말씀이세요, 디오티마? 에로스가 추하고 나쁘다는 것인가요?"라고 말했다네.

그러자 그녀는 "말을 주의해야 합니다. 당신은 아름답지 않은 것이 필연적으로 추해야 한다고 생각하나요?"라고 말했네.

202 "분명히, 그렇습니다."

"그러면 지혜롭지 않으면 무지한 건가요? 지혜와 무지의 중간에 어떤 것이 있는 경우를 본 적이 없나요?"

"그게 무엇이죠?"

"올바른 의견을 갖지만 이유를 제시할 수는 없다면, 이유를 대지 못하는 것이 지식일 수는 없으니 그것은 지식도 아니고 또한 존재하

는 것에 닿아 있는 것이 무지일 수는 없으니 그것은 무지도 아니란 것을 알고 있겠죠? 따라서 올바른 의견이 이해와 무지의 중간에 있는 바로 그런 것이지요.

"옳은 말씀입니다."라고 내가 말했네.

B "그러면 아름답지 않은 것이 추한 것이고, 또한 좋지 않은 것이 나쁘다는 것을 필연적이라고 여기지 마세요. 에로스에 대해서도 마찬가지로, 그가 좋지도 않고 아름답지도 않다는 것을 인정한다 할지라도, 그렇기 때문에 그가 반드시 추하고 나쁘다고 생각하지 말고 그것들 중간의 어떤 것이라고 생각해야 합니다."

내가 질문했네. "그가 위대한 신이라는 것은 모두가 동의하지 않습니까?"

그녀가 말했네. "모두라는 건 그를 알지 못하는 사람들과 아는 사람들을 모두 말하는 건가요?"

"모두를 말하는 겁니다."

C 그러나 그녀가 웃으면서 말했네. "이봐요, 소크라테스, 그가 신이 아니라고 말하는 사람이 그가 위대한 신이라는 데 어떻게 동의할 수 있나요?"

내가 말했네. "그들이란 누구입니까?"

"당신도 하나이고, 나도 하나이죠."

내가 말했네. "어째서 그렇게 말씀하시는 겁니까?"

그녀가 말했네. "쉽게요. 제게 말씀해보세요. 당신은 모든 신들이 행복하고 아름답다고 말하지 않나요? 또는 어떤 신이 아름답고 행복하다는 것을 감히 부정할 것인가요?

내가 말했네. "신에 맹세코, 저는 그러지 않을 겁니다."

"당신은 좋은 것들과 아름다운 것들을 소유한 사람들을 행복하다고 말하지 않나요?

D "분명히, 그렇습니다."

"그러나 당신은 좋은 것들과 아름다운 것들을 결여하는 에로스가 자신이 결여하는 이런 것들을 욕구한다는 것에 동의했잖아요."

"동의했습니다."

"그러면 아름다운 것들과 좋은 것들을 갖지 않은 자가 어떻게 신일 수가 있다는 건가요?

"제가 보기에는 절대 그럴 수 없습니다."

"그러면 보세요. 당신은 에로스를 신이라고 생각하지 않는 사람이

잖습니까?"

내가 말했네. "그러면 에로스란 무엇입니까? 사멸하는 존재인가요?"

"[그럴 가능성은] 거의 없어요."

E "그러면, 뭐죠?"

"앞서 말했듯이, 사멸하는 존재와 불멸하는 존재의 중간의 것이죠."

"그게 무엇입니까, 디오티마?"

"위대한 정령입니다, 소크라테스. 왜냐하면 모든 정령은 신과 사멸하는 존재 사이에 있기 때문이죠."

내가 말했네. "어떤 능력을 가졌습니까?"

"[정령은] 인간의 것들을 신에게, 그리고 신들의 것들을 인간에게 해석하고 전달하며, [인간의] 탄원과 제사를, 그리고 [신들의] 법령과 (제사에 대한) 보상을 [해석하고 전달하지요]. 그것은 중간에 있기 때문에 각각의 것을 보완해주고, 그럼으로써 전체가 하나로 되도록 통합시켜 준답니다. 그것을 통해, 제사와 의식과 주문과 모든 점
203 술과 마법에 관한 모든 예언술과 성직자의 기술을 수행하는 것이지요. 신은 인간과 섞이지 않지만, 이 [정령]을 통해서 신들은 인간들과 (그리고 인간들은 신들과) 깨어 있거나 잠이 들었거나 상관없이 모든 교류와 대화를 하게 되지요. 이런 것들에 대한 지혜를 가진 자

가 정령을 가진 사람이지만, 기술이나 잔재주와 관련된 다른 문제들에 대한 지혜를 가진 자는 천박한 사람입니다. 이처럼 정령들은 많고도 다양한데, 그 가운데 하나가 에로스이지요."

내가 말했네. "그는 어떤 아버지와 어머니를 갖고 있나요?"

B 그녀가 말했네. "그건 다소 긴 이야기이지만, 그래도 내가 당신에게 이야기를 해드리지요. 아프로디테 여신이 태어났을 때, 신들은 성대한 연회를 열었고, 그들 가운데는 [지혜의 여신 또는 책략의 여신] 메티스의 아들인 [풍요의 신] 포로스도 있었지요. 그리고 그들이 연회를 마쳤을 때, [궁핍의 여신] 페니아가 구걸하기 위해 현관에 와 있었습니다. 그런데 포로스는 과일주에 취해서 (당시에 포도주는 아직 없었답니다) 제우스의 정원에 들어가 그곳에서 취기를 못 이
C 기고 잠이 들어 버렸지요. 그러자 포로스의 아이를 가질 다른 책략을 생각해내지 못했던 페니아가 그의 곁에 누워 에로스를 임신하게 되었지요. 따라서 에로스는 처음부터 아프로디테의 추종자이자 수행자가 되었답니다. 그 이유는 그가 [아프로디테]의 출생일에 임신되었고, 그와 동시에 본성적으로 아름다움을 사랑하며, 또한 아프로디테가 아름다웠기 때문이지요.

포로스와 페니아의 아들인 에로스는 이런 운명에 놓여 있었습니
D 다. 먼저, 그는 항상 가난하고, 많은 사람들이 생각하듯이 연약하거나 아름답지도 않으며, 거칠고 건조한 피부를 갖고 있으며, 신발도 없고 집도 없습니다. 그는 항상 침구도 없이 맨바닥에 눕고, [남의 집] 문간이나 노천의 길가에서 쉬지요. 어머니의 본성을 가져 항상 궁핍하게 살지요. 그렇지만 아버지를 닮아 아름다운 것과 좋은 것

을 추구하는데, 그는 용감하고 맹렬하고 예민하고, 항상 어떤 책략
E 을 꾸미는 훌륭한 사냥꾼이랍니다. 또한 그는 일생 동안 지혜를 사랑하며, [또한] 능숙한 마술사이자 마법사이자 말재주꾼[즉, 소피스트]입니다. [포로스]는 본래부터 불멸적이지도 않고 사멸적이지도 않으며, 책략이 풍부하면 하루 만에 번성하고 살아 있기도 하고, 다른 때는 죽어가다가 아버지의 본성 때문에 되살아나기도 합니다. 그럼에도 그가 가진 책략들은 항상 빠져 나간답니다.

반면에 에로스는 결코 책략이 없는 것도 아니고 부유한 것도 아니며, 게다가 그는 지혜와 무지의 중간에 서 있습니다. 그건 이렇답니
204 다. 어떤 신도 지혜를 사랑하거나 지혜롭게 되기를 욕구하지는 않지요. 왜냐하면 [그들이 이미 지혜롭기] 때문이죠. 또한 지혜로운 다른 사람들도 지혜를 사랑하길 욕구하지 않는답니다. 무지한 사람들도 지혜를 사랑하지 않으며, 지혜롭게 되기를 욕구하지도 않지요. 무지는 이런 점에서 어렵답니다. 즉, 아름답거나 좋은 사람도 아니고 지성적인 사람도 아니면서 자신에게 만족한다는 것입니다. 자신이 결여되었다고 느끼지 않는 사람은 자신이 결여한다고 느끼는 것을 욕구하지 않는다는 것이지요.

내가 말했네. "그러면, 디오티마, 지혜를 사랑하는 사람들은 누구지요? 지혜로운 자들도 아니고 무지한 자들도 아니라면 말입니다."

B 그녀가 말했다네. "그들이 중간에 속한 사람들이라는 것을, 그 가운데 에로스가 있다는 것을 지금쯤이면 어린아이라도 말할 수 있을 겁니다. 왜냐하면 지혜는 가장 아름다운 것들과 관계되며, 에로스는 아름다운 것에 대한 사랑이기 때문이지요. 따라서 에로스는 필

연적으로 지혜를 사랑하는 자여야 하며, 그렇기 때문에 지혜로운 것과 무지한 것의 중간이어야 하지요. 그 기원이 이것들의 원인이지요. 왜냐하면 그의 아버지는 지혜롭고 책략을 갖지만, 그의 어머니는 지혜롭지도 않고 책략도 없기 때문입니다. 친애하는 소크라테스여, 그런 것이 그 정령의 본성이며, 당신이 에로스에 대해 다른
C 생각을 했던 것이 놀랄만한 일은 아니지요. 당신이 말했던 것에 따르면, 내게는 당신이 사랑하는 것이 아니라 사랑받는 것을 에로스라고 생각했던 것으로 보입니다. 이런 이유에서 당신에게는 에로스가 전적으로 아름다워 보였던 것으로 생각됩니다. 사실 사랑스러운 것이 아름답고 부드럽고 완전하고 또한 행복으로 여겨지지만, 사랑하는 것은 내가 설명했던 것처럼 다른 종류의 것이랍니다."

내가 말했네. "아주 좋습니다. 훌륭하게 말씀하셨습니다. 그러나 그런 것이 에로스라면, 인간들에게 무슨 소용이 있습니까?"

D 그녀가 말했네. "그것이 제가 당신에게 가르쳐 주려는 다음 이야기입니다, 소크라테스. 에로스가 그런 것이 그런 기원을 가졌고, 또한 그는 당신이 말했던 것처럼 아름다운 것들에 대한 것이기도 합니다. 누군가 우리에게 "소크라테스, 그리고 디오티마, 에로스는 아름다운 것들 가운데 [어떤 것에 대한 사랑]입니까?"라고 질문한다고 가정해보죠. 좀 더 명확하게 질문해보죠. "아름다운 것들에 대해 사랑하는 것은 무엇에 대한 [사랑]입니까?"라고 말이죠."

내가 말했네. "그것들이 자기 것이 되는 것을 [사랑하는 것]이지요."

그녀가 말했네. "그러나 그 답변은 이런 질문을 야기합니다. "아름

다운 것들을 갖는 사람은 무엇을 갖게 되는 겁니까?"라는 질문 말입니다."

나는 그 질문에 지금은 답변하지 못하겠다고 말했네.

E 그녀가 말했네. "그러면 누군가 질문을 바꿔서 아름다운 것 대신에 좋은 것에 대해 질문한다고 가정해보죠. 자, 소크라테스, 제가 묻겠습니다. "좋은 것들을 사랑하는 것은 무엇에 대한 [사랑]입니까?"라고요."

내가 말했네. "그것들이 자기 것이 되는 것을 [사랑하는 것]이지요."

"그러면 좋은 것들을 갖는 사람은 무엇을 갖게 되는 겁니까?"

내가 말했네. "그 질문은 좀 쉽게 대답할 수 있겠군요. 그가 행복해지기 위해서입니다."

205 그녀가 말했다네. "행복한 사람들은 좋은 것들을 획득함으로써 행복해지고, 그런 것이 그의 소망이라면, 우리는 어떤 목적에서 사람이 행복해지길 바라느냐고 물어볼 필요가 없겠지요. 그 답은 궁극적인 것처럼 보이니까요."

내가 말했네. "옳은 말씀입니다."

"그렇다면 이 소망이나 이 사랑이 모든 사람에게 공통되고, 따라서 모두가 항상 좋은 것들을 갖기를 소망한다고 생각하시나요? 아니면 어떻게 말하겠습니까?

내가 말했네. "그건 모두에게 공통됩니다."

B 그녀가 말했네. "그렇다면 소크라테스, 모든 사람들이 항상 동일한 것들을 사랑한다고 우리가 말할 때, 우리는 모든 사람들이 사랑한다고 말하는 것이 아니라 어떤 사람들은 사랑하고 다른 사람들은 그렇지 않다고 말하는 것은 왜인가요?"

내가 말했네. "저도 놀라고 있습니다."

그녀가 말했네. "하지만 놀라지 마세요. 우리는 사랑의 어떤 형태를 뽑아내고 전체의 이름을 적용해서는 그것을 사랑이라고 부르고, 다른 것들에는 다른 이름들을 붙이기 때문입니다."

내가 말했네. "예를 들면 어떤 것이죠?"

"예를 들자면, 이런 겁니다. 당신은 창작이란 것이 많은 어떤 것이
C 라는 것을 알고 있습니다. 왜냐하면 존재하지 않는 것에서 존재하는 것으로 되는 모든 것의 원인은 글을 짓는 것이기 때문입니다. 따라서 모든 글짓기 기술은 창작이 되는 것이고, 모든 글 짓는 사람들은 작가가 되는 겁니다."

"옳은 말씀입니다."

그녀가 말했네. "그러나 그들은 작가라고 불리지 않고 다른 이름들을 갖는데, 창작 전체의 일부, 음악과 운율의 일부를 전체의 이름으로 부른답니다. 이것만이 창작이라 불리고, 창작의 이 부분을 가진

사람만이 작가라 불리지요."

내가 말했네. "옳은 말씀입니다."

D 사랑도 마찬가지랍니다. 일반적으로 좋은 것과 행복한 것에 대한 모든 욕구가 가장 강력하고 가장 매력적이지요. 그러나 돈벌이나 신체를 단련하거나 지혜를 사랑하는 등의 다양한 다른 방법들에 의존하는 사람들은 사랑한다거나 또는 사랑하는 사람들이라고 말하지 않으며, 다양한 형태들 가운데 하나를 진지하게 추구하는 모든 사람들은 사랑한다거나 사랑하는 사람들이라는 전체의 이름으로 말한답니다.

내가 말했네. "옳게 말씀하시는 것 같습니다."

E 그녀가 말했네. "다른 반쪽을 찾아 헤매는 사람들이 사랑하는 사람
들이라는 이야기가 분명히 있습니다. 그렇지만 나의 이야기는 반
쪽도 아니고 전체도 아닙니다. 물론, 친애하는 분이여, 그것이 좋은
어떤 것이 아니라면 말입니다. 왜냐하면 사람들은 자신들에게 해
롭다고 느낀다면, 자신들의 발이나 손이라도 자를 준비가 되어 있
기 때문입니다. 제가 생각하기에는 사람들은 좋은 것은 자기의 것
이고 나쁜 것은 다른 사람의 것이라고 말하는 경우를 제외하고는
206 자신의 소유물을 아끼지 않습니다. 사람들은 오직 좋은 것만을 사
랑하기 때문입니다. 당신에게는 달리 생각되나요?

내가 말했네. "신에 맹세코, 아닙니다."

"그렇다면 우리는 사람들이 좋은 것을 사랑한다고 주저 없이 말할 수 있을 겁니다."

내가 말했네. "그렇습니다."

그녀가 말했네. "그러면 어떤가요? 그들이 좋은 것을 자신들의 것이길 원한다고 [즉, 사랑한다고] 덧붙여야 하지 않나요?"

"덧붙여야 합니다."

"그리고 그들은 그것이 단순히 그들의 것이길 원하는 것이 아니라 항상 그들의 것이길 원하지 않나요?"

"그것도 덧붙여야 합니다."

그녀가 말했네. "그러면, 간단히 말해서, 사랑은 좋은 것이 항상 자신의 것이기를 원한다는 것이군요."

내가 말했네. "아주 옳은 말씀입니다."

B 그녀가 말했네. "사랑이 항상 이렇다면, 그것을 추구하는 사람들이 어떤 방법으로, 그리고 어떤 행위를 추구할 때, 그들의 열정과 노력을 사랑이라 부를 수 있겠습니까? 이 기능이 사실상 무엇인가요? 말씀해주실 수 있습니까?"

내가 말했네. "오, 디오티마, 물론 아닙니다. 제가 할 수 있다면, 당신의 지혜에 감탄하지도 않고, 이것들을 배우기 위해 당신을 찾아 오지도 않았겠지요."

그녀가 말했네. "그러면, 제가 당신에게 말씀드리죠. 아름다운 것 안에서 출산하고 탄생하는 것은 육체와 영혼 모두에 의해서입니다."

내가 말했네. "당신이 말하는 것을 이해하려면 예언자가 필요하겠습니다. 이해하지 못하겠습니다."

II.8.3 출산은 사멸하는 것의 불멸성 (206C-212C)

C 그녀가 말했네. "제가 좀 더 명확하게 말씀드리지요. 소크라테스, 모든 사람들은 육체와 영혼 안에 잉태합니다. 어떤 시기에 도달하면, 우리의 본성은 출산을 욕구합니다. 그런데 이것은 추한 사람 안에서는 할 수 없고 아름다운 사람 안에서만 할 수 있습니다. 남성과 여성의 결합이 출산입니다. 아이를 갖고 낳는 이 일은 신성한 일, 즉 사멸적인 존재 안에 있는 불멸적인 요소이며, 그것이 부조화 속

D 에서 생긴다는 것은 불가능합니다. 추한 것은 신성한 것과의 부조화인 반면에, 아름다운 것은 조화입니다. 따라서 출생에서는 [아름다움의 여신] 칼로네가 [운명의 여신] 모이라와 [생산의 신] 에일레이튀아의 역할을 하며, 임신한 자가 아름다운 자에 가까이 가면, 자애로울 뿐만 아니라 즐거워져서 출산을 쉽게 해줍니다. 비록 추한 자를 만나게 되면, 침울하고 실망하여 스스로 움츠러들며, 거부되고 억제되어, 출산하지 못하고 태아를 품은 채로 진통을 겪게 됩니다. 따라서 복부가 커지고 출산이 임박해지면 사람은 스스로 아름다운

E 것에 대한 극도의 고통을 겪게 됩니다. 왜냐하면 그것을 가진 자만

이 그를 극심한 고통에서 벗어나게 해줄 수 있기 때문이지요. 소크라테스, 사랑이 아름다운 것에 대한 것이라는 당신의 생각은 틀렸습니다."

"그렇다면 무엇이죠?"

"그것은 아름다움 안에서 출산하고 탄생하는 겁니다.

내가 말했네. "그렇다고 하지요."

그녀가 말했네. "분명히 그렇습니다. 그러면 출산은 무엇입니까?
207 이것은 우리의 사멸적인 삶에서 항상 존재하고 불멸하는 어떤 것이지요. 이전에 동의했던 것에서, 우리는 필연적으로 좋은 것만큼이나 불멸하는 것을 욕구합니다. 왜냐하면 사랑은 좋은 것이 항상 누군가의 것이기를 원하기 때문이죠. 따라서 필연적으로 사랑은 불멸하는 것에 대한 것이라는 결론이 나옵니다."

사랑에 대해 이야기할 때마다, [디오티마]가 이 모든 것들을 내게 가르쳐 주었다네. 그리고 그녀는 한 번은 내게 말했다네. "소크라테스, 당신은 사랑과 욕구의 원인이 무엇이라고 생각합니까? 당신은
B 모든 동물들이 길짐승이든 날짐승이든 새끼를 낳으려 욕구할 때, 그것들이 어떤 상태에 처하는지 압니까? 그것들은 모두 병적으로 사랑에 목말라 처음에는 서로 [성적으로] 결합하려 하고, 그런 뒤에는 새끼를 위해 음식을 찾으려 하지요. [새끼를] 위해서라면 그들은 가장 약한 것들이라도 가장 강한 것들과 기꺼이 힘든 싸움을 하고 자신들의 생명을 희생하며, 또한 자신들의 새끼를 양육할 수만 있

다면 굶주림으로 고통을 감수하고, 어떤 종류의 일이라도 할 준비가 되어 있답니다." 그녀가 계속 말했네. "인간의 경우에는 그들이
C 추론을 통해 이런 것을 한다고 생각하겠지만, 동물의 경우에 이처럼 사랑에 목말라 하는 원인이 무엇일까요? 말씀해주시겠어요?"

내가 또 다시 알지 못한다고 말하자, 그녀는 이렇게 말했네. "만약 당신이 이런 것들을 생각해보지도 않는다면, 도대체 어떻게 사랑에 대한 일들에 정통하다는 건가요?"

"그건 이렇기 때문이죠, 디오티마. 좀 전에 말했듯이, 그래서 제가 당신에게 온 겁니다. 선생님이 필요하다고 생각했기 때문이죠. 이것들과 사랑에 관한 다른 것들의 원인을 제게 말해주세요."

그녀가 말했네. "만약 사랑이 본성적으로 우리가 종종 동의했던 그
D 런 것이라고 당신이 믿는다면, 놀라지 마세요. 왜냐하면 여기에서도 전과 동일한 근거에서 사멸적인 본성은 그것이 할 수 있는 한 항상 불멸을 추구하기 때문이지요. 그것은 한 가지 방법으로만 할 수 있는데, 그것은 바로 생성을 통해서입니다. 그것은 항상 오래 된 것 대신 새로운 것을 그 뒤에 남겨 놓을 수 있기 때문이지요. 그것은 각각의 생명체가살아있고 또한 같은 것이라고 말할 수 있는 동안에만 그렇답니다. 사람이 어려서부터 늙을 때까지 같은 사람이라
E 고 말해지듯이 말입니다. 그러나 그 [사람]이 같다고 말해지긴 하지만, 그는 단 한 순간도 자기 속에 같은 것들을 갖지 않고 항상 새롭게 되는 것이지요. 그리고 머리카락, 피부, 뼈, 그리고 피와 육체 전체에서 나타나듯이 잃는 것도 있습니다. 그리고 육체뿐만 아니라 영혼에서도, 성질, 성품, 견해, 욕구, 즐거움, 고통이나 두려움도 각

자에게 각각 동일한 것으로 있는 것이 아니라 어떤 것들은 생겨나
208 고 어떤 것들은 소멸합니다. 이것들보다 훨씬 더 터무니없는 것은 지식의 경우에 어떤 것들은 우리에게 생겨나고 다른 것들은 소멸하며, 따라서 우리의 지식에 있어 우리는 결코 같지 않지만, 지식의 다른 개별적인 경우에는 한 가지라는 겁니다.

우리가 '연습한다'고 말하는 것도 우리의 지식이 떠나고 있다는 것을 함축합니다. 망각은 지식이 떠나가는 것이며, 연습이란 떠나는 기억의 자리에 새로운 것을 대체하고 지식을 동일한 것처럼 보이게
B 만들어 보존하는 것이지요. 모든 사멸적인 것이 그런 식으로, 즉 그것을 전과 똑같이 유지함으로써가 아니라 떠나는 것 또는 낡은 것을 본래의 것과 닮은 새로운 어떤 것으로 대체함으로써 보존된다는 겁니다. 이런 도구를 통해 사멸적인 것이 그것의 육체와 다른 모든 점에서 불멸성에 참여하는 것이며, 그것은 다른 방식으로는 될 수 없답니다. 그러므로 만약 모두가 본성적으로 자신의 자손을 소중히 여긴다 할지라도 이상하게 생각하지 마세요. 왜냐하면 이런 불멸성을 위해 모두가 이런 열정과 사랑을 갖기 때문이지요.

C 이 이야기를 듣고 궁금해서 내가 말했네. "그래요. 가장 지혜로운 디오티마, 정말로 이게 진실인가요?"

그녀가 완벽한 소피스트들처럼 말했다네. "잘 알아두세요, 소크라테스. 만약 당신이 사람들의 명예욕만 살펴보더라도, 인간들의 경우에도 그렇다는 것을 알 수 있을 겁니다. 내가 말했던 것이 부당하다는 것에 놀라게 될 겁니다. 사람들이 앞으로도 '영원히 불멸할 명성을 얻고 쌓는 것'에 대한 사랑에 얼마나 사로잡혀 있는가를 깊이

생각해보지 않는다면 말입니다. 이것을 위해서, 그들의 자식들을
D 위해서보다도 더 그들은 모든 위험을 감수하고, 돈을 소비하고, 어떤 종류의 일이든 하면서, 자신들의 삶을 희생하려 하지요."

그녀가 말했네. "만약 우리가 지금 갖고 있는 '탁월성에 대한 불멸의 기억'을 자신들이 얻으리라 기대하지 않았더라면, 당신은 아케스티스가 아드메토스를 위해 기꺼이 죽었거나 아킬레우스가 파르토클로스를 뒤따라 죽었거나 또는 당신의 코드로스가 자기 자녀들의 왕국을 구하기 위해 기꺼이 죽었으리라 생각합니까? 물론 아닙
E 니다." 그녀가 말했네. "내 생각에 그들은 이러한 불멸의 탁월성과 빛나는 명성을 위해 그들 모두가 할 수 있고, 자신들의 탁월성을 가장 잘 발휘할 수 있는 일을 했던 것입니다. 그들은 불멸하는 것을 사랑했기 때문이지요." 그녀가 말했네. "그러므로 육체적으로 임신한 사람들은 더 여성들에게 끌리고, 이런 식으로 사랑한답니다. 출
209 산을 통해 그들은 '이어지는 모든 시간을 얻게 되는' 불멸성, 기억, 지복의 상태를 생각 속에서나마 획득하는 겁니다."

그녀가 말했네. "한편 영혼에 [임신한 사람들이], 육체보다는 오히려 영혼이 임신하고 출산하기에 적절한 것들을 영혼에 [임신한 사람들이] 있답니다. 이것들은 무엇일까요? 사려와 모든 탁월성, 그리고 이 가운데 낳는 자들은 창작을 하는 모든 시인들과 제작자들이지요. 사려 가운데 훨씬 더 위대하고 아름다운 것은 국가와 가정의
B 운영에 대한 사려이며, 그것들이 절제와 정의라는 이름으로 불리지요. 따라서 영혼이 신적이어서 어렸을 때부터 임신해 있다가 성인이 되자 출산하여 탄생시키려 욕구할 때, 그 또한 출산하기 위해 아름다운 대상을 찾아 헤맨답니다. 왜냐하면 그는 결코 추한 것 안에

서 출산하지는 않을 테니 말입니다. 따라서 그가 임신했을 때 선호하는 것은 추한 육체들이 아니라 아름다운 것들이며, 만약 아름답고 고귀하고 훌륭한 성질을 가진 영혼을 만나게 되면, 그는 그 둘이
C 결합된 하나를 기꺼워한답니다. 또한 즉각적으로 이런 사람에게는 탁월성에 대해서, 좋은 사람은 어떠해야 하고 또한 그가 무엇을 추구해야 하는지에 대해 이야기해줄 것이 풍부해지기 때문에, 그는 이 사람을 가르치려 하지요.

내 생각에, 그 이유는 그가 아름다운 사람을 접함으로써, 그리고 그와 어울림으로써, 자신이 오랜 동안 임신했던 아이를 출산하고 탄생시킬 수 있기 때문입니다. [아름다운 사람이] 곁에 있든 없든 그는 그를 기억하고, 그와 함께 출산한 것을 양육하는 겁니다. 그렇게 함으로써 그들은 아이들보다 서로에 대해 훨씬 더 강력하게 결합하고더 확고하게 친애감을 갖게 되는데, 그것은 그들이 공유하는 아이들이 더 아름답고 더 불멸하기 때문이죠. 모두가 인간적인 아이
D 들보다 이런 아이들을 출산하길 선호하며, 또한 그들은 호메로스와 헤시오도스, 그리고 다른 훌륭한 시인들을 보면서, [후자]들이 남긴 불멸하는 자손들이 인간들의 기억 속에 불멸하는 명성과 기억을 안겨주는 것을 부러워합니다. 만약 원한다면, 뤼쿠르고스가 스파르타를 (또는 오히려 그리스 전체라고 말할 수 있을 것입니다만) 구하
E 라고 그곳에 남겨두었던 그의 자식들을 보세요. 반면에 솔론은 자신의 법률들을 낳았기 때문에 당신들에게 존경받고 있고, 또한 그리스인들 사이에 있든 외국인들 사이에 있든 다른 지역에 있는 다른 많은 사람들이 많고도 아름다운 행동들을 보여줬고 또한 모든 탁월성을 낳았습니다. 이런 아이들 때문에 그들을 위한 많은 사원들이 생겼으나, 인간의 [아이들] 때문에 그런 적은 없었습니다."

210 그녀가 [계속해서] 말했네. "소크라테스, 당신은 아마도 사랑에 대
한 이러한 일들을 시작할 수 있을 겁니다. 그러나 당신이 똑바로 나
아간다 할지라도 이것들이 목표로 하는 궁극적인 것들인 비밀스러
운 종교의식에 도달할 수 있을지 나는 모르겠습니다. 그렇지만 제
가 노력을 아끼지 않으면서 말씀드릴 테니, 따라오기 위해 애써 주
세요. 이 일을 똑바로 하려면 젊을 때 아름다운 육체들로 나아가는
데서 시작해야 합니다. 먼저 안내하는 사람이 그를 똑바로 안내하
B 면, 그는 하나의 육체를 사랑하고 그 안에 아름다운 이야기를 낳아
야 하며, 그런 뒤에 그 아름다움이 어떤 하나의 육체에 속한 아름다
움이 다른 몸에 속한 아름다움과 닮았다는 것을 이해하고, 또한 그
가 아름다움의 형태를 따르고자 한다면, 모두에게 속한 아름다움
을 동일한 하나의 것으로 간주하지 않는 것이 아주 어리석다는 것
을 이해해야 합니다. 그리고 이것을 이해했다면, 그는 아름다운 모
든 육체들을 사랑하는 자가 되어 하나에 대한 열정을 무시하고 사
소한 것으로 간주함으로써 완화시켜야 하지요. 그러나 그 다음에
C 는 몸보다 영혼의 아름다움에 더 많은 가치를 부여하고, 그렇게 함
으로써 영혼만 적절하다면 아무리 사소한 아름다움의 싹이 틀지라
도, 그것은 젊은 사람들을 더 나은 사람으로 만들기에 충분할 정도
로 사랑하고 돌보며, 또한 생산하고 추구해야 합니다. 또한 마침내
그는 행동들과 법률들에 나타나는 아름다움에 대해 성찰하고 그것
자체가 [다른] 모든 것과 같은 종류의 것임을 파악함으로써 육체의
아름다움을 사고한 것으로 간주하게 될 것입니다.

그는 행동들이 있은 뒤에 지식들로 이끌어지고 그곳에서 지식의 아
D 름다움을 볼 수 있게 됩니다. 이렇게 많은 아름다움을 봄으로써, 어
린 소년[의 아름다움]이나 어떤 사람[의 아름다움]이나 한 가지 행동

의 아름다움처럼 하나의 것에 [집착하는] 사소하고도 하찮은 노예가 됨이 없이, 아름다움의 대해를 향하고 그것을 성찰함으로써 많고도 아름다운 이야기와 커다란 사색을 가져오게 되는 것이지요.
E 그는 그곳에서 획득한 힘과 성장을 통해 [내가 이제 설명할] 아름다움과 관련된 어떤 하나의 지식을 직관할 때까지 그렇다는 것입니다."

그녀가 [계속해서] 말했네. "이제 최대한 제게 집중해주세요. [어떤 사람이] 아름다운 것들을 차례대로 살피면서 사랑에 대해 이 정도까지 배우게 되면, 그는 사랑을 다루는 끝부분에 이르러 갑자기 본성적으로 아름다운 어떤 것, 즉 놀라운 어떤 것을 직관할 것인데, 소크라테스, 이것은 과거에 있었던 그 모든 노역의 최종적인 대상이랍니
211 다. 우선적으로 그것은 영원히 존속하며, 생성되지도 않고 소멸되지도 않으며, 또한 증가되지도 않고 감소되지도 않습니다. 다음으로 그것은 부분적으로 아름답지도 않고 부분적으로 추하지도 않으며, 어떤 때는 그렇고 다른 때는 그렇지 않은 것도 아니고, 어떤 점에서는 아름답고 다른 점에서는 추한 것도 아니고, 또한 사람들이 어떻게 보느냐에 따라 어떤 사람들에게는 아름답게 보이고 다른 사람들에게는 추해 보이는 것도 아닙니다. 또한 그는 아름다움을 얼굴이나 손이나 다른 어떤 신체 부위로 [나타나지 않을 것이며], 또한 추론이나 지식의 일종으로도 [나타나지 않을 것이며], 또한 동물이나 땅이나 하늘이나 다른 어떤 것과 같은 다른 어떤 것의 어딘가에 존재하
B 는 것으로도 나타나지 않을 것입니다. 그러나 그것은 그 자체로부터 독립된 단일한 형태로 존재하는 반면에, 모든 아름다운 것들이 모두 생성되고 소멸될지라도, 그것들은 더 증가하지도 더 감소하지도 않고, 또한 어떤 것에 의해서도 영향 받지 않는 그런 방식으로 그것에

참여합니다. 따라서 어떤 사람이 이것들로부터 소년을 사랑하는 올바른 방식을 통해 올라가다가 그 아름다움을 보기 시작할 때, 그는 마지막 것을 거의 잡을 수 있을 겁니다. 이런 것이 사랑에 관한 일들에 똑바르게 나아가거나 유도되는 것이지요.

C 최상의 아름다움을 위해서, 그는 항상 [이 세상의] 아름다운 것들로
부터 시작하여 사다리의 계단처럼 하나에서 둘로, 그리고 둘에서
모든 아름다운 육체들로 높이 올라가야 합니다. 즉, 그는 아름다운
육체들로부터 아름다운 행동들로, 행동들로부터 아름다운 배움들
로, 배움들로부터 마침내 다른 것이 아니라 오직 아름다움 그 자체
에 관한 배움으로 말입니다. 그렇게 해서 마침내 그는 아름다움 자
D 체에 대해 알게 되는 것입니다.

그 만티네이아 출신 여성이 말했다네. "친애하는 소크라테스, 삶의
그곳, 아름다움 그 자체를 성찰하는 바로 그곳에서, 사람은 살 가치
를 찾곤 합니다. [그런 아름다움을] 한 번이라도 보게 된다면, 당신
은 그것이 황금이나 의류, 또는 아름다운 소년들이나 젊은이들보다
낫다고 생각할 겁니다. 지금 연인들을 바라보고 그들과 계속 함께
있게 되면 당신과 다른 많은 사람들은 넋을 잃고, 만약 그럴 수 있
E 다면 음식이나 음료가 없이도 살아가려 할 것입니다."

그녀가 말했다네. "만약 누군가가 완전하고 순수하고 정결한 아름
다움 그 자체를 보게 된다면, 즉 그가 인간의 살이나 색깔이나 다른
212 많은 사멸적인 쓰레기에 오염되지 않고, 단일한 형태를 갖춘 신적
인 아름다움 자체를 보게 된다면 무슨 일이 생길까요?"

그녀가 말했다네. "당신은 그쪽을 바라보는 삶, 즉 적절한 도구를 통해 그것을 바라보고 그와 함께 하는 삶이 가엾다고 생각합니까?"

그녀가 말했다네. "그가 아름다운 것을 보이게 만든 것을 통해 그것을 본다면, 그가 함께 하는 것은 허상이 아니라 진리이기 때문에, 그것은 허상이 아니라 참된 탁월성을 낳게 된다는 것을 생각하지 않는 겁니까? 그가 참된 탁월성을 출산하고 그것을 양육할 때, 그는 신이 좋아하는 사람이 되는 것이며, 인간들 가운데서 불멸하는 인간이 되는 것입니다."

B "이보게, 파이드로스와 자네들. 이것이 디오티마가 내게 말했던 것이며, 나는 [그녀에게] 설득되었다네. [내가] 설득되었기 때문에, 나도 다른 사람들을 설득하려 한다네. 이것을 획득하는데 인간의 본성을 도와줄 수 있는 도우미로서 에로스보다 더 나은 자를 찾기는 쉽지 않다고 말일세. 그렇기 때문에 나는 모든 사람들이 에로스를 존경해야 한다고 말하고 있는 것이네. 나 자신이 사랑과 관련된 모든 일들을 소중히 여기고 특별히 연마하며, 다른 사람들에게도 권
C 한다네. 지금도 그렇고 [앞으로도] 항상 나는 내가 할 수 있는 한 에로스의 능력과 용기를 찬미한다네. 그러므로 파이드로스, 만약 자네가 원한다면 이 이야기를 에로스에 대한 찬미로 생각해주고, 그렇지 않다면 자네가 붙이고 싶은 이름으로 그것을 부르게."

Ⅲ. 소크라테스에 대한 알키비아데스의 일방적인 사랑 (212C–223D)

Ⅲ.1 자신의 사랑을 받아주지 않는 소크라테스에 대한 원망 (212C–219E)

이러한 소크라테스 선생님의 말씀에 모두가 동의하는데, 아리스토파네스만은 소크라테스 선생님께서 말씀 중에 자신의 이야기를 언급했던 것에 대해 말하려 했다고 하네. [그러던 중에] 갑자기 바깥문을 두드리는 소리가 났는데, 그들은 시끄러운 소리와 함께 피리
D 부는 소녀의 소리를 들었다 하네. 그러자 아가톤이 말했다고 하네. "얘들아, 너희들이 살펴보거라. 만약 아는 분들 가운데 한 분이면 들어오시게 하고, 아니면 우리는 술을 마시지 않고 끝마치려 하고 있다고 전해라."

잠시 후에, 그들은 아가톤이 어디 있냐고 큰 소리로 물으면서 자기를 아가톤에게 데려가라고 앞뜰에서 많이 취한 상태로 지시하는 알키비아데스의 소리를 들었다 하네. 그리고 나서 그는 피리부는 소
E 녀와 다른 사람들의 부축을 받으며 모임장소로 왔다고 하더군. 그는 담쟁이덩굴과 제비꽃이 빽빽한 화관을 쓰고, 머리에는 많은 수의 머리띠를 두르고 문가에 서서 이렇게 말했다 하네. "이보게들, 잘들 있었는가? 자네들은 [꼭지가 비틀어질 정도로] 많이 취한 친구를 술자리에 받아들여주겠나, 아니면 우리가 왔던 [목적대로] 아가톤에게 화관만 씌워주고 갈까? 내가 말하네만, 나는 어제 올 수가 없었다네. 그렇지만 지금 나는 머리에 이 머리띠들을 맨 채로 왔고, 그렇게 이렇게 말해도 된다면, 그것들을 내 머리에서 벗겨내어 가

213 장 지혜롭고 가장 아름다운 머리에 둘러주겠네. [내가] 취했다고 나를 비웃는 건가? 글쎄, 비웃어도 좋네만, 나로서는 분명히 진실을 말하고 있다는 것을 잘 알고 있네. 내게 똑바로 말해보게. 말해졌던 대로 하겠나, 하지 않겠나? 함께 마시겠는가, 마시지 않겠는가?"

그러자 그들은 모두 떠들썩하게 찬사를 보내며 그에게 들어와 자리에 앉으라 했고, 아가톤도 그를 초대했다고 하네. 그리고 그는 동반자들의 부축을 받으며 들어왔고, [아가톤의 머리에] 둘러주기 위해 머리띠들을 푸는 동시에 그것들을 눈앞에 들고 있어서 소크라테스를 보지 못하고 아가톤의 옆에, 즉 소크라테스 선생님과 그의 중간
B 에 앉았다고 하네. 왜냐하면 소크라테스 선생님께서 그를 보고는 자리를 내주었기 때문이지. 그러자 그는 자리에 앉았고, 아가톤에게 인사하면서 그의 머리에 [머리띠들을] 둘러줬다고 하네.

그런 뒤에 아가톤이 말했다 하네. "얘들아, 알키비아데스의 신발을 벗겨드려라. 우리 두 사람과 같이 누울 수 있도록 말이야."

알키비아데스가 말했다 하네. "좋지. 그런데 우리와 같이 술을 마시는 세 번째 사람은 누구인가?" 그와 동시에 그는 몸을 돌려 소크라테스 선생님을 보았고, 보자마자 [놀라] 뛰어오르며 말했다네. "헤라클레스시여, 이게 뭡니까? 소크라테스 선생님께서 여기 계시다니? 선생님께서 그곳에 숨어 저를 기다리시다니, 제가 생각도 못한 곳
C 에서 갑자기 나타나는 낡은 장난을 하시는군요. 지금은 무슨 일로 오셨나요? 그리고 어리석거나 또는 어리석고자 하는 아리스토파네스 옆도 아니고 왜 여기 앉아 계시나요? 왜 이 안에서 가장 아름다운 사람 옆에 앉으려고 애쓰셨을 텐데요?"

그러자 소크라테스 선생님께서 말씀하셨다고 하네. "아가톤, 나를
보호하도록 살펴주게. 이 사람에 대한 나의 사랑이 간단하지 않은
D 일이 되었으니 말일세. 내가 그를 사랑했던 이후로, 나는 더 이상
아름다운 사람을 쳐다보거나 대화를 나눌 수가 없게 되었고, 그 때
부터 그는 시기심과 질투심으로 인해 놀랄만한 행동과 학대를 해대
며, 나를 [수시로] 얼싸 안고 손을 [잠시도] 그대로 두질 않는다네. 그
러니 그가 지금은 그런 행동을 하지 않도록 살펴주고, 또한 우리를
화해시켜주거나 또는 그가 힘을 사용하면 나를 도와주게. 나는 사
랑에 헌신하는 사람의 광기도 모두 무서우니 말일세.

알키비아데스가 말했다고 하네. "아니오. 선생님과 제게 화해는 없
E 습니다. 그에 대한 복수는 나중에 선생님께 하겠어요. 지금은 제게
[다른 할 일이 있습니다]. 아가톤, 자네 머리띠 좀 몇 개 주게. 이 분
의 이 놀라운 머리도 꾸며드리게 말이야. [그렇게 한다면] 이 분은
자네처럼 어느 한 번이 아니라 모든 논쟁에서 이기는데도, 자기에
게는 하나도 주지 않고 내가 자네에게만 화환을 만들어줬다고 비난
하지는 않겠지." 그는 그렇게 말하면서 머리띠를 몇 개 들고는 소크
라테스의 머리를 장식한 뒤에 다시 자리에 앉았다고 하네.

그런 뒤에 [알키비아데스]는 그곳에 기대어 이렇게 말했다고 하네. "자 이제, 자네들, 자네들은 멀쩡해 보이는군. 자네들을 그대로 둘 수 없네. [술을] 마셔서, 우리가 동의했던 일을 수행하게. 자네들이 충분히 마실 때까지 이 자리를 이끌어갈 사람으로 나 자신을 뽑아야겠네."

그가 [계속해서] 말했다고 하네. "그런데, 아가톤, [애들을 시켜서] 내

214 게 커다란 술잔을 하나 갖다 주라고 하게. 아냐, 그러지 말고. 얘야, 저 술통을 가져오거라." 그[가 그 술통을 가리켰던 것]은 그것[의 크기가] 여덟 잔은 [족히] 들어가리라 보았기 때문이라고 하네. 그는 그것을 채워서 자신이 비운 뒤에, 소크라테스 선생님을 위해 다시 채우라고 지시하는 동시에 이렇게 말했다고 하네. "소크라테스 선생님께는 나의 교활한 꾀도 쓸모가 없다네. 선생님께 얼마나 많은 술을 권하든, 선생님은 그걸 모두 마시고도 조금도 취하지 않으니 말일세."

[시중드는] 아이가 [술을] 붓고 소크라테스 선생님께서 그걸 드시는데, 에뤽쉬마코스가 이렇게 말했다고 하네. "알키비아데스, 우리가
B 무얼 하고 있는 건가? 술잔을 놓고서 할 말이나 노래가 아무것도 없이 그저 목마른 사람처럼 마시기만 하는 건가?"

그러자 알키비아데스가 말했다고 하네. "오, 가장 뛰어나고 가장 지혜로운 아버지의 가장 뛰어난 에뤽쉬마코스, 반갑군!"

에뤽쉬마코스가 말했다고 하네. "자네도 반갑네. 그런데 우리가 무얼 해야 하는가?"

"자네가 명령하는 것이라면 무엇이든. 우리는 자네에게 복종해야 하니 말일세. "의사 한 사람은 여러 사람의 가치가 있다!"고 하듯이, 자네가 원하는 것을 뿌려보게."

에뤽쉬마코스가 말했다고 하네. "그러면, 들어보게. 우리는 자네가 도착하기 전에 오른쪽으로 돌아가며 각자가 에로스에 대한 이야기
C 를 가능한 아름답게 하고, 또한 그를 찬미하자고 결정했었네. 이제

우리 모두가 이야기했는데, 자네가 이야기는 하지 않고 술잔을 비웠으니 자네가 이야기를 해서 의무를 다해야 할 것이네. 그런 뒤에 자네가 원하는 것을 소크라테스 선생님께 하고, 선생님께서 오른쪽에 있는 [사람에게], 그리고 그런 식으로 다른 사람들도 그렇게 하세."

알키비아데스가 말했다 하네. "좋아, 에뤽쉬마코스, 훌륭한 이야기
군. 그렇지만 술 취한 사람[의 이야기]를 술 취하지 않은 사람들의 이
D 야기에 비교하는 것은 전혀 공평하지 않네. 게다가, 이 친구들아, 자
네들은 소크라테스 선생님께서 자네들에게 방금 말씀하셨던 것을
믿나? 아니면, 자네는 그것이 선생님께서 말씀하셨던 것과 정반대라
는 것을 알고 있나? 만약 내가 그의 앞에서 신이나 그를 제외한 다른
사람을 찬미한다면, 내게서 손을 떼지 않을 사람이 바로 그 분일세."

소크라테스 선생님께서 말씀하셨다 하네. "자네는 좋은 말은 하지 않을 건가?"

알키비아데스가 말했다 하네. "포세이돈에 맹세코, 이것들에 대해서는 아무 말씀도 하지 마세요. 저는 선생님께서 계신 곳에서 다른 누구도 칭송하지 않을 테니까요."

에뤽쉬마코스가 말했다 하네. "원한다면, 그렇게 하게. 소크라테스 선생님을 칭송하게."

알키비아데스가 말했다 하네. "무슨 말인가? 에뤽쉬마코스, 그렇게 해야만 한다고 생각하나? 내가 자네들 앞에서 선생님에 대한 복수를 하라는 말인가?"

E 소크라테스 선생님께서 말씀하셨다고 하네. "이봐, 자네는 뭘 하려
는 건가? 나를 칭송해서 비웃음을 사게 하려는 건가, 아니라면 뭘
하려는 건가?"

알키비아데스가 말했다 하네. "저는 진실을 말하려는 겁니다. 그러니 허용해주시겠습니까?"

소크라테스 선생님께서 말씀하셨다고 하네. "그러지. 나는 자네가 진실을 말하라고 단순히 허용하는 것이 아니라 명령하겠네."

알키비아데스가 말했다 하네. "더 빠를 수 없을 겁니다[곧바로 시작
215 하겠습니다]. 그런데 선생님께서 해주실 일이 있습니다. 만약 제가
진실이 아닌 것을 말하면, 중간에 [제 이야기를] 멈추시고 제가 거짓말을 하고 있다고 말씀하세요. 왜냐하면 제가 고의로 거짓된 것을 말하지는 않을 테니까요. 만약 제가 기억을 떠올리다가 다른 곳에서 다른 [이야기를] 할지라도, 결코 놀라지 마세요. 왜냐하면 저와 같은 처지에 있는 사람이 선생님의 기이한 행동을 쉽고도 일목요연하게 설명한다는 것은 쉬운 일이 아니니까요."

"이보게들, 나는 소크라테스 선생님을 이런 식으로 찬양하려 하네.
'유사성'을 통해서 말일세. 아마도 선생님께서는 내가 조롱하기 위
해 이런다고 생각하실 것이네. 하지만 내가 유사성을 선택한 것은
B 진실을 위한 것이지 조롱하기 위한 것이 아니네. 왜냐하면 나는 선
생님께서 조각상 가게에 놓인 [숲의 요정] 실레노스들과 아주 유사
하게 생겼다고 주장하기 때문이네. 장인들이 손에 팬파이프나 피
리를 들고 만드는 그것들의 가운데를 열면 그 안에는 신과 유사한

것들이 있지. 또한 나는 선생님께서 [실레노스의 일원이자 반인 반수의 숲의 신] 사티로스인 마르쉬아스와도 유사하다고 주장하는 바이네. 그러므로 소크라테스 선생님, 선생님께서 이것들과 생김새가 유사하다는 것에 대해 선생님 자신도 부정하지 못하실 겁니다. 그렇지만 선생님께서 다른 점에서도 비슷하다는 [제 이야기를] 들어보세요.

선생님께서는 아주 잔혹한 분입니다. 그렇지 않나요? 만약 동의하지 않으신다면, 증인들을 제시하겠습니다. 그렇지만 선생님께서는
C 피리 연주자가 아닌가요? 사실 저 [마르쉬아스]보다 훨씬 더 놀라운 연주자이지요. [마르쉬아스]의 입은 악기로 사람들을 매료시키는 힘을 가졌고, 지금도 그의 곡을 연주하는 사람이라면 누구나 그렇게 하지요. 올림포스의 피리 연주곡도 그를 가르쳤던 마르쉬아스의 것이라 말할 수 있을 겁니다. 그래서 저 [마르쉬아스]의 연주곡을 연주하기만 하면, 그가 훌륭한 연주자이든 형편없이 피리 부는 소녀이든 상관없이 그것만이 [연주를 듣는] 사람들을 압도하고, [또한 그 곡이] 신적이므로 신에 입문하려 하고 신을 필요로 하는 사람을 보여준답니다.

선생님은 [마르쉬아스]와 한 가지가 다른데, 그것은 선생님께서 악기가 없이 단순히 이야기만으로도 같은 종류의 것을 만드실 수 있
D 다는 점입니다. 어쨌든 우리가 다른 사람의 이야기를 들을 때는 그것이 훌륭한 웅변가의 이야기라 할지라도, 우리가 그의 말 한 마디나마 관심을 갖는다고 누구도 말하지 못할 것입니다. 그러나 선생님[의 이야기를 직접 듣거나] 또는 다른 사람에게서 선생님의 이야기에 대해 듣게 되면, 말하는 사람의 이야기가 완전히 형편없다 할

지라도, 그리고 듣는 사람이 여성이나 남성 또는 어린아이라 할지
라도, 우리는 모두 감탄하면서 압도될 겁니다.

이보게들, 어쨌든 만약 내가 완전히 취해 보이지만 않는다면, 나는
맹세코 내가 개인적으로 그의 이야기에서 겪었고 또한 지금도 겪고
E 있는 일들에 대해 자네들에게 말해주겠네. [그의 이야기를] 들을 때
마다 내게는 코리반트의 광기보다 훨씬 더 [심한 광기가 찾아오고],
그의 이야기를 들으면 심장이 뛰고 눈물이 쏟아진다네. 다른 많은
사람들이 같은 것들을 겪고 있는 것을 보기 때문이네. 내가 페리클
레스나 다른 훌륭한 웅변가들의 이야기를 들을 때, 나는 그들이 말
을 잘 한다고 생각하지만, 이런 것은 겪어보지 못했다네. 나의 영혼
이 혼란스러운 적도 없었고 노예 상태에 있다고 해서 좌절감을 느낀
적도 없지만, 마르쉬아스의 [영향] 하에서는 종종 그런 상태에 처했
216 고, 그런 상태로는 삶이 살아갈 가치가 없는 것으로 보였지. 소크라
테스 선생님, 이것들이 진실이 아니라고 말씀하지는 않으실 겁니다.

지금도 만약 내게 귀를 기울이라고 한다면, 거부하지 못하고 그 [감
정들을 또 다시] 겪으리라는 것을 나 자신도 여전히 의식하고 있네.
왜냐하면 선생님께서는 이처럼 부족하기만 한 나로 하여금 나 자
B 신을 무시하고 아테네의 일을 해야 한다는데 동의할 것을 강요하
기 때문이네. 그래서 나는 마치 [아름다운 목소리로 노래를 불러 선
원들을 유혹했다는] 세이렌들을 피하듯이 귀를 닫고 도망쳤던 것이
지. 늙[어 죽]을 때까지 선생님 곁에 앉아 있지 않으려고 말일세. 이
분 앞에서만 겪었던 일이 하나 있는데, 그것은 내 안에 남아 있으리
라고 아마도 생각하지 않는 것, [그것은 바로] 어느 누구도 나로 하
여금 수치스러움을 느끼게 만들지 못하지만 이 분만이 그렇게 할

수 있네. [선생님께서] 지시하는 것을 반드시 해야 하는 것은 아니지 않느냐고 반박할 수도 없지만, 어쨌든 그 분을 떠나자마자 내가 많
C 은 사람들로부터 명예를 포기해야 한다는 것을 알고 있다네. 그래서 나는 [선생님을] 떠나서 도망치고, [그러다가 선생님을] 뵙게 되면, [선생님과] 동의했던 것들이 [떠올라] 수치심을 느끼게 되네. 나는 [선생님께서] 사람들 속에서 존재하지 않는 것을 보게 된다면 기쁘겠다고 종종 [생각하지만], 만약 그런 일이 생긴다면 내가 훨씬 더 슬프리라는 것을 잘 알고 있다네. 이와 같이 나는 그 분에 대해 어떤 말도 못하겠네.

사튀로스는 피리 연주로 나와 다른 많은 사람들에게 이런 식으로 영향을 줬네. 그러나 [소크라테스 선생님께서] 나의 비교와 다른 어
D 떤 점에서 비슷한지, 그리고 그 분이 얼마나 놀라운 능력을 갖고 있는지 들어보게. 자네들 가운데 누구도 그 분을 [제대로] 알고 있지 못하다는 것을 잘 알아야 하네. 내가 그걸 보여주겠네. 이미 시작했으니 말이네. 소크라테스 선생님께서는 아름다운 사람들에게 사랑을 느끼곤 하며, 항상 그들과 함께 있고 또한 그들에게 빠져 있고, 게다가 그 모습은 완전히 무지하고 아는 것이 없어 보인다네. 이것은 실레노스 [같지] 않은가? 바로 그렇다네. 선생님께서는 조각된 실레노스와 비슷하게 겉에 옷을 걸쳐 입고 계시니 말일세. 그런데 안쪽을 열면, 그 분이 절제로 가득하다는 것을 생각조차 못할 것이네. 어떤 아름다움도 그 분에게는 아무런 관심거리도 아니며, 오히
E 려 그것을 얼마나 무시하는지 자네들은 생각조차 못할 것이라는 것을 알아야 하네. 부유함도 [아무런 관심거리가] 아니며, 또한 많은 축복받은 일들 가운데 속하는 다른 어떤 종류의 명예도 [아무런 관심거리가] 아니네. 선생님께서는 이 모든 것들이 가치가 없다고 여

기시며, 내가 자네들에게 말하건대, 우리도 아무것도 아닌 것으로 [여기시네].

선생님께서는 끝까지 가식적으로 꾸미고 사람들을 조롱하면서 평생을 보내신다네. 선생님께서 진지했을 때 [선생님의 가슴을] 열고
217 안에 있는 [신의] 상들을 누군가가 본적이 있는지 나는 알지 못한다네. 그러나 나는 한 때 [그 상들을] 보았는데, 그것들이 내게는 아주 신적이고 황금빛이고 또한 아름답고도 놀랍다고 생각되었고, [그 분위기에 압도되어] 나는 소크라테스 선생님께서 하라는 그대로 따라야 했다네. 나는 선생님께서 내 미모에 대해 많은 관심을 가졌다 믿었기 때문에, 나는 [내가 여기 있게 된 것이] 신의 선물이자 놀라운 행운이라고 생각했지. 소크라테스 선생님을 기쁘게 해드리면 선생님께서 아시는 모든 것을 언제든 들을 수 있으리라 생각했네. 왜냐하면 나는 내 미모에 대해 아주 커다란 자부심을 갖고 있었기
B 때문이지. 그래서 이런 생각으로 나는 수행인들이 없이 혼자서 선생님을 만났다네. 그전까지는 혼자서 선생님을 만난 적이 없었는데 말이네. 자네들에게 진실만을 말해야 하기 때문에 말하는 것이네만, 자네들은 정신을 집중해주고, 소크라테스 선생님, 선생님께서는 제가 거짓말이라도 하면 부정해주세요.

이보게들, 그래서 나는 선생님을 만나서 둘이서만 있었고, 나는 연인이 소년 애인과 따로 있을 때 하는 그런 대화를 선생님께서 내게 해주시리라는 생각에 기뻐하고 있었다네. 하지만 그런 종류의 일
C 은 전혀 생기지 않았고, 선생님께서는 늘 하던 방식으로 나와 대화를 나누었고 하루가 그렇게 지나갔다네. 이런 일이 있은 뒤에, 나와 함께 운동할 것을 제안해서 운동하고, 나는 그곳에서 무언가를 이

루려 했다네. 그래서 나는 선생님과 어울려 시합했는데, 그곳에는
아무도 없는 경우가 몇 차례 있었지. 무슨 말을 해야 하겠나? 나에
게 이루어진 일은 아무것도 없었다네. 아무 일도 없었기에, 나는 내
가 시작한 일을 중단할 것이 아니라 무슨 일이 벌어졌는지 알아보
자고 결심했네. 그래서 나는 저녁식사를 하자고 선생님을 초대했
D 지. 연인이 소년 애인에게 일을 꾸미듯이 말일세. 선생님께서는 이
마저도 빨리 받아들이시지 않았지만, 그럼에도 결국 설득되셨네.
처음 오셨을 때, 선생님께서는 저녁식사가 끝나자마자 떠나시려 했
다네. 그때 나는 수치심을 느껴서 선생님께서 떠나시게 내버려두
었네. [선생님께서] 다시 오셨을 때, 나는 계략을 세웠다네. 식사를
한 뒤에, 나는 선생님과 밤늦게까지 이야기를 나누었고, 떠나려 하
실 때 나는 밤이 늦었다는 이유로 머무르실 것을 강요했던 것이지.
그러므로 선생님께서는 식사하실 때 앉았던 내 옆의 바로 그 침상
에서 주무시기로 했고, 방에는 우리를 제외한 아무도 잠을 자지 않
았다네.

E 여기까지는 아무에게나 말을 해도 좋을 이야기이네. 그러나 이제
부터는 자네들이 내게서 듣지 못할 이야기이네. 만약 첫째로 속담
에서처럼, (아이들이 함께 하든 말든) 술 속에 진실이 들어있지 않
다면 [이야기 하지 않았을 것이고], 또한 둘째로 소크라테스 선생님
을 칭송하기 시작했으니 그의 거만한 행동을 언급하지 않는 것은
부당한 것처럼 보이기 때문[에 이야기 하지 않았을 것이라는 말]이
네. 게다가 나는 살모사에게 물린 사람의 경험을 나누어 갖고 있네.
그런 곤경에 빠져본 사람은 자신의 감정을 살모사에게 물려보지 않
218 은 사람들에게는 설명하지 않으려 하네. 왜냐하면 그들만이 그를
이해할 수 있고, 그가 고통 때문에 어떤 행동이나 말을 해도 그에게

공감해주리라 생각하기 때문이지.

나는 더 큰 고통을 주는 것에게 물릴 수 있는 가장 고통스러운 방식으로 물렸다네. 내 심장, 내 영혼, 또는 그것을 무엇이라 부르든, 나는 지혜 사랑에 대한 논의들 속에서 맞기도 하고 또한 물리기도 했다네. 그것은 살무사보다도 더 흉포해서 젊고 둔하지 않은 영혼을 잡으면, 그것이 원하는 대로 행동하고 말하도록 만든다네. 자, 파이
B 드로스, 아가톤, 에뤽쉬마코스, 파위사니아스, 아리스토데모스, 그리고 아리스토파네스가 보이고, 또한 (내가 소크라테스 선생님 자신을 언급할 필요는 없을 것이네) 다른 사람들이 보이네. 모두가 선생님의 지혜 사랑에 대한 광기와 광란을 공유했었으니, 자네들 모두가 듣도록 하게. 자네들은 그때 했던 일과 지금 이야기할 일을 모두 이해해줄 테니 말일세. 집안의 하인들, 그리고 다른 속된 자들과 교양이 부족한 자들은 모두 귀에 커다란 이중문을 달아 놓도록 해라.

C “그래서, 이보게들, 등불이 꺼지고 아이[하인]들도 물러났기에, 나는 선생님께 이야기를 윤색하지 않고 내가 생각했던 것을 자유롭게 말씀드려야겠다고 생각했네. 그래서 나는 선생님을 흔들면서 말했네. 소크라테스 선생님, 주무시나요?”

[선생님께서] 말씀하셨네. “아니네.”

“그러면 제가 무슨 생각을 했는지 아시나요?”

[선생님께서] 말씀하셨네. “도대체 무슨 생각을 했나?”

내가 말했네. "선생님은 제가 사랑할만한 가치가 있다고 생각하는
유일한 분입니다만, 선생님께서는 제게 그걸 말씀하시길 주저하시
D 는 것 같이 보입니다. 제 입장은 이렇습니다. 선생님께서 제 재산을
필요로 하시든 제 친구의 재산을 필요로 하시든, 그에 대해 선생님
을 기쁘게 해드리지 못하는 것은 전적으로 어리석은 일이라고 생각
했습니다. 제게는 가장 훌륭한 [사람이 되는] 것이 무엇보다 중요하
며, 이에 대해 저를 도와주는데 선생님보다 더 능력이 있는 분은 안
계시다고 생각합니다. 그래서 저는 많은 어리석은 사람들을 기쁘
게 하는 것보다 현명한 사람들을 기쁘게 하지 않는 것이 훨씬 덜 수
치스러울 것이라고 생각합니다."

소크라테스 선생님께서 이 말을 들으시곤 짐짓 과장된 모습으로 못
들은 척하시면서 이렇게 말씀하셨네. "이 친구, 알키비아데스, 자
E 네가 나에 대해 이야기한 것이 정말로 진실이고, 자네를 더 나은 사
람이 되게 해줄 어떤 능력이 내게 있다면, 나는 감히 자네가 그다지
쓸모없는 자가 아니라고 말하겠네. 자네는 내 안에서 자네의 아름
다움과는 크게 다른 엄청난 아름다움을 보는 것이니 말일세. 만약
자네가 이것을 무시하고 아름다움을 아름다움과 교환하려 한다면,
자네는 자네가 가지려고 의도했던 것을 조금도 갖지 못할 뿐만 아
니라 아름다움이라 여겨지는 것 대신에 참된 것을 얻으려 하는 것
219 이며, "청동을 황금"과 교환하려고 생각하는 것이네. 그러나 축복받
은 자여, 잘 살펴보게. 자네가 주목하지 못한 것이 있지 않은지 말
일세[즉, 혹시 내가 쓸모없는데도 불구하고 무언가 잘못 알고 있는
것은 아닌지 말일세]. 눈의 시각이 정점에 머물다가 [기울어지려] 할
때, 마음의 시각이 날카로워지기 시작한다네. 그런데 자네는 그곳
에서 너무 멀리 왔네."

내가 말했네. "제 말씀을 들으셨죠? 그게 전부이고, 생각했던 것과 달리 말씀드린 것은 아무것도 없습니다. 선생님과 제게 가장 좋은 것이 무엇인지 고찰하셔야 할 분은 선생님입니다."

선생님께서 말씀하셨네. "자네가 말을 잘 했네. 왜냐하면 앞으로 올
B 시간에는 이것과 다른 일에 있어서 가장 좋아 보이는 것인가를 숙
고하면서 행동할 테니 말일세."

"선생님의 말씀을 듣고는 내가 했던 말이 쏘아진 화살처럼 선생님께
상처를 입혔다고 생각했지. 그래서 나는 자리에서 일어나 선생님께
서 힘들게 말씀하시지 않도록 (그리고 겨울이었기 때문에) 내 외투
C 를 둘러드리고는 나는 [선생님의] 낡은 외투 밑에서 이 참되고도 놀
라운 정령을 지닌 분을 내 팔로 안고 밤새 누워 있었다네. 소크라테
스 선생님, 이것들도 거짓말이라고 하지는 못하시겠죠. 내가 이런
[행동]들을 했을 때, 선생님께서는 내 미모를 비웃으면서 그처럼 우
월감과 경멸감을 보이시고, 내가 자랑스러워했던 것을 무시하셨네,
배심원 여러분. 왜냐하면 여러분이 소크라테스 선생님의 오만함에
대한 [판결을 하는] 배심원이니 말일세. [남성] 신들에 맹세코, 그리고
D 여신들에 맹세코, 나는 아버지나 형과 누워 잠잘 때와 전혀 다르지
않은 밤을 소크라테스 선생님과 보내고 깨어났다네.

그 후에 내가 어떤 마음을 갖고 있었는지 알 것이네. 창피하다고 생
각하면서도 그의 본성이 지닌 절제와 용기에 놀라고 있었지. 나는
내가 결코 만나리라 생각도 못해본, 현명하면서도 단호한 그런 사람
E 에게 빠져들었으니 말일세. 그런데 나는 화를 내며 그와 헤어질 방
법도 찾지 못했고 또한 그를 유혹할 방법도 찾지 못했다네. 왜냐하

면 나는 아이아스를 무기로 상처 입히는 것보다 선생님을 돈으로 상처 입히는 것이 모든 면에서 훨씬 더 [어렵다는] 것을 잘 알고 있었고, 또한 내가 그 분을 잡을 수 있는 유일한 방법이라고 생각했던 것을 빠져 나갔기 때문이지. 그래서 나는 어쩔 줄 몰라 했고, 아무도 다른 누구에게 하지 못했을 만큼 그 분의 노예가 되어 방황했다네.

Ⅲ.2 델리온 전투에서 목격한 소크라테스의 모습 (220A–223A)

우리가 나중에 포티다이아의 전쟁터에서 동료로 함께 지낼 때는, 이
220 모든 일이 내게 이미 발생한 뒤였네. 먼저 선생님께서는 힘든 일에
서 나뿐만 아니라 다른 모든 사람들을 능가하셨지. 전쟁터에서 종
종 그렇듯이 우리가 어디에선가 보급선이 끊겨 먹을 것 없이 지내야
했을 때, [선생님 외의] 다른 사람들은 견디지 못했다네. 그러다가 즐
거운 잔치라도 벌이게 되면 선생님만이 끝까지 즐기셨고, 또한 술을
드시지 않으려 하다가도 드실 수밖에 없을 때는 우리 모두를 이기셨
으며, 무엇보다 놀라운 것은 사람들 중에 소크라테스 선생님께서 취
하신 것을 본 사람이 아무도 없었다는 것이네. 이에 대해서는 우리
가 곧 볼 수 있을 것으로 생각하네. 겨울을 참아내는 것과 관련하여
B (그곳의 겨울은 혹독했었네), 선생님께서는 많은 놀라운 일들을 하
셨지. 혹독한 서리가 내렸을 때, 모두가 안팎으로 움직이려 하지 않
았고, 만약 누구라도 나가면, 우리는 놀라울 정도로 우리 자신을 감
쌌고, 양털과 양가죽으로 발을 묶고 둘러쌌다네. 그런데 선생님께서
는 이런 [날씨]에 이전에 계속해서 입었던 외투만 입고 나가셨고, 맨
발로 얼음 위를 신발신은 다른 사람들보다 더 쉽게 걸으셨지. 병사
들은 자신들을 얕본다는 생각에 선생님을 흘깃거렸네.

C 이건 이 정도면 됐네. 그때 그곳 전쟁터에서

"이 강건한 분이 또 다시 하셨고 겪으신 것"

에 대해 들어보는 것도 가치가 있을 것이네. 선생님께서 새벽녘에 무언가를 생각하느라 한 곳에 서 계셨는데, 잘 해결되지 않는데도 선생님께서는 포기하지 않고 [해결책을] 찾으면서 서 계셨네. 그러다가 정오가 되었고, 사람들이 선생님을 알아보고는 놀라면서 "소크라테스 선생님께서 무언가를 연구하느라 새벽부터 그곳에 서 계셨다고 하네요!"라고 서로에게 말했다네. 마침내 저녁이 되었을 때,
D 몇 명의 이오니아 사람들이 저녁을 먹고 (그때는 여름이었기 때문에) 매트리스를 끌고나와 서늘한데서 자려고 했고, 그와 동시에 그들은 선생님께서 밤새 서 계시는지 지켜보았네. 선생님께서는 새벽이 되어 태양이 떠오를 때까지 서 계셨고, 태양에 기도를 하신 뒤에야 떠나가셨네.

만약 내가 장군들로부터 용맹함에 대한 (선생님께 돌려드리는 것이 마땅한) 상을 받았던 날의 전투에서 [선생님이 어떠셨는지에 대해
E 자네들이 알기를] 원한다면, 그 모든 사람들로부터 나를 구했던 것은 [선생님 외에] 다른 누구도 아니었다네. [선생님은] 부상을 입은 나를 떠나려 하지 않으시고, 내 무기와 나 자신을 구해주셨던 것이지.

소크라테스 선생님, 그래서 저는 그때 용맹함에 대한 상을 선생님께 수여해야 한다고 장군들에게 주장했는데, [선생님께서는] 이에 대해 저를 비난하지도 않으시고 거짓말을 한다고 말씀하시지도 않으시겠죠. 장군들은 제 지위에 주목하여 용맹함에 대한 상을 제게

수여하려 했고, 선생님은 자신보다 제가 상을 받아야 한다고 그들보다도 더 주장하셨습니다.

221 그런데 이보게들, 군대가 델리온 전투에서 후퇴할 때에 소크라테스 선생님의 모습은 볼만한 가치가 있었다네. 나는 우연히 말을 탔지만, [선생님께서는] 중무장한 보병이셨네. 군인들은 뿔뿔이 흩어지고 선생님께서는 라케스와 함께 후퇴하고 계셨는데, 마침 나는 근처에 있었고 그들을 보자마자 버려두고 가지 않을 테니 용기를 내라고 그들을 격려했다네. 나는 포티다이아에서보다 여기에서 소크라테스 선생님의 훌륭함을 더 잘 볼 수 있었는데, 그 이유는 내가 말 위에 있었기 때문에 두려움이 덜 했기 때문이지. 그리고 우선 내게는 [소크라테스 선생님께서] 라케스보다 훨씬 더 신중해 [보였
B 네]. 다음으로 선생님께서는 여기에서 그러셨듯이 그곳에서도, 아리스토파네스 자네의 [표현]처럼, "고개를 높이 쳐들고 곁눈질을 하면서," 즉 아군과 적군을 천천히 곁눈질하면서, 누구든 이 사람에게 손을 댄다면 그가 강력하게 방어하리라는 것이 멀리 있는 모두에게 분명해 보였네. 그로 인해 선생님과 선생님의 동료들이 무사하게 돌아올 수 있었던 것이지. 왜냐하면 사람들은 전쟁에서 이런 태도
C 를 갖는 사람들을 건들려 하지 않고, 꽁지가 빠지게 도망치는 사람들을 쫓기 때문이지.

소크라테스 선생님을 칭송하는 놀라운 어떤 것들이 더 많이 있네. 그러나 다른 일들에 대해서는 다른 사람들도 어느 정도 말할 수 있겠지만, 선생님께서 다른 사람들과 같지 않은 것들, 즉 옛날 사람들과도 [같지] 않고 요즘 존재하는 사람들과도 [같지] 않은 놀라운 것들이 있다네. 아킬레우스의 특징을 브라시다스나 다른 사람들[의

D 특징]에 비교해보고, 다시 페리클레스[의 특징]을 네스토르와 안테
노르[의 특징]에 비교해보고, 또한 다른 사람들도 그런 식으로 비교
할 수 있겠지만, [소크라테스 선생님] 자신이나 선생님의 이야기에
서 볼 수 있었던 예전의 특징은 거의 찾지 못할 것이네. 요즘 [사람
들에게서도 찾지] 못할 것이고 예전 [사람들에게서도 찾지] 못할 것
이네. 만약 내가 말한 것, 즉 선생님 자신과 선생님의 이야기를 다
른 사람이 아니라 실레노스들과 사튀로스들과 비교하는 것이 아니
라면 말일세.
왜냐하면 이것은 내가 처음에 빼놓았던 것인데, [소크라테스 선생
E 님]의 이야기들이 실레노스를 열어보면 닮았기 때문이지. 만약 우
리가 소크라테스 선생님의 이야기들을 듣고자 한다면, 처음에는
[그것들이] 완전히 터무니없어 보인다네. 그것들은 외부에 그런 명
칭들과 구절들을 두르고 있는데, 그것들은 잔혹한 사튀로스의 가죽
이지. [소크라테스 선생님께서는] 짐을 나르는 나귀, 대장장이, 갖바
치, [짐승의 가죽을 부드럽게 만드는] 무두장이에 대해 말씀하시는
데 항상 동일한 것들을 통해 동일한 것들을 설명하시는 것처럼 보
이기 때문에, 경험이 없고 생각이 없는 사람이라면 선생님의 이야
222 기를 비웃을 수도 있을 것이네. 그러나 그것들을 열고 그것들의 내
부를 들여다보면, 가장 먼저 우리는 그것들이 이야기들 가운데 합
리성을 지닌 유일한 것임을 발견하게 되지. 그 다음으로는 그것들
이 신적이고 그것들 안에 탁월성의 상들이 충만하며, 훌륭하게 되
기 위해 반드시 추구해야 하는 모든 것에 가장 넓게 뻗쳐져 있다는
것을 발견하게 되네.

이보게들, 이것이 내가 소크라테스 선생님에 대해 할 수 있는 칭송
이며, 게다가 내가 비난할 것도 섞었네. 나는 선생님께서 나를 모욕

B 했던 것에 대해서도 자네들에게 말했네. 그러나 선생님께서는 나
에게만 이런 일들을 하셨던 것이 아니라 글라우콘의 아들 카르미데
스를 비롯해 다른 많은 사람들에게도 그러셨네. 그는 소년 애인들
을 사랑하는 듯이 기만하지만, [사실은 그들을 사랑하는] 대신에 그
들에게 사랑을 받는다는 것이네. 아가톤, 나는 자네가 선생님께 기
만당하지 말라고 이 이야기를 해주는 것이네. 속담의 어린아이처럼
[스스로] 고통을 겪은 뒤에 배우지 말고 우리의 고통에서 배우도록
조심하라는 것이네.

C 알키비아데스가 이렇게 말했을 때, 그의 솔직함에 웃음이 터져 나
왔다고 하네. 소크라테스 선생님에 대한 사랑을 여전히 갖고 있는
듯이 보였기 때문이지. 그러자 소크라테스 선생님께서 말씀하셨다
고 하네. "알키비아데스, 내게는 [자네가] 취하지 않은 것처럼 보이
는군. 왜냐하면 [만약 취했다면], 자네가 이런 이야기를 무엇을 위해
말하는지 숨기려 하면서 이처럼 에둘러서 자네 자신을 드러내지는
못했을 것이고, 또한 그것을 부수적인 것처럼 끝에 놓지도 않았을
D 테니 말일세. 자네가 말한 모든 것의 목적은 나와 아가톤을 중상모
략하기 위한 것이었네. 왜냐하면 자네는 내가 다른 누구도 아닌 자
네를 사랑하고, 아가톤은 다른 누구도 아닌 자네의 사랑만을 받아
야 한다고 생각하기 때문이네. 그러나 자네는 빠져나가지 못했네.
자네의 사튀로스 또는 실레노스에 대한 연극이 드러난 것이지. 이
보게, 아가톤, 그의 [연극이] 성공하도록 두지 말고, 누구도 나와 자
네를 중상모략하지 못하도록 방비하게.

E 그러자 아가톤이 말했다고 하네. "소크라테스 선생님, 선생님께서
진실을 말씀하신 것 같군요. 또한 나는 그가 나와 자네 중간에 앉은

것이 우리를 떼어놓으려는 시도라고 생각합니다. 그는 성공하지 못할 것입니다. 제가 선생님 곁으로 가서 앉을 테니까요."

소크라테스 선생님께서 말씀하셨다고 하네. "물론이지. 여기 내 아래쪽에 기대게."

알키비아데스가 말했다고 하네. "제우스에 맹세코, 내가 이 분에게 무슨 일을 당하고 있는 건가? 선생님은 모든 면에서 나보다 나아야 한다고 생각하시지요. 그러나 다른 어떤 것이 아니라면, 오 놀라운 분이시여, 아가톤이 우리 사이에 앉도록 해주시지요."

소크라테스 선생님께서 말씀하셨다고 하네. "그건 불가능하네. 자
네는 나에 대해 칭송을 했고, 나는 오른쪽을 칭송해야 하네. 따라서
만약 아가톤이 자네 아래쪽에 앉으면, 내가 그를 완전히 칭송하기도
전에 그가 나를 다시 칭송해야 하니 말일세. 그러니, 이보게 친구, 내
223 버려 두고, 그 젊은 사람이 내 칭송을 받는 것을 시기하지 말게. 왜냐
하면 나는 그를 칭송하기를 무척이나 바라고 있기 때문이네."

아가톤이 말했다고 하네. "이런, 이런, 알키비아데스. 내가 그쪽에 머무는 건 안 되겠군. 그렇다면 내가 완전히 자리를 바꾸어야겠군. 만약 소크라테스 선생님의 칭송을 받으려면 말일세.

알키비아데스가 말했다고 하네. "또 마찬가지군. 소크라테스 선생님께서 계시면, 다른 사람들은 아름다운 사람을 차지하는 것이 불가능하지. 지금 이 사람이 선생님 곁에 앉아야 하는 이유를 얼마나 쉽고도 설득력 있게 찾아내는가 말일세.

Ⅲ.3 에필로그: 일상으로 돌아간 소크라테스 (223B–D)

B 그래서 아가톤은 소크라테스 선생님 곁에 기대어 앉기 위해 일어나는데, 갑자기 술에 취한 많은 사람들이 현관에 도착했다고 하네. 그들은 나가는 사람들을 위해 열어두었던 문을 발견하고는 그들에게 곧장 행진해 와서는 기대어 앉으려 했다고 하네. 모든 곳에 대소동이 벌어졌고, 질서도 없었고, 어쩔 수 없이 많은 술을 마셔야 했다네. 아리스토데모스에 의하면, 그런 뒤에 에뤽시마코스, 파이드로
C 스, 그리고 다른 몇몇 사람들은 떠나버렸고, 밤이 길었기 때문에 그는 잠에 사로잡혀 오랫동안 잠들었다가 수탉이 울고 있는 새벽녘에 깨었다고 하네. 그는 곧 다른 사람은 잠이 들었거나 떠나버렸고, 아가톤과 아리스토파네스, 그리고 소크라테스 선생님만이 아직 깨어서 오른쪽 방향으로 돌아가며 큰 술통의 술을 퍼서 마시고 있었다 하네.

소크라테스 선생님께서는 그들과 논쟁을 하고 계셨는데, 아리스토데모스는 그 이야기를 [거의] 기억하지 못한다고 말했다 하네. 왜냐
D 하면 그는 시작할 때 가까이 있지 않았을 뿐만 아니라 졸리기도 했기 때문이라고 하네. 그러나 그가 말하기를, 핵심은 소크라테스 선생님께서 그들에게 "같은 사람이 희극과 비극을 만드는 지식을 가질 수 있다는 점, 즉 비극작가의 기술이 희극작가의 기술일 수도 있다는 점"에 동의할 수 밖에 없도록 압박을 가하고 계셨던 것이라네. 그들이 이렇게 압박을 당하면서도 졸면서 [논의를] 따라가고 있었는데, 먼저 아리스토파네스가 잠이 들었고, 그런 뒤에 날이 밝아오자 아가톤이 잠이 들었다고 하네. 소크라테스 선생님께서는 그들이 잠든 것을 보시고는 일어나서 떠나셨고, 여느 때처럼 자기도 [선

생님을] 따라갔다고 하네. [선생님께서는] 뤼케이온[11]에 도착해서 씻고는 다른 날과 다르지 않게 [하루를 보내셨고], 저녁이 되자 댁으로 가서 쉬셨다고 하네.

11_ Liddell and Scott(1897, p.906)에 따르면, 뤼케이온은 운동선수들이 훈련하는 일종의 체육관(a gymnasium or public palaestra)을 가리킨다.

VI

제IV부 작품 해설

1. 플라톤의 생애

플라톤은 지금으로부터 2,500여 년 전에 생존했던 인물로서, 소크라테스의 제자이자 아리스토텔레스의 스승으로 알려져 있다. 그는 특히 제자인 아리스토텔레스와 더불어 서양 사상의 양대 산맥 가운데 한 사람이라고 말할 수 있다. 서양 사상과 문화는 물론이고, 서양 학문 전반의 뿌리이자 토대가 되었던 철학자들이 바로 플라톤과 아리스토텔레스라고 말하는 것이 좀 더 정확할 것이다.

고대 인물들의 경우에 대체로 그렇듯이 플라톤의 생존연대도 정확히 알기는 어렵지만, 그는 내략 기원전 428년(또는 427년)에 태어났으며 만 80세가 되던 348년(또는 347년) 경에 세상을 떠났다고 알려져 있다. 오늘날에도 80세의 나이까지 장수하는 것이 쉽지 않은데, 특히 고대 그리스 시대에 80세까지 생존했다는 것은 상당히 드문 일이었을 것이다.[1] 그가 60세가 될 때까지는 그의 행적에 대해 알려진 것이 거의 없으며,[2] 또한 그가 플라톤이라는 이름으로 불리게 된 이유도 분명하지 않다.

서양 고대철학을 연구하는 필드(Field)는 플라톤의 본명이 아리스토클레스(Aristocles)였으며, 플라톤이라는 예명이 붙은 것은 그의 신체적 특징 때문이었다고 말한다.[3] 그는 그것이 어떤 신체적 특징인가에 대해 자

1_ Field(1967, p.4)에 의하면, 플라톤의 어머니 페리오티크네는 90세까지 장수했다고 한다.

2_ Taylor(1937), p.8.

3_ Field(1967), p.4.

세한 설명을 하지 않는 반면에 다른 학자인 로위(Rowe)는 그에 대해 "'플라톤(Plato)'이라는 이름이 '폭넓은'을 의미하는 그리스어 형용사 플라튀스(platus)에서 유래한다는 이야기는 신뢰성이 없다"고 말한다.[4] 그가 여기에서 강조하는 것은, 일반적으로 '폭넓다'라는 표현이 커다란 사람의 어깨 넓이나 지적인 역량의 정도, 또는 그의 생활방식이나 학문방식의 '폭넓음'을 가리키지만, 플라톤에게 그런 이름이 붙은 것이 반드시 그런 특징들 때문은 아니라는 것이다. 이처럼 왜 그런 예명이 붙게 되었는가에 대해 학자들의 의견은 일치하지 않지만, 어쨌든 플라톤은 아리스토클레스라는 이름보다 플라톤이라는 이름으로 불려왔다.

우리는 고대의 자료를 통해 플라톤의 가족관계, 특히 그의 부모와 형제들에 대해 몇 가지를 알 수 있다. 그의 아버지 아리스톤(Ariston)은 전설 속에서 아테네의 마지막 왕이었다고 말해지는 코드로스(Codrus)의 후손이었으며, 어머니 페리오티크네(Perictione)는 아테네의 정치가이자 최초의 시인이었고, 또한 일곱 명의 현인들 가운데 한 사람이었던 솔론(Solon)의 후손이었다고 한다.[5] 플라톤의 두 형들인 아데이만토스(Adeimantus)와 글라우콘(Glaucon)은 플라톤의 대화록 가운데 하나인 『국가』에 등장하고 있다. 그리고 플라톤의 누나인 포토네(Potone)는 플라톤이 세상을 떠난 뒤에 아카데메이아(아카데미)의 두 번째 대표자가 되었던 스페우시포스(Speusippus)의 어머니이기도 하다.[6]

한편 플라톤의 어머니는 강력한 정치적 권력을 지닌 친척들이 있었다.

4_ Rowe(2010), vii.

5_ "기원전 600년 무렵에 활동한 솔론은 고대 그리스의 7현인 가운데 한 사람으로 꼽혔다. 후대에 이르러서는 7현인이 누군가에 대해 수많은 의견이 나와 20여 명이 거론될 정도였지만, 솔론은 탈레스, 피타코스, 비아스와 함께 변하지 않고 포함된 네 사람 가운데 하나였다" (http://terms.naver.com/entry.nhn?docId=1699265&cid=42050&categoryId=42050).

6_ Field(1967), p.4. 본래 플라톤의 사후에 아리스토텔레스가 그의 뒤를 이어 아카데메이아의 두 번째 대표자가 되리라 기대되었으나, 어떤 이유에서인지 스페우시포스가 뒤를 이었다. 이와 관련한 자세한 내용은 유원기(2009), pp.31-32 참조.

특히, 플라톤의 외삼촌인 카르미데스(Charmides)와 그의 5촌 당숙인 크리티아스(Critias)는 권력의 핵심부에 있었는데, 크리티아스는 30인 참주제의 지도적인 인물이기도 했다.[7] 그러다 보니 플라톤은 자연스럽게 정치에 많은 관심을 가지게 되었고, 그 자신은 물론이고 그와 그의 집안을 아는 사람들은 당연히 그가 정치인이 되리라고 예상했다. 그러던 중에 플라톤이 정치가의 꿈을 포기하고 철학에 매진하기로 결심하게 만드는 몇 가지 일들이 발생한다. 근본적으로 플라톤은 당시 정치가 폭력으로 난무하고 있다는 점에 크게 실망했고,[8] 특히 기원전 399년에 소크라테스(기원전 470-399)가 "신성을 모독하고 젊은이들을 타락시킨다는 부당한 죄목"으로 재판에서 죽음을 언도받고 마침내 죽게 되면서 정치에 환멸을 느끼게 되었다고 알려져 있다.[9] 아래에서 자세하게 보겠지만, 『소크라테스의 변론』은 소크라테스가 재판정에서 자신을 기소한 사람들과 배심원들을 대상으로 하여 자신의 입장을 변론하는 내용이고, 『크리톤』은 감옥에 갇혀 있던 소크라테스에게 탈옥을 권하는 크리톤에게 자신이 탈옥해서는 안 되는 이유를 설명하는 내용으로 구성되어 있다.

소크라테스가 사망할 당시 29세의 젊은 나이였던 플라톤은 그 후 수년

7_ "그리스에서 BC 404~BC 403년 펠로폰네소스전쟁에 패한 아테네는 스파르타의 장군 리산드로스의 후견(後見)하에 민주정치가 폐지되고, 크리티아스 · 테라메네스 등을 대표로 한 30명의 과두정치 체제가 수립되었다. 온건파의 테라메네스가 물러나고 크리티아스가 정권을 잡자, 극단적인 정치를 수행하여 민주파 시민 1,500여 명이 살해되고 다수가 추방되어 재산이 몰수되는 등 공포정치가 시행되었다" (http://terms.naver.com/entry.nhn?docId=1109334&cid=40942&categoryId=31645 참조). 오늘날 참주는 폭군 또는 폭압적이고 독재적인 지배자로 이해되지만, 그 단어는 본래 합법적이든 불법적이든 단순히 권력을 지닌 '왕' 또는 '지배자'를 가리켰다. 그러다가 기원전 4세기 플라톤 이후에 왕을 의미하는 그리스어 "바실레우스"라는 단어는 "세습적이고 합법적인 왕"을 가리키는 반면에, 참주를 의미하는 "티라노스는 비합법적으로 권력을 획득한 독재적 지배자를 가리키게 되었다" (http://terms.naver.com/entry.nhn?docId=1145692&cid=40942&categoryId=31680).

8_ Taylor(1937), p.4.

9_ 유원기 역해(2013), p.137.

동안 북아프리카의 리비아 지역인 키레나이카(Cyrenaica), 이탈리아, 이집트 등을 여행했고, 아테네로 돌아가 아카데메이아(영어로는 '아카데미 Academy')를 설립했다고 한다. 테일러(Taylor)가 지적하듯이, 아카데메이아가 정확히 언제 설립되었는지는 분명하지 않지만,[10] "아카데메이아의 설립은 플라톤의 삶에서 하나의 전환점이었고, 또한 어떤 점에서는 서양 유럽과학사에서 가장 기억할만한 사건"이었으며, 무엇보다도 아카데메이아가 "과학적 탐구를 수행하는 교육기관"이었다는 것을 가장 특징적인 점으로 볼 수 있다.[11] 아카데메이아는 서기 529년에 로마의 유스티아누스 황제에 의해 완전히 폐쇄 조치되었지만, 그 이전까지 그것은 거의 900여 년에 이르는 오랜 세월 동안 유럽세계에서 학문의 전당이자 중심지로서의 면모를 유지했었다.

> 영국인 철학자 화이트헤드(A. N. Whitehead, 1861~1947)는 『과정과 실재(Process and Reality)』라는 자신의 저서에서, 서양철학이 단지 "플라톤의 글에 덧붙인 일련의 각주들"에 불과하다고 규정한다.[12] 즉, 현대에 이르기까지 우리가 다루어온 많은 서양철학의 문제들이 이미 2,500여 년 전에 제기되었던 문제들과 근본적으로 다르지는 않다는 것이다.[13]

우리가 잘 알듯이, '각주(footnote)'의 본래적인 용도는 인용문이나 아이디어 등의 출처를 언급하거나 또는 본문에서 직접 논의할만한 내용은 아니지만 본문의 내용과 관련하여 언급할 가치가 있는 중요한 내용을 제시하는 곳이다. 각주의 이런 기능을 고려할 때, 현대의 철학적인 문제들이 "플라톤의 글에 덧붙인 일련의 각주들"에 불과하다는 표현은 그 문제들이

10_ Taylor(1937), p.6.

11_ Taylor(1937), p.5.

12_ Whitehead(1979), p.39.

13_ 유원기 역해(2013), p.137.

본래 플라톤에게서 비롯되었으며, 또한 그것들에 대한 현대적 논의는 플라톤이 이미 논의한 것들에 대한 부연 설명에 불과하다는 것이다. 물론 이것이 과장된 표현이기는 하지만,[14] 최소한 상당히 많은 현대의 철학적인 문제들이 그에게서 비롯되었고 또한 상당히 많은 현대의 철학적인 논의들이 그가 시작했던 논의에 대한 심층적인 또는 부가적인 논의라는 사실은 부정하기 어렵다.

앞에서 언급했듯이, 플라톤은 아리스토텔레스와 더불어 서양의 학문적 토대를 정초했던 인물이며, 그들은 사실상 "철학뿐만 아니라 문학, 예술, 정치학, 사회학, 윤리학, 천문학 등의 다양한 학문 분야에 걸친 다양한 이론들을 제시"했다는 사실만큼은 결코 부정할 수 없다.[15]

2. 플라톤 저술의 특징과 집필 시기

플라톤의 저술들은 몇 가지 특징을 갖고 있다. 첫 번째 특징은, 플라톤이 집필한 것으로 알려진 35개의 작품들 가운데 『소크라테스의 변론』을 제외한 대부분이 대화록 형태로 쓰인 글이라는 점이다.[16] 플라톤이 '대화록' 형태의 글을 썼던 최초의 작가도 아니고 또한 유일한 작가도 아니었지만, 그가 대화록 형태의 글쓰기를 선호했던 것은 분명하다.

크라우트(Kraut)는 플라톤이 '대화록' 형태의 글을 즐겨 썼던 이유는 그가 질문의 형태로 서술하는 것을 선호했기 때문이라고 말한다.[17] 다시 말해

14_ 유원기 역해(2013), p.161, 미주 13 참조.

15_ 유원기 역해(2013), p.137.

16_ Kraut(2015), 〈12. Why dialogues?〉 참조. 13편의 편지글도 전해지고 있다.

17_ Kraut(2015), 〈3. Dialogue, setting, character〉.

서, 플라톤이 "배움이 어떻게 가능한가, 배우기 위한 최선의 방법은 무엇인가? 어떤 종류의 사람으로부터 우리가 배울 수 있는가? 어떤 종류의 사람이 배울 위치에 있는가?" 등의 '교육학적 질문(pedagogical question)'에 관심을 가졌다는 것이다. 또한 크라우트는 여러 인물들을 등장시키고 또한 그들로 하여금 대화를 하는 플라톤의 집필 방식은 "작가로 하여금 자신의 작품을 생동감 있게 만들고, 독자층의 관심을 자극하며, 그렇게 함으로써 더 많은 독자에게 나아갈 수 있게 된다"고 말한다. 실제로 그의 말처럼, 단조로운 서술문 형태의 글보다 영화나 연극의 대본처럼 대화체 형태의 글이 좀 더 생동감 있게 읽힌다는 것은 분명하다. 2,500여 년 전의 플라톤이 크라우트의 말처럼 정말로 그런 점을 염두에 두고 썼는지, 아니면 그런 글쓰기 형식이 단순히 당시에 유행하던 것이기에 그런 식으로 썼는지에 대해서는 알 수 없다. 하지만 플라톤이 그런 형식으로 글을 썼기 때문에, 그의 글을 읽으면서 우리는 간혹 우리 자신이 소크라테스를 비롯한 여러 역사적 인물들의 대화를 곁에서 실제로 듣고 있는 듯한 느낌을 갖게 되기도 한다.

플라톤의 작품들이 지닌 두 번째 특징은, 그것들 가운데 대다수가 등장인물의 이름을 제목으로 갖는다는 점이다. 예를 들어, 『메논』, 『크리톤』, 『필레보스』, 『프로타고라스』, 『고르기아스』, 『티마이오스』 등은 각각 그 대화록에 등장하는 인물의 이름을 제목으로 하고 있다. 반면에 『소크라테스의 변론』, 『향연』, 『법률』, 『국가』 등은 대화록에 등장하는 인물의 이름이 아니라 논의 주제를 제목으로 삼고 있다.

한편, 플라톤의 작품들이 지닌 세 번째 특징은, 플라톤이 자신의 스승인 소크라테스를 대부분의 대화록에서 대화를 주도해나가는 인물로 등장시키거나 또는 최소한 여러 번 등장하여 논의에 참여하게 만드는데, 예외적으로 『법률』에서는 그가 전혀 등장하지 않는다는 점이다.[18] 다시 말해서,

18_ Kraut(2015), 〈4. Socrates〉; Gallop(tr.) (2008), vii.

『법률』이 유일하게 소크라테스가 등장하지 않는 플라톤의 작품이다

이와 관련하여 언급할 필요가 있는 네 번째 특징은, 대화록에 등장하는 소크라테스는 종종 자신의 견해를 제시하는데, 소크라테스의 입을 통해 제시되는 견해 가운데 어떤 것들은 소크라테스 자신의 견해인 반면에, 다른 어떤 것들은 플라톤의 견해라는 점이다. 이것을 더 설명하기 전에 플라톤의 작품들에 대한 집필 시기를 먼저 살펴보자. 학자들은 대체로 플라톤이 집필한 작품들의 집필 시기를 아래와 같이 세 시기로 구분한다.

(a) 플라톤이 스승 소크라테스의 사상적 영향을 받는 시기
(b) 플라톤이 아직 독자적 사상을 정립하지는 못했지만 서서히 자신의 견해를 갖기 시작한 시기
(c) 플라톤이 독자적인 사상을 형성한 시기

플라톤의 어떤 작품들이 어떤 시기에 집필되었는가에 대해 학자들의 의견이 모두 일치하는 것은 아니다. 여기에서는 작품들의 집필 시기에 대한 헤어(Hare)와 그러브(Grubc)의 견해를 살펴보자. 먼저 헤어는 다음과 같이 구분한다.[19]

(a) 첫 번째 시기: 『소크라테스의 변론』, 『크리톤』, 『에우티프론』, 『라케스』, 『리시스』, 『카르미데스』 등
(b) 두 번째 시기: Ⅰ권을 제외한 『국가』의 나머지 부분, 『프로타고라스』, 『메논』, 『고르기아스』, 『파이돈』, 『향연』, 『파이드로스』, 『크라틸로스』 등
(c) 세 번째 시기: 『국가』 Ⅰ권, 『필레보스』, 『테아이테토스』, 『정치가』,

19_ 아래의 집필 시기 구분은 본래 Hare(1982, pp.21-23)와 Grube(1935, xii)의 견해이며, 유원기 역해(2013, pp.143-144)에서 재인용했다.

『티마이오스』, 『법률』 등

한편, 그러브는 플라톤의 작품들이 아래와 같은 시기에 집필되었다고 본다.

(a) 첫 번째 시기: 『소크라테스의 변론』, 『크리톤』, 『에우티프론』, 『고르기아스』, 『파이돈』, 『향연』, 『프로타고라스』, 『크라튈로스』 등
(b) 두 번째 시기: 『국가』, 『파이드로스』, 『파르메니데스』, 『테아이테토스』 등
(c) 세 번째 시기: 『필레보스』, 『정치가』, 『티마이오스』, 『크리티아스』, 『법률』 등

그러브는 헤어가 "두 번째 시기에 속한다고 보았던 『고르기아스』, 『파이돈』, 『향연』, 『크라튈로스』 등을 첫 번째 시기에 속한다고" 보고 있다.[20] 우리가 이 책에 포함하여 번역한 세 작품들을 중심으로 다시 정리해보면 다음과 같다. 『소크라테스의 변론』과 『크리톤』에 대해서는 그들 모두가 첫 번째 시기에 속하는 것으로 보지만, 헤어는 『향연』을 두 번째 시기에 집필된 것으로 구분하는 반면에, 그러브는 첫 번째 시기에 집필된 것으로 구분하고 있다.

사실 어떤 작품이 첫 번째 시기에 속하는가 또는 두 번째 시기에 속하는가의 문제는 매우 중요하다. 왜냐하면 어떤 시기에 속하느냐에 따라 그 작품에 드러나는 견해가 소크라테스의 것인가 또는 플라톤의 것인가 하는 문제가 결정되기 때문이다. 다시 말해서, 학자들은 대체로 첫 번째 시기에 속하는 작품들의 견해를 소크라테스의 것으로 보는 반면에, 두 번째와 세 번째 시기에 속하는 작품들의 견해는 플라톤의 것으로 보고 있기 때문이

20_ 유원기 역해(2013), p.144.

다. 따라서 『향연』이 어느 시기에 속하는가를 알게 되면 그 작품에 드러난 견해가 누구의 것인가를 알 수 있는 것이다. 만약 『향연』이 첫 번째 시기에 속한다면 그 안에 드러난 견해는 소크라테스의 견해라고 말할 수 있으며, 반면에 그것이 두 번째 시기에 속한다면 그 안에 드러난 견해는 플라톤의 견해라고 말할 수 있는 것이다.

여기에서 헤어와 그러브 중에 누구의 구분이 더 정확한가에 대해서는 논의하지 않을 것이다. 하지만 『향연』의 집필 시기에 대한 학자들의 의견이 서로 다르며, 따라서 그 안에 드러난 견해가 누구의 것인가에 대한 논란의 여지가 있다는 것은 기억할 필요가 있다.

3. 작품의 내용 분석

이 번역서에 포함된 플라톤의 작품들 가운데 『소크라테스의 변론』과 『향연』은 국내에서도 대중적으로 많이 알려져 있는 제목들인 반면에, 『크리톤』이라는 제목은 아마도 많은 사람들에게 생소하게 보일 것이다. 이 번역서에서는 전통적인 방식에 따라 작품들을 『소크라테스의 변론』과 『크리톤』, 그리고 『향연』의 순서로 묶었다. 그렇지만 처음 두 작품은 소크라테스의 말년에 대한 이야기인 반면에, 세 번째 작품은 그보다 앞선 시기에 있었던 이야기를 담고 있다.

특히, 처음 두 작품은 서로 상당히 밀접하게 관련되는데, 『소크라테스의 변론』은 소크라테스가 신성을 모독하고 젊은이들을 타락시킨다는 죄목으로 재판을 받게 되는 내용을 담고 있으며, 『크리톤』은 그 재판에서 사형을 구형받고 감옥에 갇혀 있는 소크라테스를 친구인 크리톤이 방문하여 탈옥을 권하는 내용을 담고 있다. 한편, 『향연』은 이런 내용과는 달리 연회에 참석하여 지인들과 '에로스(사랑)'에 대해 논의하는 내용으로 구성된다. 따라서 서로 관련된 두 가지 작품을 가까이 묶고, 다소 내용상 거리가 있는 작품을 그 뒤에 묶었다.

본문에 있는 각 작품에 붙여진 목차들은 원전에는 없는 것이며, 역해자가 독자의 이해를 돕기 위해 주요 내용을 뽑아 만든 것이다. 아래에서는 각 작품의 제목에 따른 핵심 내용을 살펴볼 것이다.

3.1 『소크라테스의 변론』

『소크라테스의 변론』은 제목 그대로 소크라테스가 법정에서 변론을 하는 내용으로 구성된다. 이때는 기원전 399년으로, 변론 과정에서 소크라테스 자신이 밝히듯이 그의 나이 칠십 세가 되던 해였다. 그는 이전에 단 한 번도 고발을 당하거나 법정에 서본 적이 없었음에도 불구하고, 늘그막에 그런 일을 당하게 된 데 대해 자신이 느끼는 당혹감을 감추지 않는다.

아래에서 자세히 보겠지만, 소크라테스는 솔직담백하게 자신을 위한 변론을 해나가지만, 그 스스로도 느끼고 있듯이 그의 변론에는 듣는 사람들을 불편하게 만들 수도 있는 내용이 간혹 포함되어 있다. 아마도 특히 두 부분에서, 소크라테스의 이야기를 듣던 사람들이 불편하게 느꼈을 것이다. 첫째는 소크라테스 자신이 아테네인들 가운데 가장 현명한 사람이라는 신탁의 내용을 말하는 부분이고, 둘째는 아테네인들 가운데 가장 현명하다고 알려져 있던 사람들이 논의를 하다보면 무지한 사람들로 밝혀지곤 했다고 말하는 부분일 것이다. 이것은 결국 "당신들은 모두 무지한 사람들인 반면에, 나만이 현명한 사람이다"라고 주장하는 것처럼 들렸을 수도 있기 때문이다.

이러한 불편한 이야기는 소크라테스에 대한 사형 구형이라는 결과로 이

어진다. 사형이라는 놀라운 판결이 내려졌음에도 불구하고, 소크라테스는 자신이 살았던 삶이 결코 그릇되지 않았다고 믿으며, 따라서 지금까지 살았던 것을 후회하지도 않을 것이고, 또한 지금까지 살았던 것과 달리 살아가지도 않으리라는 의지를 분명히 보여준다. 이것은 진리나 지식에 대해 별다른 관심을 갖지 않는 일반인이나 또는 지식을 팔아 생계를 유지하던 소피스트들과 달리, 자신은 끊임없이 진리와 지식을 추구하며 살겠다는 의지를 표명하는 것이다. 이 작품에서 소크라테스는 철학자의 삶이 어떤 것인가를 보여주는 한편, 그런 철학자 본연의 의무를 다하겠다는 다짐을 하고 있는 것이다.

역해자는 아래에서 이 작품을 두 부분으로 나누었는데, 첫 번째 부분은 소크라테스가 변론을 하는 부분이고, 두 번째 부분은 소크라테스에 대한 배심원들의 판결 내용과 그에 대해 소크라테스가 최후 진술을 하는 부분이다.

Ⅰ. 소크라테스의 변론 (17A–34C)

이 작품의 도입 부분에서, 소크라테스는 먼저 자신이 법정에 서게 된 이유를 자세히 설명하고, 자신을 고발한 멜레토스의 기소 내용과 반론을 제시한다. 그 과정에서 그는 자신이 어떻게 살아왔고, 국가를 위해 무엇을 했으며, 또한 젊은이들이 왜 자신을 따르는가 등에 대해 이야기한다.

Ⅰ.1 변론의 어투보다 진실성에 관심을 가져주길 요청하는 소크라테스 (17A–18A)

소크라테스는 변론의 시작 부분에서부터 자신에 대한 고발 내용에는 조금의 진실도 섞이지 않았다는 점을 분명히 하면서, 그들이 너무도 설득력 있게 말해서 자신에 대한 고발인데도 불구하고 스스로도 속을 정도였다고 말한다.

반면에 그는 자신이 거짓말을 할 줄 모르고 진실만을 얘기하는 사람이라고 주장한다. 또한 그는 주변에서 자신을 달변가라고 말하지만 자신은 결코 달변가가 아니며, 만약 달변가가 진실을 얘기하는 사람을 가리키는 것이라면 자신을 그렇게 불러도 좋다고 말한다. 이처럼 소크라테스는 자신이 결코 허튼소리를 하는 사람이 아니라는 점을 여러 차례 강조하고 있다.

Ⅰ.2 두 종류의 고발과 변론의 어려움 (18A–19A)

소크라테스는 시작 부분에서 자신이 법정에 서는 것은 처음이라고 말하지만, 그렇다고 해서 자신에 대한 고발이 처음은 아니었다는 점을 언급한다. 고발자들 중에 한 사람이 희극작가였다는 사실 외에는 누구인지 정확히 밝히지 않지만, 그는 사람들이 오랜 세월에 걸쳐 자신을 고발했지만 처벌할만한 증거를 제시하지는 못했다고 덧붙인다. 그는 고발자들을 예전 고발자와 최근 고발자로 구분하면서, 먼저 예전 고발자에 대해 자신을 변론하겠다고 말한다.

Ⅰ.3 기소장의 내용 (19A–20C)

소크라테스는 자신을 고발한 사람이 멜레토스임을 밝히고, 마치 그의 기소장을 읽으면서 기소 내용을 반박하기 시작하는 듯이 보이지만, 실제로 멜레토스에 대한 반박은 24C 이후에 제시된다. 19A-20C에서 그는 예전 고발자의 기소 내용을 반박하고 있다.

Ⅰ.3.1 "땅 밑과 하늘 위에 있는 것들을 탐구하고, 약한 주장을 강한 주장으로 만드는 사람"이라는 고발 내용을 부정하는 소크라테스 (19A–D)

첫 번째 기소 내용의 핵심은 "소크라테스는 땅 밑과 하늘 위에 있는 것들을 탐구하고, 약한 주장을 강한 주장으로 만들며, 또한 다른 사람들에게 이런 것을 가르치는 잘못"을 저질렀다는 것이다. 이에 대해 소크라테스는 땅 밑과 하늘 위에 있는 것들을 탐구하는 것 자체가 그릇된 것도 아니고, 그에 대한 지식이 가능하다는 것을 부정하는 것도 아니지만, 자신은 그런 탐구를 하는 사람이 아니라고 주장한다.

Ⅰ.3.2 "사람들을 가르치고 그걸 통해 돈을 버는 사람"이라는 고발 내용을 부정하는 소크라테스 (19D–20C)

"사람들을 가르치고 그걸 통해 돈을 버는 사람"은 소크라테스가 살던 시절에 활발하게 활동했던 소피스트를 가리킨다. 소피스트는 지식을 가르치는 사람이 아니라 단순히 논쟁에서 이기는 법을 가르치던 사람을 가리킨다. 다시 말해서, 소피스트에게는 무엇이 옳으냐가 중요한 것이 아니라 정치적 논쟁이나 법정에서 어떻게 이기느냐가 중요한 것이었다.

플라톤은 지식(episteme, 에피스테메)과 의견(doxa, 독사)를 구분하는데, 그에게 있어서 지식이란 변함없이 항상 동일하게 유지되는 진리를 파악하는 것인 반면에, 의견이란 변화하여 달라질 수도 있는 것을 파악하는 것이다. 소크라테스가 생존했던 당시에는 소피스트들이라 불리는 사람들이 활발하게 활동했는데, 그들은 변함없이 항상 동일하게 유지되는 절대적인 지식의 가능성을 부정하고, 상황이나 대상에 따라 달라질 수도 있는 상대적인 의견만이 가능하다고 생각했다.

이러한 소피스트들의 태도를 좀 더 자세히 설명해보자. 소피스트들은 인식론적으로는 회의주의적 태도를 가졌고, 윤리학적으로는 상대주의적 태도를 가졌다고 말해진다. 인식론적 회의주의는 사실상 지식이란 가능하지 않다는 견해이다. 즉, 절대적으로 고정되어 있고 불변하는 지식이란 가능하지 않다는 것이다. 예를 들어, 수학에서 "2+2는 4이다"라고 할 때, 우리는 2에 2를 더하면 항상 4라는 답이 나온다고 생각한다. 미국에서는 "2+2는 5"이고, 중국에서는 "2+2는 7"이 아니라 어느 지역에서든 "2+2는 4"이며, 이것을 공간적 보편성을 갖는다고 말한다. 또한 그것은 과거에는 "2+2는 5"였고, 미래의 어느 시점에는 "2+2는 7"이 되는 것이 아니며, 이것을 시간적 보편성을 갖는다고 말한다. 다시 말해서, "2+2는 4"라는 것은 어느 지역이나 어느 시기에도 달라지지 않는 공간적이고 시간적인 보편성을 갖는다는 것이다. 그러나 소피스트는 그러한 보편성을 부정한다. 이것은 결국 절대적인 지식의 가능성을 부정하는 것이며, 결국 우리가 알 수 있는 것은 아무것도 없다는 회의주의로 이어진다.

한편, 윤리학에서 상대주의는 도덕적인 옳고 그름의 기준이 없다는 것이다. 예를 들어, 우리가 도둑질을 나쁜 짓이라고 판단하는 것은 다른 사람을 돕는 것은 좋은 행동이고 도둑질은 나쁜 행동이라는 옳고 그름의 기준이 있기 때문이다. 만약 그런 기준이 없다면, 우리는 도둑질을 나쁜 짓이라고 말할 수 없는 것이다. 그런데 소피스트는 정치적 논쟁이나 법정에서 이기기만 하면 되는 것이지 무엇이 옳은가 또는 그른가는 중요하지 않다고 생각했다. 즉, 옳고 그름이 상황이나 대상에 따라 달라질 수 있으며, 절대적인 기준은 없다고 생각했다는 것이다.

소크라테스는 이곳에서 두 가지 사실을 부정한다. 첫째는 자신이 상대적인 의견만을 인정하는 그런 소피스트가 아니라는 것이고, 둘째는 자신이 사람들을 가르치고 돈을 버는 사람이 아니라는 것이다. 그는 뒷부분에서 한 가지 사실을 더 부정하는데, 그것은 자신이 누군가를 가르칠만한 사람이 못되기 때문에 다른 사람을 가르친 적도 없다는 것이다.

Ⅰ.4 소크라테스에 대한 편견이 생겨난 이유 (20C-24C)

소크라테스는 자신에 대한 편견의 발단이 되었던 신탁의 내용을 설명하고, 신탁의 의미를 이해하기 위해 여러 사람들을 만나게 된 경위와 과정, 그리고 그 결과에 대해 설명한다.

Ⅰ.4.1 편견의 발단과 신탁 (20C-21C)

이곳에서 소크라테스는 친구 카이레폰과 무녀 피티아를 언급한다. 그는 성격이 급하고 충동적인 카이레폰이 어느 날 소크라테스보다 더 지혜로운 사람이 있느냐고 묻고는 무녀(또는 여제사장) 피티아를 찾아가 신탁을 구했다는 이야기를 전한다. 즉, 신탁을 구한다는 것은 소크라테스가 다른 모든 사람들보다 더 지혜로운지, 또는 그보다 더 지혜로운 다른 어떤 사람이 있는지를 신들에게 물어봐달라는 것이다. 무녀는 소크라테스가 가장 지혜롭다는 신탁을 받고 그 사실을 소크라테스와 카이레폰에게 전해준다. 그런데 소크라테스는 자신이 결코 가장 지혜롭지 못함에도 불구하고 그런 신탁을 내려준 신의 뜻을 알 수 없어 당혹스러웠다고 말한다. 신이 자기에게 거짓말을 했을 리는 없으며, 그렇다면 신이 그런 신탁을 내린 것이 도대체 어떤 의미인가를 이해하기 위한 여정을 시작한다.

Ⅰ.4.2 정치인과의 만남 (21C-21E)

신탁을 이해하려는 소크라테스의 여정은 지혜롭다고 소문난 사람들을 찾아가서 소크라테스 자신이 지혜롭지 못하다는 것을 확인하려는 것이었다. 이런 생각에서, 소크라테스는 자기보다 더 지혜롭다고 소문이 난 사람을 찾다가 한 정치인을 찾아갔지만, 그가 소문과는 달리 지혜롭지 못하다는 것을 알게 된다. 그 정치인이 지혜롭지 못하다고 소크라테스가 판단한 정확한 이유가 무엇인지는 알 수 없으나, 어쨌든 소크라테스는 그가 아는 것이 전혀 없으면서도 많이 아는 것처럼 잘못 생각하고 있다는 사실을 발견한다. 이 부분에서는 소크라테스에 대한 기소와 관련된 두 가지 중요한 내용이 언급되고 있는데, 첫 번째는 소크라테스가 많은 사람들의 미움을 사기 시작했다는 점이고, 두 번째는 그가 다른 사람들보다 최소한 한 가지는 더 안다는 사실을 스스로 발견했다는 점이다.

우리는 소크라테스가 다른 사람들의 미움을 사기 시작한 이유를 쉽게 추측할 수 있을 것이다. 누구도 자신이 무지하다는 사실을 속속들이 밝히려는 사람을 좋아하지는 않을 것이기 때문이다. 소크라테스는 지혜롭다고 소문난 사람들을 찾아다니면서 대화를 나누었고, 마침내 그들이 소문과 달리 지혜롭지 못하다는 사실이 밝혀진다면 아마도 처음에는 단순히 당혹스럽게 생각할 수도 있겠지만, 오래지 않아 그런 사실을 세상에 드러낸 사람을 미워하게 되리라는 것은 당연할 것이다. 한편, 다른 모든 사람들은 아무것도 모르면서 자신이 모른다는 사실도 모르는 반면에, 소크라테스는 자신이 아무것도 모른다는 사실만큼은 최소한 안다고 말하기 때문에, 다른 사람들보다 하나를 더 아는 것이 된다. 다시 말해서, 모든 사람들은 자신들이 아무것도 모른다는 사실조차 모르지만, 소크라테스는 그런 사실을 알기 때문에 그가 가장 지혜롭다고 말할 수 있다는 것이다.

Ⅰ.4.3 시인과의 만남 (21E–22C)

시인들이 시를 잘 짓는 것이 그들이 지혜롭기 때문이 아니라는 소크라테스의 주장은 아마도 많은 시인들을 당혹스럽고도 불쾌하게 만들기에 충분하다. 소크라테스는 시인들이 무언가를 알기 때문에 시를 짓는 것이 아니라 어떤 영감을 통해 시를 짓는 것에 불과하며, 시를 짓는 시인들보다 오히려 일반인들이 시에 대해 더 잘 설명하더라는 이야기까지 전한다. 이런 평가는 시인들을 수치심과 분노심에 사로잡히게 만들었을 것이다. 어쨌든 소크라테스는 자신이 그런 시인들보다는 지혜롭다고 깨달으면서 다른 사람들을 만나기 위해 떠난다.

Ⅰ.4.4 수공업자와의 만남 (22D-22E)

소크라테스는 수공업자들을 "많은 아름다운 것들에 대한 지식을 갖고 있는 사람"으로 규정한다. 하지만 그들이 어떤 한 분야에서 탁월한 것은 사실이지만 다른 분야에서도 탁월한 것은 아니며, 그럼에도 그들은 자신들이 모든 분야에서 탁월하다고 잘못 생각한다는 것이 소크라테스의 지적이다.

Ⅰ.4.5 무지를 자각한 소크라테스와 그에 대한 비난 (23A-24C)

소크라테스는 자신이 다양하고도 많은 사람들을 만나면서 그들을 논박하게 되자, 그런 만남을 목격했던 사람들이 자신을 지혜로운 사람이라고 말하기 시작했다고 전한다. 여기에는 "인간들이여, 당신들 가운데 이 한 사람이, 즉 소크라테스처럼 자신의 지혜가 사실 무가치하다는 것을 인지하는 이 한 사람이 가장 지혜롭다"는 다소 어려운 표현이 나오는데, 이것은 위에서 언급했듯이 "모든 사람들은 자신들이 아무것도 모른다는 사실조차 모르지만, 소크라테스는 그런 사실을 알기 때문에 그가 가장 지혜롭다고 말할 수 있다는 것"임을 의미한다.

소크라테스는 자신이 미움을 사고 있다는 사실을 알고 있으면서도 여전히 진리를 탐구하는 일을 지속하고 있는 이유는 그것이 바로 신을 돕는 일이라고 생각하기 때문이라고 말한다. 다시 말해서, 지혜롭지 않은 사람들로 하여금 그들이 지혜롭지 않다는 것을 깨닫게 하는 것이 바로 신을 돕는 일이라는 것이다. 소크라테스는 자신이 이런 일을 지속하기 때문에 더욱더 많은 사람들이 자기를 싫어하게 되었다고 말한다.

또한 부가적으로 소크라테스의 논의를 지켜보고 그를 모방하는 젊은이들이 다른 사람들과의 논의에서 이기게 되면, 그들과의 논의들에서 진 사람들도 그 젊은이들을 미워하기보다는 소크라테스 자신을 미워한다고 말한다. 사람들이 "소크라테스는 하늘에 있는 것들과 땅 밑에 있는 것들을 탐구하고, 신을 믿지 않고, 약한 주장을 강하게 만든다"는 등의 비난을 하는 것은 사실상 사람들이 소크라테스를 비난할 것이 아무것도 없는데 억지로 지어낸 것에 불과하다는 것이 소크라테스의 생각이다.

Ⅰ.5 구체적인 기소 내용 (24C-28D)

바로 위에서, 소크라테스는 자신을 고발한 사람들로 멜레토스, 아뉘토스, 그리고 리콘을 언급한다. 이들은 각각 시인, 장인과 정치인, 그리고 웅변가를 대변해서 소크라테스를 공격하고 있다는 것이다. 그들은 소크라테스가 국가의 신과 다른 신을 섬김으로써 신성을 모독했을 뿐만 아니라 젊은 사람들을 타락시킨다는 내용으로 그를 고발했는데, 이것이 소크라테스가 현재 재판을 받는 이유이다.

Ⅰ.5.1 소크라테스만이 젊은 사람들을 타락시킨다는 멜레토스의 주장 (24C-25B)

소크라테스가 정리하듯이, 멜레토스는 소크라테스만이 젊은 사람들을 타락시킨다고 주장하는데, 그 주장에 대한 이유는 전혀 제시되지 않고 있다.

Ⅰ.5.2 소크라테스가 젊은 사람들을 고의적으로 타락시킨다는 멜레토스의 주장 (25B-26B)

멜레토스는 소크라테스가 젊은 사람들을 고의적으로 타락시킨다고 주장하는데 반해, 소크라테스는 자신이 젊은 사람들을 타락시켰을 리가 전혀 없지만 혹시라도 자신이 그랬다면 그것은 비고의적이었다고 반박한다. 또한 소크라테스는 자신이 젊은 사람들을 비고의적으로 타락시켰다면 법정으로 소환할 것이 아니라 개인적으로 충고를 했으면 좋았으리라고 말한다.

Ⅰ.5.3 소크라테스가 신을 믿지 않는다는 멜레토스의 주장 (26B–27A)

멜레토스는 국가가 믿는 신들이 아닌 다른 신(들)을 소크라테스가 믿는다고 주장하는 것이 아니라 그가 신(들)을 전혀 믿지 않는다는 극단적인 주장을 한다. 한편, 그는 소크라테스가 "태양이 돌이고 달은 흙"이라고 말한다고 비난하는데 대해, 소크라테스는 그것이 자신의 말이 아니라 당시의 철학자 아낙사고라스의 말이라고 반박한다. 어떤 경우든 소크라테스가 신(들)을 전혀 믿지 않았다는 주장은 그릇된 주장으로 보인다.

Ⅰ.5.4 멜레토스의 주장에 대한 소크라테스의 반론 (27B–28D)

소크라테스는 자신이 영적인 일들이 있음을 믿는데, 영적인 일들이 있다고 믿는다는 것은 정령들의 존재를 믿는 것이고, 정령들이 신들이거나 또는 신들의 아이들이므로 자신이 정령들의 존재를 믿는다는 것은 신들의 존재를 믿는 것이 된다고 주장한다. 그런데 멜레토스가 영적인 일들이 있다는 첫 번째 것은 물론이고 정령들의 존재를 믿는다는 두 번째 것까지 동의했기 때문에, 그는 세 번째 나오는 결론, 즉 신들이 존재한다는 결론에 동의할 수밖에 없는 상황에 처한다.

하지만 멜레토스가 실제로 "소크라테스가 신들의 존재를 믿는다"는 것을 함축하는 그 결론에 동의했는가에 대해서는 분명하게 드러나지 않는다. 논리적인 과정을 고려할 때, 그는 소크라테스가 신들의 존재를 믿는다는 결론을 받아들일 수밖에 없다. 그렇지만 멜레토스는 그런 논리적인 귀결을 받아들이지 않고, 끝까지 소크라테스가 신들의 존재를 믿지 않는다고 주장하는 것으로 보인다.

Ⅰ.6 어떤 경우에도 진리의 추구를 중단하지 않겠다고 다짐하는 소크라테스 (28D-30C)

이곳에서 소크라테스는 "저는 결코 지혜에 대한 사랑을 포기하거나 여러분에게 충고하는 일과 제가 만나는 누구에게든 제가 늘 하던 방식으로 진리를 지적하는 일을 결코 멈추지는 않을 것입니다"라고 말한다. 이것은 결국 그가 지금까지 미움을 샀다면 그런 일을 앞으로도 계속 하리라는 것이다. 소크라테스에 대한 여러 가지 반감을 고려할 때, 어떤 면에서는 이 진술을 하지 않았더라면 더 나은 결과가 나올 수도 있지 않았을까 하는 생각도 든다. 그러나 소크라테스는 죽음이 두려워서 자신이 하고 싶은 말을 하지 않는 사람이 아니었다. 그에게 있어서 가장 중요한 것은 진리를 추구하는 것이며, 따라서 그는 어떤 주장이든 진리와 관련된다면 숨김없이 자신의 의견을 기꺼이 드러내고 있다. 실제로 그는 "제가 여러 번 고쳐 죽는다고 할지라도 제 행동이 달라지지는 않을 것"이라고 말하고 있다.

Ⅰ.7 말 등의 등에처럼 자신이 국가의 등에라고 주장하는 소크라테스 (30C-31C)

소크라테스는 국가에서 자신의 역할은 굼뜬 말을 일으켜 세우는데 필요한 자극을 제공하는 말 등에 붙은 등에와 같다고 말한다. 그는 더 나아가 자신은 신이 아테네인들에게 보내준 일종의 선물이며, 자신을 죽이는 것은 국가에 크나큰 해를 입히는 것이라고까지 말한다. 소크라테스는 이런 말이 아테네인들의 심기를 불편하게 만들 수도 있으리라는 것을 스스로 예상한다. 그럼에도 그는 자신이 한 사람 한 사람 만나면서 설득하고 비판하는 것이 국가의 발전을 위한 것이라는 확고한 신념을 갖고 있다.

Ⅰ.8 소크라테스가 사적인 삶을 살았던 이유 (31C–32E)

소크라테스는 자신이 정치와 같은 공적인 일에 참여하지 않고 사적인 삶을 영위해왔던 이유를 설명한다. 그는 어떤 목소리를 듣곤 하는데, 그 목소리가 자기에게 무엇을 하라고 하지는 않지만 무엇을 하지 말라고는 조언한다고 말한다. 특히, 그 목소리는 소크라테스에게 도움이 되지 않거나 그가 하지 말아야 할 것에 대해서는 하지 말라고 분명하게 말한다는 것이다. 그 목소리가 소크라테스에게 정치를 하지 말라고 했기 때문에, 그는 정치와 같은 공적인 삶에 참여하지 않고 살게 되었다는 것이다.

소크라테스는 만약 자신이 정치에 참여했더라면 자신의 성격으로 인해 "국가 내부의 부당하고도 불법적인 많은 사건들을 막는" 일을 했을 것이지만, 그런 경우에는 많은 사람들의 미움을 받아 결코 오래 생존하지 못했으리라고 말한다. 그는 자기가 죽음이 두려워서 굴복하는 경우는 없었을 것이며, 불의를 보고 참기보다는 불의에 항거하다 차라리 죽는 길을 선택했으리라고 강조한다. 그 목소리는 소크라테스가 그러리라는 것을 이미 알고 있었기 때문에, 소크라테스에게 정치에 참여하지 말라고 조언했다는 것이다.

그런데 소크라테스는 자신이 많은 사람들을 만나면서 그들의 무지를 드러내는 일을 하고 있음에도 불구하고, 그 목소리가 그런 일을 하지 말라고 조언하지 않는 점에 주목한다. 즉, 그 목소리가 아무런 반대를 하지 않는다는 것은 그가 하고 있는 일이 나쁜 일이 아니라는 것을 의미한다는 것이다. 이것은 다소 미신적인 이유이지만, 소크라테스는 그 이유를 아테네에서 자기보다 현명한 사람을 찾기 위해 노력하고, 이 과정에서 다른 사람들의 무지를 드러내는 일이 결코 나쁜 일이 아니라는 믿음의 근거로 삼는다.

Ⅰ.9 젊은 사람들이 소크라테스를 따르는 이유 (32E–34C)

이곳은 변론의 마지막 부분으로서, 소크라테스는 자신이 개인적으로 누군가를 가르친 적도 없고 가르치겠다고 약속한 적도 없다고 말하면서, 그럼에도 젊은 사람들이 자신을 따르는 이유는 바로 자신이 "옳고도 참되기 때문"이라고 설명한다. 즉, 소크라테스는 자신이 신성을 모독하고 젊은 사람들을 타락시킨다는 것은 거짓된 고발이며, 그가 진실만을 추구한다는 것을 젊은 사람들이 알기 때문에 그를 따른다고 주장하고 있다.

II. 소크라테스에 대한 판결과 그의 최후 진술 (34C–42A)

『소크라테스의 변론』의 후반부로서, 이곳에서는 소크라테스의 변론에 뒤따르는 판결과 구형, 그리고 그의 최후 진술이 제시되고 있다. 소크라테스에게는 일단 유죄 판결이 내려지고, 법적인 절차에 따라 그는 자신에게 벌금형을 구형할 것을 제안하지만 그에 대한 배심원들의 최종 판결은 사형이었다.

소크라테스는 "국가를 비난하려는 사람들로부터 지혜로운 사람인 소크라테스를 죽였다는 오명과 비난을 받게 될 것"이라는 말로 판결에 대한 당혹감을 표현한다. 그가 다시 한 번 '목소리'를 염두에 두고 있는 것으로 보이는데, 그는 그러한 신적인 징후가 자신의 어떤 말에도 반대하지 않았기 때문에 자기가 했던 말 가운데 그릇된 것은 하나도 없었다고 확신한다. 마지막 부분인 40C 이하에서, 소크라테스는 죽음에 대한 호기심과 더불어 긍정적인 기대를 하면서 말을 맺는다.

II.1 정당하게 판결을 받겠다고 다짐하는 소크라테스 (34C–35D)

이곳에서 소크라테스는 한 가지 흥미로운 이야기를 전해준다. 아마도 당시에 피고인들은 가벼운 기소 내용에 대해서도 "배심원에게 많은 눈물로 빌고 애원하고, 동정심을 자극하기 위해 자신의 어린아이를 앞세우고 다른 많은 친구들과 친지들"을 법정에 데려와 영향력을 행사하려고 시도

하는 일이 종종 있었던 것으로 보인다. 소크라테스는 배심원들 가운데 혹시라도 그런 행동을 했던 전력이 있는 사람이라면, 아마도 자기를 미워할 수도 있다고 말한다. 왜냐하면 현재 소크라테스는 사형이라는 판결을 받을 수도 중대한 내용으로 기소되어 있는 상태임에도 불구하고 그런 일을 전혀 하지 않기 때문이다. 하지만 그는 자기도 그런 식으로 인정에 호소할 수도 있으나 하지 않는 이유는 결코 자기의 고집 때문이거나 또는 배심원에 대한 존경심이 없어서가 단지 법률에 따라 판결되기를 바라기 때문이라는 말한다. 이곳에서 소크라테스는 진실 또는 진리에 따른 올바른 행동만을 하겠다는 의지를 다시 한 번 보여주고 있다.

II.2 판결에 대한 소감을 피력하고 벌금형을 제안하는 소크라테스 (35E-38C)

소크라테스가 자신이 인정에 호소하지 않고 법률에 따라 정당하게 판결을 받겠다고 말할 때, 그는 배심원들이 자기만큼이나 이성적이고 합리적인 판단을 하리라고 기대했던 것 같다. 하지만 결과는 그에 대한 유죄 판결이었다. 소크라테스에 의하면, 유죄 판결에 동의한 배심원들의 수는 반대한 배심원들의 수보다 삼십 명이 많았다. 당시 배심원들의 수는 사안에 따라 201명, 401명, 또는 501명이었으며, 소크라테스의 경우는 신성모독이라는 중요한 사안이었으므로 501명의 배심원들이 판결을 했을 것이다.[21] 이를 고려한다면, 유죄 판결에 동의한 배심원들의 수는 266명이고 반대한 배심원들의 수는 235명이었던 것으로 보인다. 이곳에서 알 수 있는 또 다른 사실은 기소한 사람이 배심원들로부터 5분의 1 이상의 동의를 얻지 못하는 경우에는 소크라테스를 거짓 기소한 죄목으로 멜레토스가 상당한 액수의 벌금을 내야 한다는 것이다. 이것은 아무나 쉽게 함부로 기소하지 못하

21_ 박종현 역주(2003), pp.82-84.

도록 하는 장치로 볼 수 있다.

유죄 판결을 받은 소크라테스는 이제 자신의 형량을 제안하라고 요구받는다. 이것은 오늘날의 체계와도 유사해 보인다. 검사가 형량을 구형하면 변호사는 형량을 낮추는 등의 조율을 하는데, 자기 자신을 변론하는 소크라테스는 변호사의 역할을 하고 있다고 볼 수 있다. 이에 대해, 그는 처음에는 자기가 잘못한 일이 없기 때문에 다른 어떤 처벌을 받기보다는 오히려 귀빈용 숙소인 프뤼타네이엄에서 식사 대접을 받는 것이 적절하다고 말한다. 그러나 이런 말이 배심원들의 신경을 건드릴 수 있다는 점을 스스로 자각한 소크라테스는 몇 가지 대안을 고려한다. 사형, 감옥형, 벌금형, 유배 등을 고려하다가, 마침내 그는 자기는 돈을 가진 것이 거의 없지만 보증을 서주겠는 친구들이 있으니 벌금을 내겠다고 말하면서 벌금형을 제안한다.

Ⅱ.3 소크라테스의 최후 진술 (38C–42A)

소크라테스가 설득력 있는 변론을 제시했음에도 불구하고, 그는 마침내 사형을 언도받는다. 그는 그런 판결이 나온 이유를 다음과 같이 적고 있다.

> 제가 부족해서 유죄 판결을 받았습니다만, 그것은 말재주가 부족했기 때문이 아니라 무분별함과 뻔뻔함, 그리고 여러분이 가장 듣고 싶어 하는 그런 것들을 여러분에게 말하고자 하는 열성이 부족했기 때문이었습니다. 그러나 여러분은 제가 통곡하고 애원하며, 제게 어울리지 않는다고 제가 말했던 많은 것들, 즉 여러분들이 다른 사람들에게 듣는데 익숙해진 것들을 제가 말하길 듣고자 했을 것입니다. (38D–E)

소크라테스는 끝까지 자신의 유죄를 인정하지 않는다. 그는 자기에 대한 유죄 판결이 늘 진실만을 추구한다고 주장하는 소크라테스의 비굴함을 보고자 했던 일부 배심원들을 만족시키지 못했기 때문이지 자기의 그간 행적이나 다른 어떤 것 때문이 아니라고 믿는다. 『소크라테스의 변론』에서 우리가 접하는 것은 소크라테스의 고집스럽고도 오만한 태도이며, 사실 어떤 면에서는 그가 "자신에게 유죄를 선고하게끔 배심원들을 도발"하는 듯이 보이기도 한다.[22] 당시의 아테네는 "개방적이고 비판적인 사상가에게 안전한 장소가 아니었다. 외국인들이라면 추방될 수도 있었다. ... 소크라테스는 사형을 제외한 그 어떤 것으로도 분노한 아테네인들을 만족시킬 수 없을 정도로 그들을 불쾌하게 만들었을 것이다."[23]

소크라테스는 최후 진술에서 자기에 대해 유죄 판결을 내린 배심원들에게 두 가지 말을 남긴다. 첫째는 국가가 많은 사람들로부터 '소크라테스를 죽였다는 오명과 비난'을 받게 되리라는 것이고, 둘째는 배심원들이 소크라테스에게 '부여했던 것보다도 훨씬 더 극심한 응징'을 받게 되리라는 것이다. 끝으로, 소크라테스는 죽음이 그다지 나쁜 것이 아닐 수도 있다는 몇 가지 이유를 설명한 뒤에, "이제 떠날 시간입니다. 저는 죽음을 향해, 그리고 여러분은 삶을 향해..."라는 말로써 최후 진술을 마친다.

죽음이 그다지 나쁜 것이 아닐 수도 있다는 소크라테스의 견해는 이 번역서에 포함되지 않은 『파이돈』이라는 작품에서 제시되고 있는데, 그 작품에서는 죽음에 대한 그의 견해는 물론이고 그가 마침내 사약을 마시고 서서히 죽음을 느끼는 장면이 묘사되고 있다.

22_ 유원기 옮김(2014), p.122.
23_ 유원기 옮김(2014), p.123.

3.2 『크리톤』

『소크라테스의 변론』에서 보았던 재판의 결과로서 소크라테스는 결국 감옥에 갇히게 되는데, 『크리톤』이라는 작품은 그 후 감옥에서 있었던 일화를 전하고 있다. 앞에서 언급했듯이, 『크리톤』이라는 제목은 그 작품에 등장하는 등장인물의 이름이다. 어느 날 사형을 언도받고 감옥에 갇혀 있는 소크라테스를 그의 절친한 친구 크리톤이 방문하면서 이야기가 시작된다. 이 작품은 크리톤이 소크라테스에게 탈옥할 것을 제안하지만, 소크라테스는 탈옥의 부당성을 역설하면서 그 제안을 거부하는 내용으로 구성된다. 그 내용을 자세히 살펴보자.

Ⅰ. 감옥에 있는 소크라테스를 방문한 크리톤 (43A–44B)

크리톤은 감옥에 있는 소크라테스를 자주 방문했던 것으로 보이는데, 이 날은 특히 이른 시간에 방문해서는 편안하게 잠들어 있는 소크라테스의 모습을 발견한다. 한편으로는 사형을 앞둔 사람이라고 보기 어려울 정도로 편안하게 잠든 그의 모습에 놀라움을 느끼고, 다른 한편으로는 그의 사형 집행일이 다가왔음을 알려줘야 한다는 사실에 안타까움을 느낀다.

Ⅰ.1 단잠을 자고 있는 소크라테스 (43A–43C)

크리톤은 소크라테스가 감옥에 들어간 이후에 여러 차례 그를 방문했던 것으로 보인다. 잠이 깬 소크라테스는 이른 새벽임에도 불구하고 간수가 크리톤의 방문을 허용한 것에 대해 놀라워한다. 이에 대해 크리톤은 자신이 자주 방문을 해서 간수와 친숙해졌다는 이유도 있지만, 다른 한편으로는 간수에게 약간의 뇌물이나 또는 다른 어떤 편의를 제공했었기 때문에, 그런 것이 허용되었다고 말한다. 크리톤은 소크라테스가 원래 행복하게 사는 사람이기도 하지만, 그래도 사형을 앞두고 있으면서 그리 단잠을 자는 것에 대해 다른 무엇보다도 다행스럽기도 하고 놀랍기도 하다는 심경을 나타낸다.

Ⅰ.2 델로스에서 도착한 배 (43C-44B)

크리톤이 소크라테스를 이른 새벽에 방문한 이유는 델로스에서 배가 돌아왔기 때문이다. 델로스는 그리스 신화에 나오는 아폴론 신이 태어났다는 작은 섬인데, 아테네에서는 매년 델로스에 배를 보내 제사를 지내곤 한다. 이것은 성스러운 행사로 여겨졌기 때문에, 아테네에서는 델로스에 보냈던 배가 무사히 돌아오기 전까지는 사형 집행을 하지 않는 전통이 있었다.

그런데 크리톤은 델로스를 방문했던 배가 수니온이라는 항구에 도착했다는 소식을 들은 것이다. 아테네에서 50킬로미터 정도 떨어진 곳에 있는 수니온은 궂은 날씨로 인해 배가 아테네로 들어오지 못하는 경우에 임시로 대피하는 항구이다. 크리톤은 지금 당장은 배가 수니온에 대피해 있지만, 빠르면 오늘 중으로라도 배가 아테네에 들어올 수도 있으리라는 소식을 듣고 놀라 그걸 소크라테스에게 알려주기 위해 감옥으로 찾아온 것이다.

이 소식을 들은 소크라테스는 그다지 놀라는 기색도 없이, 그 배가 오늘이 아니라 내일 도착할 것이고 말한다. 또한 그는 일반적으로 배가 들어온 다음날 사형이 집행되기 때문에, 자신이 죽는 날은 내일이 아니라 모레가 될 것이라고 담담히 말한다. 그가 이렇게 주장하는 근거는 그가 꾸었던 꿈이나. 그것은 "흰 옷을 입은 아름답고도 늘씬한 어떤 여인이 내게 와서 이름을 부르며, "소크라테스, 그대는 세 번째 날에 비옥한 프티아에 도착할 것이오!"라고 말하는 꿈"이었다. 프티아는 호메로스의 『일리아드』에 등장하는 아킬레우스의 고향으로서, 여기에서 소크라테스는 자신이 죽는다는 것은 바로 고향으로 돌아가는 것이라고 말하고 있다.

Ⅱ. 소크라테스에게 탈옥을 권하는 크리톤 (44B-46A)

크리톤은 소크라테스가 탈옥해야 하는 두 가지 이유를 제시한다. 첫 번째는 소크라테스를 도와줄 경제적인 능력이 되면서도 도와주지 않았다고 주변 사람들이 자신을 비난하리라는 것이며, 두 번째는 돌봐야 할 자식이 있는데도 돌보지 않고 포기하는 것은 무책임하다는 것이다.

Ⅱ.1 소크라테스가 탈옥해야 하는 이유 (1) (44B-45C)

늘 가난하게 지냈던 소크라테스와 달리, 크리톤은 경제적으로 유복한 편에 속하는 것으로 알려져 있다. 그는 친구인 소크라테스를 감옥에서 탈옥시킬 수만 있다면 기꺼이 자신의 모든 재산을 쓸 것이며, 또한 그로 인해 자신이 어떤 피해를 당하더라도 기꺼이 감수하겠다고 말한다. 또한 그는 소크라테스에게 다른 나라로 망명할 것을 권하기도 한다.

Ⅱ.2 소크라테스가 탈옥해야 하는 이유 (2) (45C-46A)

이곳에서 크리톤은 소크라테스가 탈옥해야 하는 또 다른 두 가지 이유를 제시한다. 첫 번째는 소크라테스가 그대로 죽음을 맞이하는 것은 바로 그를 파멸시키려는 적들이 바라는 것이며, 두 번째는 그것이 자식들에 대한 양육과 교육을 포기하는 것이기 때문에 탈옥을 해야 한다는 것이다. 무엇보다도 크리톤은 소크라테스의 자식들이 미래에 겪을 고초와 처참한 운명을 고려한다면, 소크라테스가 그들을 버려두고 죽음을 택하려 하는 것은 결코 적절하지 못하다고 강조한다. 게다가 크리톤은 자신이 소크라테스를 구할 수 있는 경제적인 여력이 있으면서도 그를 구하려는 아무 노력도 하지 않고 죽게 내버려둔다면, 주변 사람들이 자신이나 다른 친구들을 비난하리라는 걱정도 덧붙인다.

Ⅲ. 소크라테스가 말하는 탈옥의 부당성 (46B-49E)

크리톤의 주장과는 반대로, 소크라테스는 크리톤이 제시하는 탈옥의 이유들이 오히려 부적절하다고 생각한다. 먼저, 주변 사람들의 비난을 걱정하는 크리톤에게, 소크라테스는 주변 사람들이 먼저 다수의 사람들이 어떤 것을 주장한다고 해서 그것이 반드시 옳은 것이 되는 것은 아니라고 말한다. 소크라테스는 다수의 주장을 반드시 따라야 하는 것은 아니라고 주장함으로써, 주변 사람들의 비난에 크게 신경 쓸 필요가 없다고 조언한다. 그런 뒤에 그는 정당한 행동이란 어떤 행동을 말하는가에 대한 자신의 견해를 제시한다.

Ⅲ.1 전문가의 의견과 다수의 의견 (46B-48B)

근본적으로 소크라테스는 '감금과 처형과 재산 몰수 등의 위협'으로 말미암아 자기가 하려던 것을 포기하는 것은 부당한 일이라고 생각한다. 그는 어떤 위협이 가해지더라도 자신이 옳다고 생각하는 것을 포기하지는 않으리라는 의지를 보여준다. 또한 그는 다수의 의견이라고 해서 무조건 따르는 것이 합리적인 것은 아니라고 생각한다. 특히, 다수의 비전문가들이 제시하는 의견을 따르기보다 한 사람의 전문가가 제시하는 의견을 따르는 것이 더 바람직하다고 생각하며, 더 나아가 그는 "우리는 결코 다수가 우리에게 말한다고 해서 주목하지 말고, 정당함과 부당함을 이해하는 한 사람에, 그리고 진리 그 자체에 주목해야 한다"고 말한다.

Ⅲ.2 정당한 행동과 부당한 행동 (48B-49E)

이곳에서 소크라테스는 단순히 사는 것이 아니라 잘 사는 것이 중요하다고 말하고, "잘 삶"과 "아름다운 삶," 그리고 "정당한 삶"을 동일시한다. 그는 탈옥이 과연 정당한 행동인가 또는 부당한 행동인가를 검토하는 과정에서, 부당한 행동을 해서는 안 된다는 기본적인 원칙에 동의한다. 그런 뒤에 그는 부당한 행동을 하는 사람들에게 부당한 행동을 하는 것은 부당한 것인가 또는 그렇지 않은 것인가를 묻는다. "부당한 행동을 하는 사람들에게 부당한 행동을 한다"는 것은 "악을 악으로 갚는다"는 것과 같은 말이 되는데, 소크라테스는 이런 경우에도 부당한 행동은 부당한 것이라고 결론짓는다. 즉, 부당한 행동이나 악한 행동은 어떤 경우든 각각 부당하거나 악한 행동이므로 그런 행동을 해서는 안 된다는 것이다.

Ⅳ. 국가와 법률 (49E–54E)

『크리톤』의 마지막 부분은 국가와 법률이 소크라테스에게 질문하는 형식으로 진행된다. 전반부에서, 법률은 소크라테스에게 "당신은 국가가 내린 평결을 따르겠다고 동의했었나요?" 또는 "당신이 우리를 파괴하려고 시도할만한 어떤 잘못을 우리와 국가에게서 발견했나요?"라고 묻는다. 소크라테스는 전자에 대해서는 그렇다는 답변을 제시하는 반면에, 후자에 대해서는 그렇지 않다는 답변을 제시한다. 그리고 후반부에서, 법률은 소크라테스에게 탈옥한 뒤에 무엇을 할 것인가를 묻고, 그가 국가와 법률을 해치는 경우에는 살아있거나 죽거나 결코 정상적인 삶을 살아갈 수는 없다고 경고한다.

Ⅳ.1 국가와 법률에 대한 존경과 복종 (49E–51C)

소크라테스는 국가와 법률을 의인화함으로써, 그들이 자기에게 와서 일련의 질문을 하고 있다고 가정한다. 무엇보다도 그들은 소크라테스가 탈옥하는 것은 자신들을 파괴하는 것인데, 그가 이처럼 자신들을 파괴하려고 하는 것이 자신들의 잘못 때문이냐고 묻지만, 소크라테스는 국가와 법률이 아무런 잘못을 저지르지 않았다고 말한다. 또한 그는 설혹 그들이 무슨 잘못을 저질렀다 할지라도, 그들을 파괴하는 것은 어쨌든 부당한 일이라는데 동의하는 듯이 보인다. 그들은 소크라테스에게 다음과 같이 질문한다.

> 당신은 이런 정도의 지혜는 갖고 계시지 않나요? 신들과 지식인들은 자신의 모친이나 부친, 그리고 모든 조상들보다 자신의 국가를 더 중시하고 더 존경하고 더 신성시하고 더 존중한다는 것을. 그리고 국가가 분노하는 경우에는 자신의 부친보다는 국가에 더 많은 존경심과 복종심과 겸손함을 보여야 한다는 것을. 또한 국가를 설득해서 믿게 하거나 또는 국가가 명하는 모든 것을 수행해야 한다는 것을. 더 나아가 국가가 당신에게 고통을 묵묵히 감수하라 한다면 감수하고, 국가가 당신을 채찍질하거나 투옥할 것을 명령하거나, 또는 당신을 전쟁터로 끌어들여 부상이나 죽임을 당하게 만들지라도, 국가의 뜻은 이루어지리라는 것을. 또한 이것이 정당하다는 것을. 그리고 굴복하거나 포기하거나 자리를 이탈해서는 안 되며, 전쟁과 법정과 모든 곳에서 정부와 국가가 명령하는 것을 반드시 수행하거나 또는 무엇이 실제로 옳은가에 대해 국가를 설득해야 하며, 부친이나 모친에게 폭력을 사용하는 것은 불경한 것이고, 그것을 국가에 대해 사용하는 것은 훨씬 더 불경하다는 것을. (51B-C)

독자들은 여기에서 이 인용문에 대한 의견을 나누어볼 필요가 있다. 다시 말해서, 위 인용문에서 말하듯이, 과연 국가와 법률이 부모나 다른 어떤 것보다도 우선하는가, 그리고 만약 그것들이 다른 것들보다 우선한다면, 항상 그런 것인가 등에 대해 고찰해볼 필요가 있다는 것이다. 더 나아가 이와 관련하여 흔히 제기되는 물음은 국가의 이익이 개인의 이익과 상충하는 경우에 어떤 것을 우선시해야 할 것인가에 대한 것이다. 이것은 다수의 이익과 소수의 이익 가운데 어떤 것을 우선시해야 할 것인가에 대한 물음이기도 하다. 이런 문제들은 독자들의 과제로 남겨 놓도록 하자.

Ⅳ.2 국가와 법률에 대한 약속 (51C–52D)

법률은 소크라테스를 태어나게 하고 양육했음은 물론이고 그에게 줄 수 있는 모든 좋은 것들을 나누어줬다고 강조하면서, 그럼에도 불구하고 소크라테스가 부모라고 할 수 있는 법률에게 불복하고 반발하는 것은 부당하다고 주장한다. 더 나아가 법률은 소크라테스가 재판 과정에서 자신에 대한 국외추방을 제안할 수 있었음에도 불구하고 그러지 않았던 것은 국가와 법률에 따라 살겠다는 데 동의했던 것으로 볼 수 있다고 주장한다. 따라서 법률은 그가 이제 와서 그런 동의를 파기하고 위반하는 것은 분명히 부당하다고 주장한다.

Ⅳ.3 탈옥한 뒤에 생기는 일들 (52E–54E)

법률들에 따르면, 소크라테스는 신체적 장애를 가진 사람들보다도 더 오랫동안 국내에 머무르면서 나라 밖으로 나가지 않았는데, 이것은 그가 국가와 법률이 제안했던 내용에 동의한다는 것을 입증한다고 볼 수 있다는 것이다. 더 나아가 그들은 칠십 여 년 동안 국가 내부에 머물며 이렇게 살아왔던 소크라테스가 특별히 다른 나라를 선호하는 것도 아니면서 그런 나라로 망명하는 것은 조롱거리가 될 수 있다고 주장한다.

또한 법률들은 소크라테스가 망명하는 경우 자식들의 교육과 양육이 제대로 되기 어렵다는 점을 강조한다. 그리고 그들은 그의 망명이 친구들에게도 아무런 도움이 되지 못할 것이고, 그가 살아 있는 동안에는 국가와 법률의 분노를 사게 되고, 죽어서는 지옥의 법률들에게 올바른 대접을 받지 못하리라고 주장한다. 마침내 소크라테스는 "크리톤, 내버려 두게. 그리고 신이 우리를 이렇게 인도하니, 그렇게 하세"라는 말로써, 법률을 해치는 탈옥을 시도하는 것은 부당하다는 결론을 내리면서 『크리톤』의 논의를 마친다.

『크리톤』에 드러난 소크라테스의 행적 이후에 어떤 일이 발생했는가에 대해 궁금한 독자들은 『파이돈』이라는 작품을 더 찾아서 읽으라고 권하고 싶다. 『파이돈』은 『크리톤』보다 이틀 뒤에 있었던 소크라테스의 행적, 즉 소크라테스가 마침내 독약(또는 독배)을 마시고 죽게 되는 날에 대한 이야기를 적고 있다. 이 대화록에서 소크라테스는 자신이 죽음을 왜 두려워하지 않는지, 그리고 철학자가 왜 죽음을 추구하는지에 대해 논의한다. 철학자가 죽음을 추구한다고 말한다고 해서 소크라테스가 자살을 권유하고 있는 것은 아니다. 그는 자살이 신의 뜻을 위배하는 것이기 때문에 부당한 행동이며, 죽어야 할 때 죽는 것은 오히려 신의 뜻에 따르는 행위라고 주장한다. 소크라테스는 죽음의 순간에 임박해서도 죽음을 두려워하기보다는 오히려 죽음 이후에 접하게 될 새로운 세계와 배움을 기대하고 있다.

무엇보다도 『파이돈』에서 우리는, 육체는 사멸하지만 영혼은 결코 사멸하지 않는다는 '영혼 불멸설', 사람의 지식이란 태어난 뒤에 경험을 통해 습득하는 것이 아니라 영혼의 상태에서 배웠던 것을 상기하는 것에 불과하다는 '상기설,' 이상세계에는 불변하고 비물질적인 형상(또는 관념)이 존재한다는 '형상론'을 비롯한 다양한 플라톤의 사상들을 접할 수 있다.

3.3 『향연』

플라톤의 『향연』을 번역하고 해제를 덧붙인 워터필드(Waterfield)는 그것이 "서구 세계에서 가장 유명한 문학 작품들 가운데 하나"이며, 그것은 또한 "위대한 작품이 길이가 긴 책일 필요가 없다는 살아있는 증거"인 동시에 "위대한 문학 작품이 읽기 어려워야만 한다는 것도 아니라는 살아있는 증거"라는 찬사를 보내고 있다.[24] 실제로 『향연』은 그다지 길지 않은 양의

24_ Waterfield(tr.) (2008), xi.

글로서 내용이 크게 어렵지도 않다.

『향연』은 아가톤이라는 극작가가 개최한 연회에 참석했던 사람들(아가톤, 소크라테스, 알키비아데스 등)이 '에로스(또는 사랑)'에 대해 나누었던 이야기를 들었던 아폴로드로스가 그 이야기를 다시 다른 친구들에게 들려주는 형식으로 구성된다. 이것은 기원전 416년 겨울에 있었던 일로서, 아가톤이 썼던 비극작품이 일종의 희곡작품 경연대회에서 1등 수상을 하자 그가 자축하기 위해 연회를 개최하고 가까운 사람들을 자기 집으로 초대했던 것이 이 작품의 배경이다. 이 작품을 이해하기 위해 몇 가지 기억해 두어야 할 사항들이 있다. 첫째, 작품의 배경이 되는 연회는 최근에 있었던 연회가 아니라 수년 전에 있었던 연회이다. 둘째, 이야기를 이끌어가는 사람은 아폴로도로스이지만, 그가 직접 연회에 참석해 목격하거나 들었던 이야기를 하는 것이 아니라 다른 사람을 통해 전해들은 이야기를 하고 있다. 셋째, 실제로 연회에 참석했고 아폴로도로스에게 이야기를 전해줬던 것은 아리스토데모스인데, 그는 연회에서 사람들이 나누었던 이야기를 모두 제대로 기억하지는 못했다. 결과적으로, 『향연』에 담긴 내용은 아리스토데모스가 들었던 이야기 가운데 그가 기억하는 내용이라 볼 수 있다.

이미 언급했듯이, 『향연』은 연회에 참석했던 사람들이 '에로스(또는 사랑)'에 대해 이야기를 나누는 형식으로 진행된다. 일반적으로 '에로스'는 '사랑'을 의미하지만, 본문의 내용에서 '에로스 신'을 가리키는 고유명사로 사용된 경우는 사랑으로 번역하지 않고 그대로 '에로스'로 음역했으며, 사랑을 의미하는 보통 명사로 사용된 경우는 '사랑'으로 번역했다. 무엇보다도 우리는 이 책에서 에로스의 다양한 의미와 역할을 알게 된다.

이 작품에서 논의되는 사랑은 우리가 흔히 그렇듯이 남성과 여성간의 관계에 대한 것이 아니라 성인 남성과 어린 소년간의 관계에 대한 것이다. 고대 그리스 사회에서 동성애가 성행했다고 흔히 알려져 있다. 하지만 워터필드(Waterfield)는 고대 그리스의 동성애를 현대의 동성애와 동일한 것으로 간주해서는 안 될 몇 가지 이유를 제시한다.[25] 첫째, 고대 그리스의 동성애는 자연스러운 것으로 간주되기는 했지만, 그것이 모든 사람들에게 일반적이었던 것이 아니라 일부 상류층 계급 사람들에게 국한된 일이었다고 한다. 둘째, 고대 그리스에서 여성과 여성 사이의 애정 관계도 없지는 않았다고 알려져 있지만, 그 시대의 동성애는 주로 남성과 남성 사이의 애정 관계를 가리킨다.[26] 셋째, 엄밀한 의미에서, 고대 그리스의 동성애는 동성애가 아니라 양성애였다. 즉, 남성이 남성만을 성적 대상으로 생각했던 것이 아니라 여성을 성적 대상이나 결혼 대상으로 간주했다는 것이다. 넷째, "고대 그리스 사회에서는 동성애적 요소가 비정상적인 것이고 이성애적 요소를 정상적인 것으로 간주하지 않았다." 다섯째, 소년들이 성적 대상으로 여겨진 이유는 "그들이 여자아이들 같이 생겼기 때문"이 아니었다. 이에 대해, 워터필드에는 그것이 동성애였으며 "억압된 이성애"가 아니라고 말한다. 여섯째, 고대 그리스에서 동성애가 성행했던 이유는 "원하지 않는 아이 출산의 위험"을 피하기 위한 것이었다.

고대 그리스에서는 주로 성인 남성들이 십대의 미소년들을 성적대상으로 삼았다. 성인들은 능동적이고 적극적으로 미소년들과 성적 관계를 맺으려 했던 반면에, 미소년들은 수동적이고 미온적인 태도를 취했으며, 또한 성인 연인들은 자신들의 어린 연인들에게서 수줍어하는 모습과 변함없는 애정을 요구했고, 그에 대한 반대급부로 나중에 미소년들에게 정치적 또는 경제적 후원을 해줬다고 한다.[27]

『향연』은 연회에 참석한 사람들이 앉은 순서대로 사랑에 대해 자신들이 생각하는 이야기를 각자 풀어 나가는 방식으로 진행되지만, 후반부에서

25_ Waterfield(tr.) (2008), xv.

26_ 이것은 역해자가 첨가한 특징이며, 워터필드의 것이 아니다.

27_ Waterfield(tr.) (2008), xvi.

는 연회가 끝날 즈음에 이르러 알키비아데스가 갑자기 나타나 자신의 사랑을 받아주지 않는 소크라테스에 대한 원망 섞인 이야기를 하는 것으로 이야기의 끝을 맺는다. 그곳에서 알키비아데스는 자기가 소크라테스를 좋아하는 것만큼 소크라테스가 자기를 좋아하고 있다고 생각하지만, 소크라테스는 아무런 관심도 없는 듯이 보인다. 다시 말해서, 알키비아데스의 원망은 그의 짝사랑과 오해로 인해 빚어졌다는 것이다. 다른 사람들과 마찬가지로 소크라테스도 미소년을 연인으로 삼는 동성애를 인정했는가에 대한 학자들의 의견은 일치하지 않는다. 『프로타고라스』 309a에는 몇몇 친구들이 미소년을 연인으로 둔 소크라테스를 놀리는 내용이 나오기도 하지만,[28] 『향연』에 드러난 그의 태도, 즉 아주 잘 생긴 미소년으로 알려진 알키비아데스의 사랑을 완강히 거절하는 그의 태도를 보면 그렇지 않은 것처럼 보이기도 한다. 하지만 플라톤의 작품들 가운데 다른 많은 곳에서도 그 두 가지 입장이 모두 나오기 때문에, 소크라테스의 견해가 정확히 무엇인가를 판단하기란 결코 쉽지 않다는 것이다.

『향연』에서 다루어지는 에로스(사랑)와 필리아(친애감)에 대한 이야기는 플라톤의 다른 작품인 『리시스(Lysis)』에서도 논의되므로, 이 주제에 대해 관심을 가진 사람들은 그 작품도 참고할 필요가 있다. 이제 『향연』의 내용을 자세히 살펴보자.

Ⅰ. 아가톤의 연회에 초대받은 소크라테스 (172A–176A)

아폴로도로스는 몇 명의 친구들로부터 오래 전에 자신이 들었던 이야기를 들려달라는 요청을 받는다. 그것은 바로 아가톤, 소크라테스, 알키비아데스 등이 한 연회에 모여 사랑에 대해 나누었던 이야기였다. 그가 연회에 직접 참석했던 것은 아니고, 나중에 아리스토데모스로부터 그 참석자들이

28_ Waterfield(tr.) (2008), xvii.

연회에서 그런 대화를 나누었다고 들었을 뿐이다. 아폴로도로스는 자신이 들었던 이야기에 대한 기억을 떠올리면서 차근차근히 이야기를 시작한다.

Ⅰ.1 아폴로도로스와 한 친구의 만남 (172A–173E)

몇 명의 친구들이 아폴로드로스에게 오래 전에 있었던 한 가지 사건에 대해 이야기해달라고 청한다. 이에 대해, 그는 먼저 자기가 어느 날 집을 나서다가 글라우콘이라는 한 지인을 만났던 일에 대한 이야기부터 시작한다. 아폴로드로스는 글라우콘이 다음과 같이 말했다고 전한다.

> 아가톤, 소크라테스, 알키비아데스, 그리고 그 모임의 나머지 사람들이 함께 했던 연회에서 무슨 일이 있었고, 또한 그들이 사랑에 대해 무슨 이야기를 했는지 듣고 싶어 자네를 찾고 있었다네. (172B)

글라우콘에게서 이런 요청을 받은 아폴로드로스는 처음에 상당히 당혹스러워하는데, 그 이유는 그 사람들이 연회에서 서로 만나 사랑에 대한 이야기를 나누었던 것은 그가 어린아이였을 때로서 아주 오래 전 일이었고, 더구나 그 이야기는 아폴로드로스가 연회에서 그들로부터 직접 들었던 것이 아니라 아리스토데모스로부터 전해 들었던 것이기 때문이다.

아폴로드로스가 글라우콘을 먼저 언급한 이유는 그럼에도 불구하고 자신이 어떻게 오랜 세월 전에 들었던 이야기를 아직도 기억하고 있는가를 설명하기 위한 것으로 보인다. 최근에 글라우콘이 그 이야기에 대해 물었던 적이 있기 때문에, 사기가 그 이야기를 비교적 수월하게 기억해낼 수 있었다는 것이다.

Ⅰ.2 아가톤의 연회로 향하는 아리스토데모스와 소크라테스 (174A–E)

여기에서부터 아폴로드로스가 아리스토데모스에게서 들었던 이야기가 시작된다. 아리스토데모스는 평소에 신발을 신지 않던 소크라테스가 목욕을 하고 신발도 신고 외출하는 모습을 우연히 목격한다. 소크라테스는 자신이 아가톤의 연회에 초대받아서 가려는 중인데 그에게 같이 갈 것을 권한다. 이렇게 해서 아리스토데모스는 자신이 아가톤에게서 직접 초대받지 못했음에도 불구하고 아가톤의 연회에 참석하게 되었다고 말한다.

Ⅰ.3 아가톤의 집에 도착한 아리스토데모스와 문밖에서 사색에 잠긴 소크라테스 (174E–176A)

소크라테스와 아리스토데모스가 아가톤의 집에 거의 도달했을 때, 현관문 근처에서 자신만의 생각에 젖어 움직일 생각을 하지 않는 소크라테스를 남겨두고 아리스토데모스가 먼저 안으로 들어간다. 아리스토데모스는 소크라테스가 이처럼 한 자리에 서서 자신만의 생각에 빠졌다가 자신이 궁금하게 여겼던 문제의 답을 찾으면 스스로 다시 움직이곤 하는 습관을 가졌으니 소크라테스의 생각을 방해하지 않도록 내버려두라고 말한다. 한편, 아리스토데모스는 자신이 아가톤에게서 초대받지 못했다고 생각했지만, 아가톤은 그를 만나자 반갑게 맞으며 초대하려고 그에게 갔었으나 만나지 못했다고 말한다. 아리스토데모스를 비롯하여 모여 있던 사람들이 저녁식사를 시작하고 난 뒤에야 소크라테스는 안으로 들어와 자리에 앉고 식사에 참석한다.

Ⅱ. 연회의 이야깃거리가 된 에로스 (176A–212C)

이 연회는 시인인 아가톤이 기원전 416년 아테네에서 열렸던 극작품 경연대회에서 비극작품으로 우승한 것을 축하하기 위한 것으로서, 본문에서 보듯이 소크라테스는 축하 모임의 첫날에는 참석하지 않았고, 연회의 두 번째 날에 참석하고 있다.[29] 워터필드는 고대 그리스의 연회에 대해 다음

29_ Nehamas & Woodruff(1989), xi.

과 같이 설명한다.

> 향연은 상류층에 속한 아테네인들의 관습이었다. '술 파티(drinks party)'라는 단어를 문자 그대로 번역하는 것은 ... 오해의 여지가 있으므로, 그것을 단순히 음역하는 것이 좋다. 실제로 알코올을 소비하는 것이 파티의 주된 목적이었지만, 저녁식사를 먼저 했을 것이다. 손님들은 모두 남자였을 것이다. 그리고 집주인은 화관과 향수를 준비했을 것이며, 또한 손님들은 긴 의자에 반쯤 누운 자세로 기댔을 것이다. 그들의 왼쪽 팔은 쿠션에 걸치고 상반신을 의지했으며, 오른쪽 팔은 앞에 놓인 테이블에서 음식과 술을 마시거나 또는 나중에 다른 어떤 활동을 하기에 자유로웠을 것이다.[30]

손님들은 모두 이처럼 편안한 자세를 취하고 있었으나, 소크라테스를 제외한 대부분의 참석자들은 전날의 모임에서 술을 많이 마셨기 때문에 숙취에 시달리고 있었다. 그래서 그들은 이 날 각자 원하는 만큼만 적당히 마시고 피리 연주도 듣지 않기로 합의한다. 그 대신에 그들은 에로스 또는 사랑에 대해 대화하면서 시간을 보내기로 하고는 기대어 앉은 순서대로 돌아가며 이야기를 시작한다.

Ⅱ.1 음주 대신에 대화를 나눌 것을 제안하는 파워사니아스 (176A–E)

소크라테스와 아리스토데모스를 제외한 다른 참석자들은 전날에도 연회에 참석했었고 전날 마신 술로 인한 숙취에 시달리고 있었다. 그들 중에 한 사람인 파위사니아스가 술은 각자 원하는 만큼 적당히 마시고, 그 대신에 대화를 나누며 시간을 보낼 것을 제안한다.

30_ Waterfield(tr.) (2008), xviii.

Ⅱ.2 에로스에 대해 이야기할 것을 제안하는 에뤽쉬마코스 (177A–178A)

에뤽쉬마코스는 다른 많은 신들에 대한 찬송가와 기도문은 있는데, 가장 오래되고 위대한 사랑의 신인 에로스를 찬미하는 노래는 없다는 점에 주목한다. 따라서 그는 에로스를 아름답게 찬미하는 이야기를 해보자고 제안하고, 참석자 모두가 그렇게 할 것에 동의한다. 특히, 소크라테스는 "나는 사랑 외에는 아는 것이 없다"(177E)라고 선언함으로써, 사랑에 대한 전문가임을 밝히면서 그 주제에 대해 이야기하자는데 기꺼이 동의한다. 그들은 자리에 기대어 앉은 순서대로 돌아가며 이야기하기로 하고, 파이드로스가 가장 먼저 이야기를 시작한다.

Ⅱ.3 파이드로스의 이야기 (178A–180C)

파이드로스는 에로스가 가장 위대하고 경이롭다고 말하며, 우리가 일생을 살아가는 동안 지침으로 삼을만한 것을 제시해준다고 덧붙인다. 그는 사랑하는 사람들이 상대방의 고통을 더 고통스러워하고, 자신의 수치스러움을 더 수치스러워할 뿐만 아니라, 그들로 국가와 군대를 구성하면 가장 강력한 집단을 이루게 되리라고 말한다.

> 연인들과 그들의 소년 애인들로 이루어진 국가와 군대를 갖게 된다면, 그들은 명예를 위해 서로 경쟁하지 않고 자신들의 국가를 위한 더 나은 국민들이 될 수 있을 것이며, 이런 사람들이 나란히 싸우게 되면 소규모 부대라 할지라도 온 세상을 정복할 수도 있으리라 생각할 수도 있을 것이네. 왜냐하면 사랑에 빠진 사람은 자신이 부대를 이탈하거나 무기를 버리고 도망하는 것을 자기 애인이 보게 만드느니 차라리 다른 많은 것들을 선택할 것이며, 그렇게 하느니 차라리 거듭해서 여러 번 죽기를 바랄 것이 분명하기 때문이네. (178E – 179A)

이처럼 파이드로스는 에로스, 즉 사랑의 힘이 강력하다고 믿고 있으며,

따라서 그는 "에로스가 신들 가운데 가장 오래되고 가장 소중하며, 또한 그는 살아있는 사람들이나 죽은 사람들에게 모든 탁월성과 행복을 제공하는 신성한 능력을 갖고 있다."고 말하면서 이야기를 마친다.

II.4 파우사니아스의 이야기 (180C-185C)

파이드로스가 이야기를 마친 뒤에 몇몇 사람들이 더 이야기를 했지만, 아리스토데모스는 그 내용을 기억하지 못했고, 따라서 그는 자신이 기억하는 파우사니아스의 이야기를 전한다.

파우사니아스는 다른 여신들이 둘이라면 에로스도 둘일 것이라고 주장하는데, 그 근거가 무엇인지는 정확하지 않다. 그럼에도 이런 맥락에서 그는 아프로디테를 천상의 아프로디테와 세속의 아프로디테로 구분하고, 그와 비슷한 방식으로 에로스도 천상의 에로스와 세속의 에로스로 구분한다. 그가 말하는 세속의 에로스는 그가 비천한 사람들로 분류하는 사람들이 지닌 에로스로서, 이런 부류의 사람들은 소년만 사랑하는 것이 아니라 여성도 사랑하고, 연인의 영혼보다 육체를 사랑하며, 아름다움이나 다른 어떤 가치에는 관심이 없고 성취하는 데만 관심을 갖는다. 반면에, 천상의 에로스는 세속의 에로스보다 더 나이가 들긴 했지만 난잡함에 물들지 않은 에로스이며, 이런 에로스를 가진 사람들은 강력한 성품과 높은 지성을 좋아하기 때문에 남성에 끌리며, 따라서 소년 애인만을 사랑한다는 것이 파우사니아스의 견해이다.

파우사니아스의 이야기 가운데 우리가 특히 주목할 만한 내용이 몇 가지 있다. 첫째, 그는 좋고 나쁨의 기준을 '영혼보다 육체를 갈망하는가 또는 아닌가'에 두고, 영혼보다 육체를 갈망하는 사람을 나쁘다고 규정하고 있다. 둘째, 그는 일반적으로 남에게 종속되고 노예가 되는 것은 수치스러운 일이지만 자신이 좋아하는 연인에게 종속되고 노예가 되는 것은 전혀 수치스러운 일이 아니라고 주장한다. 특히, 그는 "어떤 사람이 자기 친구가 지식의 측면에서 또는 탁월성의 다른 부분들 중 어떤 것에서 자기를 더 낫게 만들어 주리라는 믿음에서 다른 사람에게 기꺼이 헌신할 때, 이런 자발적인 속박은 추한 것도 아니고 아부하는 것도 아니네."라고 말한다.

184D-E에서 파우사니아스는 두 가지 종류의 법률, 즉 "소년 애인들에 대한 열정'과 관련된 법률과 '지혜에 대한 사랑이나 모든 탁월성'과 관련된 법률을 구분하고, 그가 '원리'라고 부르는 이 두 가지 법률이 만나는 곳이 가장 바람직하다고 말한다. 이곳에서 그는 '탁월성'이라는 단어를 여러 차례 언급하는데, 그가 말하는 '탁월성'은 '연인을 위해 최선을 다하는 것'이라는 의미로 이해할 수 있을 것이다.

파우사니아스는 소년 애인을 위해 노력하는 것을 바람직한 행동으로 생각하고 있는데, 그는 물론이고 이 작품에 등장하는 많은 사람들이 긍정적이고도 당연하게 생각하는 동성애를 문자 그대로 받아들일 필요는 없다. 다시 말해서, 동성애만이 바람직하다는 식으로 이해할 필요는 없으며, 그들의 견해는 이성애의 경우에도 그대로 적용된다고 볼 수 있다는 것이다.

파우사니아스가 하려는 말은 성적인 또는 육체적인 사랑만을 추구하거나 또는 다른 어떤 이익을 위해 연인을 사랑하는 것은 결코 바람직한 사랑이 아니며, 그와는 달리 연인의 발전을 위해 모든 노력을 기울이는 것이 바람직한 사랑이라는 것이다. 그는 서로를 위하고 서로의 발전을 위해 노력을 기울이는 경우에는 연인들이 어떤 행동을 하더라도 불명예스러운 것이 없고 모두가 양해될 수 있음을 강조하고 있다.

파우사니아스는 이야기를 하던 중에 갑자기 "파우사니우 데 파우사메누"라고 말하면서 장난스럽게 이야기를 중단해버린다. '장난스럽다'고 말하는 것은 두 가지 이유인데, 첫 번째는 그가 "파우사"를 반복하여 운을 맞추고 있기 때문이며, 두 번째는 "파우사니오스는 [말을] 멈추었다"라고 말하면서 중단했기 때문이다. 자리에 앉은 순서에 따라 파우사니아스의 뒤를 이어 아리스토파네스가 이야기하기로 되어 있었지만, 딸꾹질이 멈추지 않고 계속되어 에릭쉬마코스가 이야기를 하게 된다.

II.5 에릭쉬마코스의 이야기 (185C–194E)

에릭쉬마코스는 파워사니아스의 이야기를 자신이 익숙한 의술과 관련시켜 설명하면서 마무리하려고 한다. 그는 의술의 기능과 의사의 역할에 대해 다음 같이 말한다.

> 의술이란 채움과 비움과 관련하여 사랑이 몸 안에서 하는 일에 대한 지식이라 말해질 수 있을 것이며, 가장 의사다운 의사는 아름다운 사랑과 수치스러운 사랑을 구분할 수 있을 뿐만 아니라 하나의 사랑을 다른 사랑으로 대체할 수 있는 사람이지. 그리고 훌륭한 제작자[의사]는 사랑이 있어야 하는데 없는 곳에서는 사랑을 만들어주고, 없어야 할 곳에서는 그것을 없애주는 사람이네. (186C–D)

의술은 몸 안에서 사랑이 어떤 일을 하는가에 대해 아는 것을 말하며, 의사는 적재적소에 필요한 사랑을 채우거나 비워주는 역할을 하는 사람을 말한다. 에릭쉬마코스는 이 설명을 음악이나 천문학에도 비슷한 방식으로 적용한다. 그는 음악을 "조화와 리듬에 관련된 에로스에 대한 지식"으로 규정하고, 음악 또는 음악가의 역할은 필요한 사람에게 에로스를 전해주는 것이라고 말한다. 이와 비슷한 맥락에서, 그는 천문학을 행성들의 변화나 사계절의 변화에 대한 지식으로 규정하면서, 천문학자의 역할은 신과 인간 사이의 교량역할을 하면서 모든 생물들의 번성과 건강을 위해 에로스를 보존하고 치유하는 것이라고 말한다. 결국 의술이나 음악이나 천문학 등의 학문들은 에로스를 필요로 하는 곳에 적절하게 채우거나 비우는 역할을 한다는 것이다. 이렇게 결론지으면서, 에릭쉬마코스는 딸꾹질이 멈춘 아리스토파네스에게 이야기할 것을 요구한다.

II.6 아리스토파네스의 이야기 (188C-194E)

아리스토파네스는 에로스가 "인간과 가장 친밀한 신이며, 인류를 구원하고 인류의 질병을 치유"함으로써 모든 인간으로 하여금 "행복"을 성취하게 해주는데도 불구하고 사람들이 그걸 모르는 것에 대해 유감을 표명하면서 이야기를 시작한다.

아리스토파네스는 본래 인간은 제 삼의 성별을 가졌었다고 말한다. 즉, 남성과 여성의 기능을 모두 갖는 자웅동체 또는 남녀추니였다는 것이다. 일반적으로 자웅동체는 정상인과 마찬가지로 하나의 머리와 몸통, 그리고 한 쌍의 팔과 다리를 갖는 반면에, 남성과 여성의 성기를 함께 갖는 경우를 일컫는다. 하지만 최초의 인간들은 "네 개의 팔과 그에 상응하는 다리들, 그리고 원통형 목 위에 완전히 똑같은 두 개의 얼굴들"을 가졌고, 또한 "하나의 머리"와 "네 개의 귀와 두 개의 생식기" 등을 갖고 있었다고 한다. 그런데 그들은 "엄청난 힘과 능력, 그리고 야심을 가졌고," 그들은 마침내 "신들에게 대적"하기에 이르렀다. 신들은 그들을 간단하게 소멸시킬 수도 있었지만, 그들로부터 받던 제사와 존경심을 포기할 수 없었기에 그들을 소멸시키는 대신에 그들을 절반으로 잘라버리기도 결정했다.

오늘날의 남성과 여성은 그런 이유로 인해 절반으로 잘린 양쪽의 부분들이다. 남성과 여성은 각각 자신과 비슷한 것을 쉽게 받아들이기 때문에, 잘려진 남성은 남성에게서 편안함을 느끼고 여성은 여성에게서 편안함을 느낀다. 그래서 남성은 남성을 갈구하고, 여성은 여성을 갈구하게 되는 것이다. 아리스토파네스는 동성애가 자연스러운 일이며, "아내를 갖고 자식을 낳는데 본성적인 관심이 없지만 법률에 따라 그렇게 할 뿐"이라고 말함으로써 이성과의 결합이 필수적인 것이 아니라 "평생 결혼하지 않고 함께 살아가는 것에 아주 만족"하는 사람들도 많이 있다고 말한다(192B). 또한 그는 사람들이 모두 잘려나간 반쪽을 늘 그리워하고 다시 하나가 되기를 갈구하는데, "그러한 완전함을 갈망하고 추구하는 것이 에로스"라고 설명한다. 이런 맥락에서, 그는 남성의 경우에 소년 애인을 찾고 항상 함께 하려고 하는 것은 잃어버린 본성을 회복하기 위한 자연스러운 노력이라고 생각한다.

남성이 소년 애인을 갈망하는 동성애적 사랑의 당위성에 대한 아리스토파네스의 설명은 다소 납득하기 어렵다. 남성과 여성의 하나로 되어 자웅동체의 상태였던 사람이 반쪽으로 갈렸다면, 그들의 본성은 동성과의 결합이 아니라 잘려나간 다른 반쪽인 이성과의 재결합을 추구하는 것이어야 하기 때문이다. 그런데 그는 특히 남성이 소년 애인을 찾고 함께 하려는 것이 본성의 회복이라 말하고 있다. 다시 말해서, 남성과 여성이 한 몸으로 존재하는 자웅동체 상태의 사람이 각각 남성의 부분과 여성의 부분으로 잘렸다면, 남성은 여성과 결합하고 여성은 남성과 결합하는 것이 본성의 회복이자 최초 상태의 회복이라는 것이다. 반면에 남성과 남성의 결합이나 여성과 여성의 결합이 본성의 회복으로 보이지는 않는다. 더구나 남성과 여성이 각각 동성에게서 편안함을 느낀다는 것은 어느 정도 사실이지만, 아리스토파네스는 정확히 어떤 이유에서 그처럼 편안함을 느끼는가에 대해 우리가 납득할만한 충분한 설명을 제시하지 않고 있나.

아리스토파네스가 아가톤과 소크라테스의 순서가 남았음을 언급하는 한편, 에뤽쉬마코는 그들이 에로스에 대한 전문가라고 치켜세운다. 그러자 소크라테스는 많은 관중 앞에서도 기죽지 않고 이야기하는 아가톤의 용기와 자신감을 목격했던 일을 언급하면서, 아가톤보다 뒤에 이야기하는 것이 크게 부담스럽다는 심경을 털어놓는다. 아가톤은 소크라테스가 오히려 자기에게 부담을 주기 위해 그런다고 말하면서, 곧이어 자신의 이야기를 시작한다.

II.7 아가톤의 이야기 (194E–201D)

아가톤은 에로스가 신들 가운데서 가장 나이가 많고 늙었다는 파이드로스의 말을 부정하면서, 오히려 그가 신들 가운데서 가장 젊고 가장 연약할 뿐만 아니라 가장 유연하기도 하다고 말한다(196A). 그리고 그는 에로스의 정의와 절제와 용기, 그리고 지혜에 대해 설명한다. 먼저 에로스는 신이나 인간에게 부당한 일을 행하지도 않고 또한 그들로부터 부당한 일을 당하지도 않는다는 점에서 정의로우며, 즐거움과 욕구를 지배한다는 점에서 절제한다고 말해진다. 또한 에로스는 전쟁의 신인 아레스보다도 더 용감하다는 점에서 용기를 갖고 있으며, 한 번도 시를 지어본 적이 없는 사람들조차 시를 지을 수 있게 해준다는 점에서 지혜롭다고 말해진다.

아가톤은 특히 197D-E에서 에로스에 대해 자신이 할 수 있는 최고의 찬사를 보냈고, 그의 이야기를 들은 모든 사람들은 젊은 사람이 그처럼 적절하게 신에 대해 이야기한데 대해 환호를 보낸다. 그의 이야기를 같이 들은 소크라테스는 에뤽시마코스에게 "지금까지 나를 두렵게 했던 것이 두려울 것 없는 두려움을 두려워하는 것"(198A)이 결코 아니었다고 평가한다. 즉, 그는 자신이 두려움을 가졌던 것이 아무런 대상이 없는 막연한 두려움이 아니었다는 결론을 내리고 있다.

II.8 소크라테스의 이야기 (199B-212C)

에로스에 대한 소크라테스의 이야기는 그 자신의 독창적인 견해라기보다는 수년 전에 만티네이아 출신의 디오티마라는 여성과의 대화를 통해서 배웠거나 깨달았던 내용을 토대로 해서 전개된다. 소크라테스가 이런 식으로 이야기를 전개하는 이유는 분명하지 않지만, 아마도 자신의 이야기가 자기만의 독단적인 견해가 아님을 강조하기 위한 것일 수도 있다. 어쨌든 그는 여기에서 디오티마의 견해에 다른 어떤 반론을 제기하지 않고 그의 견해를 대부분 받아들이고 있다.

II.8.1 아가톤에게 묻는 몇 가지 질문 (199B–201D)

소크라테스는 자신만의 방식으로 이야기하겠다고 말하며, 이야기를 시작하기 전에 아가톤에게 일련의 질문을 통해 우리가 결여하거나 갖고 있지 않은 것을 우리 자신이 욕구하고 사랑한다는 점에 동의하게 만든다. 이런 점에 동의하게 되면, 예를 들어 에로스가 아름다움을 욕구하고 사랑한다는 것은 그가 아름다움을 결여하기 때문에 욕구하고 사랑한다는 것이고, 결국 에로스는 아름답지 못하다는 결론이 나오게 되기 때문에 사실상 다소 부담스러운 점에 동의를 한 것이다.

그런데 이 결론은 아가톤이 에로스에 대해 규정했던 것과는 다른 결론임에도 불구하고, 그는 어쩔 수 없이 이 결론을 받아들일 수밖에 없게 되는 것이다. 다시 말해서, 아가톤은 소크라테스에게 동의함으로써, 에로스가 아름다움이나 지혜를 욕구하고 사랑한다면, 에로스는 아름답지도 않고 지혜롭지도 않다는 결론을 받아들일 수밖에 없게 되는 것이다. 소크라테스는 이를 토대로 해서 에로스에 대한 자신의 이야기를 시작한다.

II.8.2 만티네이아 출신 여성 디오티마와의 대화 (201D–206C)

이제 소크라테스는 오래 전에 자신이 만났던 만티네이아 출신의 여성 디오티마를 언급하면서, 그녀에게서 에로스에 대해 많이 배웠다고 말한다. 그가 아가톤에게 일련의 질문을 했던 이유는 예전에 디오티마에게서 그와 거의 비슷한 질문을 받은 적이 있기 때문이다.

디오티마는 에로스가 불멸하는 신과 사멸하는 인간 사이에 존재하는 정령으로서, 인간의 것을 신에게 전하고 신의 것을 인간에게 전하는 매개자 역할을 한다고 소크라테스에게 말한다(202E-203A). 또한 그녀는 지혜로운 사람은 이미 지혜롭기 때문에 지혜로워지려 하지 않고, 무지한 사람은 자신이 부족하다는 것을 모르고 만족하기 때문에 지혜로워지려 하지 않으며, 지혜와 무지의 중간에 있는 부류만이 지혜를 사랑한다고 말한다. 디오티마는 에로스가 바로 아름다운 것에 대한 사랑이며 지혜는 아름다운 것이라고 덧붙인다. 그리고 에로스가 지혜를 사랑하고 욕구하는 것이기 때문에, 그것이 지혜와 무지의 중간에 있다는 것이다(204B-C).

Ⅱ.8.3 출산은 사멸하는 것의 불멸성 (206C–212C)

디오티마는 사람이나 다른 동물이 사랑에 목말라하는 원인이 무엇이냐고 묻고(207B-C), 그것은 "사멸적인 본성은 그것이 할 수 있는 한 불멸을 추구하기 때문"이라고 답한다(207D). 사멸하는 생물들의 불멸성은 생성 또는 출산에서 찾아볼 수 있는데, 생성이나 출산은 "오래된 것 대신 새로운 것을 그 뒤에 남겨 놓을 수 있기 때문"이다. 다시 말해서, 부모는 죽는다 할지라도 새끼나 자식과 같은 후손을 남김으로써 불멸한다는 것이다.

Ⅲ. 소크라테스에 대한 알키비아데스의 일방적인 사랑 (212C–223D)

소란을 피우며 갑자기 나타난 알키비아데스는 자신의 사랑을 받아주지 않았던 소크라테스의 모습과 전쟁터에서 보여줬던 그의 모습을 묘사하면서, 다른 사람들에게 소크라테스를 조심하라고 경고한다. 하지만 그의 이야기를 들은 많은 사람들은 단지 일관된 소크라테스의 무심한 태도를 보게 되며, 아직도 그를 사랑하고 있는 듯한 알키비아데스의 모습에 미소를 짓는다. 로고스에 대해 돌아가면서 이야기를 나눈 뒤에도 밤새 여러 사람들과 대화를 나누던 소크라테스는 새벽녘에 모두가 잠이 들자 자기의 숙소로 돌아가 쉬지도 않고 새로운 하루를 시작한다.

Ⅲ.1 자신의 사랑을 받아주지 않는 소크라테스에 대한 원망 (212C–219E)

소크라테스의 이야기가 거의 끝나 갈 즈음에 알키비아데스가 술에 취해 소란을 피우며 나타난다. 그리고 나서 그는 자신의 사랑을 받아주지 않는 소크라테스에 대해 인신공격을 하는 듯한 비난을 쏟아낸다.

알키비아데스는 소크라테스가 마치 자신을 사랑하면서도 자신과 줄다리기를 하는 듯이 느끼고 있다. 하지만 그의 이야기를 자세히 들어보면, 그와 소크라테스의 관계는 일방적이다. 즉, 그는 소크라테스를 일방적으로 짝사랑하고 있는 것이다. 그는 여러 가지 계략을 세우고 시도해보았음에도 불구하고, 소크라테스가 전혀 응대해주지 않는 점에 대해 분개하고 있다. 무엇보다도 그는 자신이 다른 사람에게 자랑할 만한 미모를 갖고 있음에도 불구하고 소크라테스가 자신에게 아무런 관심을 갖지 않을 뿐만 아니라 소크라테스를 유혹할 다른 어떤 방법도 찾을 수 없다는 점에서 자존심이 상했던 것으로 보인다.

이것이 실제로 동성애에 대한 소크라테스의 태도를 보여주는 것인가는 분명하지 않다. 미모가 뛰어나다고 알려진 알키비아데스의 이야기는 소크라테스가 동성애를 받아들이지 않았다는 주장으로 이어질 수도 있다. 하지만 그것만으로 동성애에 대한 그의 진정한 태도가 무엇이었는가에 대한 결론을 내리기는 어렵다. 한편, 워터필드는 소크라테스와 알키비아데스의 만남을 에로스와 아름다움의 대립으로 묘사한다.[31] 즉, 소크라테스는 에로스의 화신이고 알키비아데스는 아름다움의 화신이며, 소크라테스가 알키비아데스의 사랑을 받아들이지 않는 것은 에로스와 아름다움이 동등한 지위를 갖지 않기 때문이라는 것이다. 결과적으로, 소크라테스를 사랑하는 알키비아데스는 에로스의 노예에 불과한 (또는 에로스의 노예로 전락한) 아름다움으로 묘사되고 있는 것이다.

Ⅲ.2 델리온 전투에서 목격한 소크라테스의 모습 (220A–223A)

한편으로 알키비아데스는 소크라테스가 전쟁터에서 자신을 비롯해 많

31_ Waterfield(tr.) (2008), xl.

은 사람들을 구해주고도 그에 대한 보상을 전혀 바라지 않았고, 또한 많은 병사들을 계속 격려했던 모습을 묘사한다. 델리온 전투는 아테네와 스파르타가 각자의 동맹군들과 연합하여 싸웠던 펠로폰네소스 전쟁(기원전 431-404년) 중에 있었던 전투로서, 델리온은 그리스 동북부에 위치한 보이오티아 지방에 있던 마을 이름이다. 이곳에서 아테네 군대는 보이오티아 군대와 전투를 벌여 크게 참패를 당했다고 한다. 알키비아데스는 아테네 군대가 참패를 당해 철수하는 과정에서 있었던 소크라테스의 모습에 찬사를 보내는 한편, 그가 자기에게만 무심한 것이 아니라 사실상 다른 많은 사람들에 대해서도 무심하다는 사실을 언급한다.

알키비아데스는 다른 사람들이 소크라테스에게 마음을 뺏겨 상처를 입지 않게 하려고 소크라테스에 대한 여러 가지 이야기를 했다고 말하지만, 소크라테스와 아가톤은 그가 자신들의 사이를 벌려 놓기 위해 중상 모략하는 것이라고 말한다. 즉, 알키비아데스가 자기 혼자서 소크라테스의 사랑을 받고, 또한 자기 혼자서 아가톤을 사랑하려고 소크라테스를 비난한다는 것이다.

Ⅲ.3 에필로그: 일상으로 돌아간 소크라테스 (223B–D)

이 모든 이야기를 전해줬던 아리스토데모스는 자기가 잠깐 잠들었다가 새벽녘에 깨어 보니 소크라테스와 아가톤, 그리고 아리스토파네스만이 남아 계속 큰 통의 술을 마시고 있었다고 말한다. 소크라테스는 아가톤마저 잠이 든 것을 확인하고 자기 집으로 돌아가기 위해 일어섰고, 아리스토데모스도 잠이 덜 깬 상태로 비몽사몽간에 그를 따라갔다. 술을 마시며 밤을 지새웠음에도 불구하고 집에 돌아간 소크라테스는 잠자리에 들지 않고, 씻기만 하고는 그대로 새로운 하루를 시작하더라는 이야기로 『향연』의 이야기는 끝난다. 소크라테스가 술을 아무리 마셔도 취하지 않더라는 알키비아데스의 이야기는 사실로 확인된다.

참고문헌

Grube, G. M. A. (2002) *Plato: Five Dialogues*. 2nd ed. Indianapolis & Cambridge: Hackett Publishing Company.

Hare, R. M. (1982) *Plato*. Oxford University Press.

Hamilton, E. and Cairns, H. (eds.) (1989) *The Collected Dialogues of Plato*. Princeton University Press.

Irwin, T. (1995) *Plato's Ethics*. Oxford: Oxford University Press.

Kraut, R. (2008) "Plato on Love," in G. Fine (ed.), *The Oxford Handbook of Plato*, Oxford University Press, pp. 286-310.

Liddell, H. G. and Scott, R. (1897), *A Greek-English Dictionary*. 8th ed. American Book Company.

Nails, D. (2017) "Socrates," *The Stanford Encyclopedia of Philosophy*, Edward N. Z. (ed.), forthcoming URL = ⟨https://plato.stanford.edu/archives/sum2017/entries/socrates/⟩.

Nehamas, A. & Woodruff, P. (1989) (tr.) *Symposium*. with Introduction & Notes. Indianapolis & Cambridge: Hackett Publishing Company.

Nussbaum, M. C. (1986) *The Fragility of Goodness*. Cambridge University Press.

Price, A. (1989) *Love and Friendship in Plato and Aristotle*. Oxford: Clarendon Press.

Stone, I. F. (1998) *The Trial of Socrates*. Doubleday.

Taylor, A. E. (1937) *Plato: the Man and His Work*. 4th ed. New York: Dover Pulications.

Tuana, N. (1994) *Feminist Interpretations of Plato*. Penn State Press.

Waterfield, R. (tr.) (2008) *Symposium*. Oxford University Press.

Kraut, R. (2015) "Plato," *The Stanford Encyclopedia of Philosophy*, E.N. Zalta (ed.), URL = ⟨https://plato.stanford.edu/archives/spr2015/

entries/plato/〉.

Reeve, C. D. C. (2016) "Plato on Friendship and Eros," *The Stanford Encyclopedia of Philosophy*, Edward N.Z. (ed.), URL = 〈https://plato.stanford.edu/archives/sum2016/entries/plato-friendship/〉.

Whitehead, A. N. (1979) Process and Reality. New York: The Free Press.

Woodruff, P. (2016) "Plato' s Shorter Ethical Works," *The Stanford Encyclopedia of Philosophy,* E. N. Z. (ed.), URL = 〈https://plato.stanford.edu/archives/win2016/entries/plato-ethics-shorter/〉.

플라톤 연보

저자소개

지은이: 플라톤

그리스 아테네에서 출생했다. 소크라테스의 제자이자 아리스토텔레스의 스승으로서, 기원전 428년에서 348년까지 활동했다. 초기에는 정치에 많은 관심을 가졌으나 당시 정치가 폭력으로 난무했을 뿐만 아니라 소크라테스를 부당하게 죽음으로 몰아가는 것을 목격하고는 철학에 매진하기로 결심하게 되었다. 철학, 문학, 예술, 정치학, 사회학, 윤리학, 천문학 등의 다양한 분야에 대해 글을 썼으며,『국가』『소크라테스의 변론』『향연』 등의 대화록을 비롯하여 대략 35권 정도의 저술을 남겼다.